古代歷史文化研究輯刊

三一編

王明蓀 主編

第7冊

明代南直隸進士群體研究（第二冊）

管宏杰 著

國家圖書館出版品預行編目資料

明代南直隸進士群體研究（第二冊）／管宏杰 著 -- 初版 --
新北市：花木蘭文化事業有限公司，2024〔民 113〕
目 4+180 面；19×26 公分
（古代歷史文化研究輯刊 三一編；第 7 冊）
ISBN 978-626-344-659-5（精裝）
1.CST：科舉 2.CST：文官制度 3.CST：明代
618　　112022524

ISBN-978-626-344-659-5
9 786263 446595

古代歷史文化研究輯刊
三一編　第七冊　　ISBN：978-626-344-659-5

明代南直隸進士群體研究（第二冊）

作　者　管宏杰
主　編　王明蓀
總編輯　杜潔祥
副總編輯　楊嘉樂
編輯主任　許郁翎
編　輯　潘玟靜、蔡正宣　美術編輯　陳逸婷
出　版　花木蘭文化事業有限公司
發行人　高小娟
聯絡地址　235 新北市中和區中安街七二號十三樓
電話：02-2923-1455／傳真：02-2923-1452
網　址　http://www.huamulan.tw 信箱 service@huamulans.com
印　刷　普羅文化出版廣告事業
初　版　2024 年 3 月
定　價　三一編 37 冊（精裝）新台幣 110,000 元　

明代南直隸進士群體研究（第二冊）

管宏杰　著

目次

第一冊

第二冊

第三冊

第四冊

第五章　明代南直隸進士群體的中式年齡與家庭狀況

明代南直隸進士的平均中式年齡為 34.89 歲，比全國進士的平均中式年齡大 0.60 歲；明代南直隸進士出身於上三代俱無任何功名、官號、捐銜也即純平民家庭的進士共 1240 名，占南直隸進士統計數的 43.89%，高於明代全國進士出身於上三代直系親屬俱為純平民家庭者 0.75 個百分點；明代南直隸共有 321 個進士家族，構成進士家族的進士數共有 770 名。

第一節　明代南直隸進士的中式年齡及其影響

一、明代南直隸進士的平均中式年齡

（一）官方檔案中記載的明代南直隸進士平均中式年齡

茲謹據建文二年至萬曆三十八年間的明代 56 科《進士登科錄》中的相關記載，對南直隸進士平均中式年齡進行考察，共得 2428 名，占明代南直隸進士總數的 63.23%。以此為統計對象，庶可大致瞭解明代南直隸進士平均中式年齡的一般狀況，茲列表如下：

明代南直隸進士平均中式年齡統計表

科　次	統計進士數	中式年齡總數	平均中式年齡	科　次	統計進士數	中式年齡總數	平均中式年齡
建文二年	26	747	28.73	永樂九年	8	241	30.12

永樂十年	18	512	28.44	宣德五年	12	391	32.58
宣德八年	9	308	34.22	正統元年	14〔註 1〕	448	32
正統四年	16	467	29.19	正統七年	13	396	30.46
正統十年	29	880	30.34	正統十三年	31〔註 2〕	1021	32.94
景泰二年	36	1120	31.11	景泰五年	57〔註 3〕	1736	30.46
天順元年	40	1283	32.08	天順四年	27	825	30.56
天順八年	23	729	31.70	成化二年	55〔註 4〕	1766	32.11
成化五年	45	1492	33.16	成化八年	41	1377	33.59
成化十一年	50	1688	33.76	成化十四年	51〔註 5〕	1863	36.53
成化十七年	46	1608	34.96	成化二十三年	61	2183	35.79
弘治三年	43	1530	35.58	弘治六年	48	1677	34.94
弘治九年	72	2380	33.06	弘治十二年	48	1756	36.58
弘治十五年	45	1557	34.6	弘治十八年	53	1773	33.45
正德三年	62	2167	34.95	正德六年	56〔註 6〕	2013	35.95
正德十二年	55	1987	36.13	正德十六年	48〔註 7〕	1700	35.42
嘉靖二年	69	2486	36.03	嘉靖八年	56	1896	33.86
嘉靖十一年	44	1468	33.36	嘉靖十四年	40	1431	35.76

〔註 1〕該科南直隸進士共有 15 名，但《正統元年進士登科錄》載該科二甲第 7 名進士龔理中式年齡漫漶不清，故統計 14 名。

〔註 2〕該科南直隸進士共有 35 名，但《正統十三年進士登科錄》闕載該科二甲第 44 名進士陸阜、第 46 名進士程昊、第 47 名進士陳蘭，三甲第 39 名進士韓敏的信息，故統計 31 名。

〔註 3〕該科南直隸進士共有 59 名，但《景泰五年進士登科錄》闕載該科三甲第 162 名進士程永、第 165 名進士葉洪的信息，故統計 59 名。

〔註 4〕該科南直隸進士共有 56 名，但《成化二年進士登科錄》闕載該科三甲第 222 名進士羅鵬的中式年齡信息，故統計 55 名。

〔註 5〕該科南直隸進士共有 53 名，但《成化十四年進士登科錄》闕載該科二甲第 83 名進士袁清、三甲第 148 名進士韋斌的中式年齡信息，故統計 51 名。

〔註 6〕該科南直隸進士共有 58 名，但《正德六年進士登科錄》闕載該科三甲 3 名進士張仕鎬、174 名進士徐晉的中式年齡信息，故統計 56 名。

〔註 7〕該科南直隸進士共有 49 名，但《正德十六年進士登科錄》闕載該科二甲第 23 名進士何唐的中式信息，故統計 48 名。

嘉靖十七年	36	1291	35.86	嘉靖二十年	46	1626	35.35
嘉靖二十三年	49	1731	35.33	嘉靖二十六年	48	1600	33.33
嘉靖二十九年	42	1515	36.07	嘉靖三十二年	61	2139	35.07
嘉靖三十五年	36	1243	34.53	嘉靖三十八年	48	1554	40.89
嘉靖四十一年	34	1085	31.91	嘉靖四十四年	61	2053	33.66
隆慶二年	61	2076	34.03	隆慶五年	69	2174	31.51
萬曆二年	52	1664	32	萬曆五年	46	1468	31.91
萬曆八年	44	1353	30.75	萬曆十一年	46	1376	29.91
萬曆二十九年	47	1474	31.36	萬曆三十二年	55〔註8〕	1664	30.25
萬曆三十五年	48〔註9〕	1452	30.25	萬曆三十八年	45	1342	29.82
總計	2421	80782	33.36				

由上表可知，建文二年至萬曆三十八年，出自 56 科共 2428 名南直隸進士的平均中式年齡為 33.37 歲；明代南直隸進士中式年齡構成不穩定，56 科南直隸進士平均中式年齡一直在 28.21～40.89 歲之間波動。此外，還有一個重要的特點，即隆、萬時期南直隸各科進士中式年齡呈年輕化趨勢，這主要是「官年」現象造成的。據筆者考證，隆慶二年至萬曆三十八年間南直隸虛報中式年齡進士至少有 70 名，少報中式年齡總數 531 歲，平均少報中式年齡 7.59 歲〔註10〕。陳長文指出：嘉靖後期，「官年」現象越來越嚴重，主要表現在「官年」進士人數較以往大幅度曾多以及虛報中式年齡與實際中式年齡差距越來越大〔註11〕；郭培貴教授在前人研究的基礎上，得出「萬曆五年至明末平均少報居然達到 5.78 歲」〔註12〕。

（二）明代南直隸進士群體中的「官年」現象

在探討明代南直隸進士平均中式年齡的時候，「官年」現象是一個無法

〔註 8〕該科南直隸進士共有 58 名，但《萬曆三十二年進士登科錄》闕載該科二甲第 22 名進士馬人龍、23 名進士戴新，三甲第 70 名進士王遇賓的中式年齡信息，故此統計 55 名。

〔註 9〕該科南直隸進士共有 49 名，但《萬曆三十五年進士登科錄》闕載該科二甲第 14 名進士袁思明的中式年齡信息，故統計 58 名。

〔註10〕詳見下文《明代南直隸虛報中式年齡進士統計表》。

〔註11〕陳長文：《明代科舉文獻研究》，濟南：山東大學出版社，2008 年，第 203 頁。

〔註12〕郭培貴：《明代解元考中進士的比例、年齡與空間分布》，《清華大學學報》2012 年第 5 期。

迴避也是十分重要的問題。科舉中的「官年」，是指舉子在應試時填報並由官方記載在檔案（《登科錄》）中的年齡；其與實際中式年齡不符的情況，就是科舉研究中的「官年」現象。「官年」現象至遲可追溯到宋朝，南宋洪邁《容齋隨筆》載：「士大夫敘官閥，有所謂實年、官年兩說……大抵布衣應舉，必減歲數，蓋少壯者欲藉此為求昏地；不幸潦倒場屋，勉從特恩，則年未六十始許入仕，不得不豫為之圖。至公卿任子，欲其早列仕籍，或正在童孺，故捧增抬庚甲有至數歲者」〔註13〕，也即在爭取早入仕籍和為達到入仕之目的的心理作用下，宋代士子通過增或減年作為實現這一目的的主要手段。如南宋著名大臣楊萬里就曾奏述：「臣犬馬之齒在官簿，今年雖六十有六，而實年七十」〔註14〕。

明代初開科舉時就出現「官年」現象。如建文二年進士金幼孜，《登科錄》載其中式年齡為「三十」〔註15〕，而其實際中式年齡應為「三十三」〔註16〕。茲謹據明代各種文集、人物傳記、墓誌銘、行狀等文獻的相關記載，對建文二年至萬曆三十八年共57科《進士登科錄》記載的2428名南直隸進士中式年齡逐一進行考察，茲謹將考證結果列表顯示如下：

〔註13〕〔宋〕洪邁：《容齋隨筆》，上海古籍出版社，1978年，第647頁。

〔註14〕〔宋〕楊萬里：《誠齋集》卷七十《奏劄・陳乞引年致仕奏狀》，《景印文淵閣四庫全書》第1161冊，第2頁。

〔註15〕《建文二年殿試登科錄》，《明代登科錄彙編》第1冊，第15頁。

〔註16〕〔明〕楊士奇：《東里文集》卷二十《太子少保禮部尚書兼武英殿大學士贈榮祿大夫少保諡文靖金公墓誌銘》，北京：中華書局，1998年，第298頁。

明代南直隸虛報中式年齡進士考證表

序號	姓名	科次	隸屬州縣	實年	官年	相差年數	具體考證
1	胡濙	建文二年	常州府武進縣	26	28	-2	《建文二年殿試登科錄》載胡濙中式年齡為「二十八」〔註17〕。按，「二十八」當為「二十六」之誤。據景泰二年探花王倎所撰《資德大夫禮部尚書贈太保謚忠安胡公行狀》載：「公姓胡氏，諱濙……上世宿遷人……遂占籍，為武進人……弱冠入邑庠，服勤匪懈……洪武己卯以《詩》經領鄉薦，庚辰登進士第……今年秋，疾劇……翛然而逝，天順七年八月初八日也，春秋八十有九」〔註18〕；天順閣臣李賢所撰《禮部尚書致仕贈太保謚忠安胡公神道碑銘》、正統七年進士姚夔所撰《故資德大夫正治上卿禮部尚書贈太保謚忠安胡公墓誌銘》也都載胡濙卒於「天順七年」，「享年八十有九」〔註19〕。綜上可知，天順七年（1463）胡濙卒，「春秋八十有九」，其應生於洪武八年（1375），則建文二年（1400）登進士當為二十六。
2	苗衷	永樂九年	鳳陽府定遠縣	31	29	2	《永樂九年進士登科錄》載苗衷中式年齡為「二十九」〔註20〕。按，「二十九」當為「三十一」之誤。據《明英宗實錄》卷三一二載：「天順四年二月甲寅，致仕兵部尚書兼翰林院學生苗衷卒。衷……直隸定遠縣人。由進士……景泰初進兵部尚書，以老疾乞致仕」〔註21〕；嘉

〔註17〕《建文二年殿試登科錄》，《明代登科錄彙編》第1冊，第30頁。

〔註18〕〔明〕王倎：《思軒文集》卷二二《資德大夫禮部尚書贈太保謚忠安胡公行狀》，《續修四庫全書》集部第1329冊，第657頁。

〔註19〕〔明〕李賢《古穰集》卷一二《禮部尚書致仕贈太保謚忠安胡公神道碑銘》，《景印文淵閣四庫全書》1244冊，第603～605頁；〔明〕姚夔：《姚文敏公遺稿》卷九《故資德大夫正治上卿禮部尚書贈太保謚忠安胡公墓誌銘》，《四庫全書存目叢書》集部第34冊，第550～551頁。

〔註20〕《永樂九年進士登科錄》，上海圖書館藏本。

〔註21〕《明英宗實錄》卷三一二「天順四年二月甲寅」，第6546頁。

							靖十一年進士雷禮所撰《內閣大學士行實・苗衷》又載：「苗衷，字秉彝，直隸鳳陽府定遠縣人。學術醇正，舉應天鄉試，永樂己丑會試中式……越辛卯，車駕還京，廷試擢衷第二名……後卒於家，壽八十」〔註22〕。綜上可知，天順四年（1460）苗衷卒，「壽八十」，其應生於洪武十四年（1381），則永樂九年（1411）中進士當為三十一。
3	張思安	永樂十年	常州府無錫縣	26	23	3	《永樂十年進士登科錄》載張思安中式年齡為「二十三」〔註23〕。按，「二十三」當為「二十六」之誤。據正統四年進士楊瑺所撰《張先生墓誌銘》載張思安生於洪武二十年（1387）〔註24〕，則永樂十年（1412）登進士當為二十六。
4	朱驥	正統七年	蘇州府常熟縣	26	24	2	《正統七年進士登科錄》載朱驥中式年齡為「二十四」〔註25〕。按，「二十四」當為「二十六」之誤。據正統七年進士韓雍所撰《故朝列大夫廣西左參議朱公墓誌銘》載：「公諱驥，字漢房，姓朱氏……正統戊午領京闈鄉薦……壬戌始克登劉儼榜進士……公生於永樂丁酉九月十三日，卒於天順壬午正月十有六日，享年四十有六」〔註26〕。可知，朱驥生於永樂丁酉即永樂十五年（1417），則正統七年（1442）中進士當為二十六。
5	毛玉	正統十三年	常州府武進縣	38	39	-1	《正統十三年進士登科錄》載毛玉中式年齡為「三十九」〔註27〕。按，「三十九」當為「三十八」之誤。據天順閣臣岳正所撰《吏科給事中毛君行狀》載：「君姓毛諱玉，其先鎮定元氏人……傳若干世至某，仕元為將作院使，生君高祖常州府推官府君，遂占籍常州……君少補邑

〔註22〕〔明〕雷禮：《國朝列卿紀》卷十《內閣大學士行實・苗衷》，《續修四庫全書》史部第522冊，第141頁。

〔註23〕《建文二年殿試登科錄》，《明代登科錄彙編》第1冊，第222頁。

〔註24〕《明人傳記資料索引》，臺北：文史哲出版社，1965年，第530頁。

〔註25〕《正統七年進士登科錄》，第25頁。

〔註26〕〔明〕韓雍：《襄毅文集》卷一四《故朝列大夫廣西左參議朱公墓誌銘》，《景印文淵閣四庫全書》第1245冊，第795～796頁。

〔註27〕《正統十三年進士登科錄》，第8頁。

							庠生，應正統辛酉鄉薦……十三年戊辰成進士……卒景泰三年二月初一日，壽止四十有二」〔註 28〕。可知，景泰三年（1452）毛玉卒，「壽止四十有二」，其應生於永樂九年（1411），則正統十三年（1448）中進士當為三十八。
6	吳琛	景泰二年	太平府繁昌縣	27	24	3	《景泰二年進士登科錄》載吳琛中式年齡為「二十四」〔註 29〕。按，「二十四」當為「二十七」之誤。據景泰二年探花王僎所撰《嘉議大夫都察院右副都御史吳公神道碑》載：「公諱琛……景泰辛未登進士第……年二十七矣……公先世歙人，宋季諱伯繁者徙居太平之繁昌」〔註 30〕。
7	徐溥	景泰五年	常州府宜興縣	27	26	1	《景泰五年進士登科錄》載徐溥中式年齡為「二十六」〔註 31〕。按，「二十六」當為「二十七」之誤。據成化二十三年進士吳儼所撰《光祿大夫柱國少師兼太子太師吏部尚書華蓋殿大學士贈特進左柱國太師謚文靖徐公溥行狀》載：「公諱溥，字時用，姓徐氏，常之宜興人也……景泰庚午中應天鄉試……甲戌中進士第二，授翰林院編修……薨於正寢，實弘治十二年九月十一日也，壽七十有二」〔註 32〕。可知，弘治十二年（1499）徐溥卒，「年七十有二」，其應生於宣德三年（1428），則景泰五年（1454）中進士當為二十七。
8	蔣紱	景泰五年	蘇州府常熟縣	33	32	1	《景泰五年進士登科錄》載蔣紱中式年齡為「三十二」〔註 33〕。按，「三十二」當為「三十三」之誤。據景泰二年進士王越所撰《明故姑蘇天全蔣公墓誌銘》載：「公諱紱……世居蘇之常熟……中景泰五年二

〔註 28〕〔明〕岳正：《類博稿》卷九《吏科給事中毛君行狀》，《景印文淵閣四庫全書》第 1246 冊，第 433～434 頁。

〔註 29〕《景泰二年進士登科錄》，第 28 頁。

〔註 30〕〔明〕王僎：《思軒文集》卷二二《資德大夫禮部尚書贈太保謚忠安胡公行狀》，《續修四庫全書》集部第 1329 冊，第 555 頁。

〔註 31〕《景泰五年進士登科錄》，第 7 頁。

〔註 32〕〔明〕焦竑：《國朝獻徵錄》卷一四《光祿大夫柱國少師兼太子太師吏部尚書華蓋殿大學士贈特進左柱國太師謚文靖徐公溥行狀》，《續修四庫全書》史部第 525 冊，第 461 頁。

〔註 33〕《景泰五年進士登科錄》，第 18 頁。

							甲進士……生永樂二十年五月十四」〔註 34〕。可知，蔣紱生於永樂二十年（1422），則景泰五年（1454）中進士當為三十二。
9	趙博	景泰五年	蘇州府崑山縣	36	31	5	《景泰五年進士登科錄》載趙博中式年齡為「三十一」〔註 35〕。按，「三十一」當為「三十六」之誤。據正統十年進士葉盛所撰《兵部主事趙克周墓誌銘》載：「克周姓趙氏，諱博……蘇之崑山人……景泰庚午中京闈……登甲戌科第二甲進士……卒，天順甲申三月二十六日也，享年四十又六」〔註 36〕。可知，天順甲申即天順八年（1464）趙博卒，「享年四十又六」，其應生於永樂十七年（1419），則景泰五年（1454）中進士當為三十六。
10	張述古	景泰五年	常州府宜興縣	28	31	-3	《景泰五年進士登科錄》載張述古中式年齡為「三十一」〔註 37〕。按，「三十一」當為「二十八」之誤。據景泰五年榜眼徐溥所撰《湖廣按察司僉事張公墓誌銘》載：「張為吾宜興名家……（公）曾祖伯英，祖永，父元愷，俱不仕。元愷娶儲氏，以宣德丁未七月十五日生公。公諱述古……景泰辛酉中應天府鄉試，明年試禮部再中，遂擢進士第」〔註 38〕。可知，張述古生於宣德丁未即宣德二年（1427），則景泰五年（1454）中進士當為二十八。
11	程泰	景泰五年	徽州府祁門縣	34	30	4	《景泰五年進士登科錄》載程泰中式年齡為「三十」〔註 39〕。按，「三十」當為「三十四」之誤。據成化二年榜眼程敏政所撰《通奉大夫河南左布政使程公墓碑銘》載：「成化庚子秋……聞人傳吾河南左布政使用元以七月一日終於官……程氏自東晉新安太守元譚……始家歙篁墩……其居祁門善和裏者，祖中丞長子檢校戶部尚書仲繁，用元所自

〔註 34〕〔明〕王越：《黎陽王太傅詩文集》卷下《明故姑蘇天全蔣公墓誌銘》，《四庫全書存目叢書》集部第 36 冊，第 512～513 頁。
〔註 35〕《景泰五年進士登科錄》，第 35 頁。
〔註 36〕〔明〕葉盛：《菉竹堂集》卷六《兵部主事趙克周墓誌銘》，《四庫全書存目叢書》集部第 36 冊，第 281～282 頁。
〔註 37〕《景泰五年進士登科錄》，第 87 頁。
〔註 38〕〔明〕徐溥：《謙齋文錄》卷三《湖廣按察司僉事張公墓誌銘》，《景印文淵閣四庫全書》第 1248 冊，第 611 頁。
〔註 39〕《景泰五年進士登科錄》，第 79 頁。

							出也……（用元）登景泰甲戌進士第……生永樂辛丑正月一日，享年六十」〔註 40〕。可知，程泰生於永樂辛丑即永樂十九年（1421），則景泰五年（1454）中進士當為三十四。
12	方佑	天順元年	安慶府桐城縣	40	39	1	《天順元年進士登科錄》載方佑中式年齡為「三十九」〔註 41〕。按，「三十九」當為「四十」之誤。據成化十四年進士林俊所撰《故中順大夫桂林府知府方公墓表》載：「公明伏氏經，正統丁卯領鄉薦，後十年登進士……成化癸卯，年六十六卒……公諱佑，字廷輔，世人桐城人」〔註 42〕。可知，成化癸卯即成化十九年（1483）方佑卒，「年六十六」，其應生於永樂十六年（1418），則天順元年（1457）中進士當為四十。
13	朱萱	天順八年	蘇州府崑山縣	30	32	-2	《天順八年進士登科錄》載朱萱中式年齡為「三十二」〔註 43〕。按，「三十二」當為「三十」之誤。據正統十年進士葉盛所撰《朱評事墓誌銘》載：「成化六年五月十一日，大理評事朱樹之疾卒於家……樹之姓朱氏，諱萱，吳郡崑山人……景泰癸酉以禮經中鄉試，天順中登彭教榜進士……至是卒，得年三十六」〔註 44〕。可知，成化六年（1470）朱萱卒，「得年三十六」，其應生於宣德十年（1435），則天順八年（1464）中進士當為三十。
14	呂讃	成化二年	安慶府太湖縣	45	36	9	《成化二年進士登科錄》載呂讃中式年齡為「三十六」〔註 45〕。按，「三十六」當為「四十五」之誤。據成化二年榜眼程敏政《承德郎戶部山西清吏司主事呂君墓誌銘》載：「君諱讃，字廷揚，姓呂氏，居饒之餘干，至君曾大父谷寶當元季避地安慶之太湖……君生性淳謹……

〔註 40〕〔明〕程敏政：《篁墩文集》卷四三《通奉大夫河南左布政使程公墓碑銘》，《景印文淵閣四庫全書》第 1252 冊，第 55～56 頁。
〔註 41〕《天順元年進士登科錄》，《明代登科錄彙編》第 2 冊，第 602 頁。
〔註 42〕〔明〕林俊：《見素集》卷二十《故中順大夫桂林知府方公墓表》，《景印文淵閣四庫全書》第 1257 冊，第 223 頁。
〔註 43〕《天順八年進士登科錄》，第 71 頁。
〔註 44〕〔明〕葉盛：《涇東小稿》卷六《朱評事墓誌銘》，《續修四庫全書》集部第 1329 冊，第 76 頁。
〔註 45〕《成化二年進士登科錄》，第 64 頁。

							景泰丙子以太學生上順天府，秋試乃捷……成化丙戌始第進士……卒成化丙午十一月十一日，享年六十有五」〔註46〕。可知，成化丙午即成化二十二年（1486）呂讚卒，「享年六十有五」，其應生於永樂二十年（1422），則成化二年（1466）中進士當為四十五。
15	沈海	成化二年	蘇州府常熟縣	41	37	4	《成化二年進士登科錄》載沈海中式年齡為「三十七」〔註47〕。按，「三十七」當為「四十一」之誤。據正德十二年進士李傑所撰《重慶守沈公海墓表》載：「吾邑有厚德君子曰太守沈公……強仕始領成化乙酉鄉舉……已而連登丙戌進士第……公諱海，蘇之常熟人」〔註48〕。引文「強仕」是古人四十歲的代稱，「強仕始領成化乙酉鄉舉」即沈海四十歲中成化元年（1465）舉人，則成化二年（1466）中進士當為四十一。
16	李昊	成化五年	應天府上元縣	39	37	2	《成化五年進士登科錄》載李昊中式年齡為「三十七」〔註49〕。按，「三十七」當為「三十九」之誤。據成化二十年進士儲巏所撰《中憲大夫廣西太平府知府進階亞中大夫李公墓誌銘》載：「公李姓，諱昊，字志遠，成化己丑舉張昇榜進士……公之先蘇之崑山人，大父構，洪武初以閻右徙上元……公享年七十有八，以正德戊辰十月十二日卒」〔註50〕。可知，正德戊辰即正德三年（1508）李昊卒，「享年七十有八」，其應生於宣德六年（1431），則成化五年（1469）中進士當為三十九。
17	高敞	成化八年	蘇州府崑山縣	31	32	-1	《成化八年進士登科錄》載沈海中式年齡為「三十二」〔註51〕。按，「三十二」當為「三十一」之誤。據成化八年狀元吳寬所撰《明故嘉

〔註46〕〔明〕程敏政：《篁墩文集》卷四四《承德郎戶部山西清吏司主事呂君墓誌銘》，《景印文淵閣四庫全書》第1252冊，第66～67頁。

〔註47〕《成化二年進士登科錄》，第64頁。

〔註48〕〔明〕焦竑：《國朝獻徵錄》卷九八《重慶守沈公海墓表》，《續修四庫全書》史部第528冊，第575頁。

〔註49〕《成化五年進士登科錄》，第43頁。

〔註50〕〔明〕儲巏：《柴墟文集》卷九《中憲大夫廣西太平府知府進階亞中大夫李公墓誌銘》，《四庫全書存目叢書》集部第42冊，第492頁。

〔註51〕《成化八年進士登科錄》，第1186頁。

							議大夫應天府尹高君墓碑銘》載：「弘治戊午十一月八日，應天府尹高君以暴疾卒，年五十七……君諱敞，字德廣，姓高氏，蘇之崑山人……成化辛卯鄉試中式，明年會試復中，廷試蒙賜進士出身」〔註52〕。可知，弘治戊午即弘治十一年（1498）高敞卒，「年五十七」，其應生於正統七年（1442），則成化八年（1472）中進士當為三十一。
18	秦矚	成化十一年	蘇州府崑山縣	34	32	2	《成化十一年進士登科錄》載秦矚中式年齡為「三十二」〔註53〕。按，「三十二」當為「三十四」之誤。據成化十一年進士吳瑞所撰《秦公墓誌銘》載其生於正統七年（1442）〔註54〕，則成化十一年（1475）中進士當為三十四。
19	胡華	成化二十三年	常州府武進縣	38	36	2	《成化二十三年進士登科錄》載胡華中式年齡為「三十六」〔註55〕。按，「三十六」當為「三十八」之誤。據正德六年進士毛憲所撰《廣東左布政使進階資善大夫靜齋胡公行狀》載：「公諱華，字惟峻，別號靜齋，姓胡氏，以景泰庚午十一月四日生武進邑東丁堰里第……公自幼德行凝重，不妄言笑……成化庚子以郡庠生領應天府鄉薦，丁未舉進士……公生三十八年而仕」〔註56〕。可知，胡華生於景泰庚午即景泰元年（1450），則成化二十三年（1487）中進士當為三十八。此外，引文「公生三十八年而仕」也表明胡華中進士時中式年齡當為三十八。
20	華津	成化二十三年	常州府無錫縣	29	30	-1	《成化二十三年進士登科錄》載華津中式年齡為「三十」〔註57〕。按，「三十」當為「二十九」之誤。據成化二十年進士邵寶所撰《明故山

〔註52〕〔明〕吳寬：《家藏集》卷七六《明故嘉議大夫應天府尹高君墓碑銘》，《景印文淵閣四庫全書》第1255冊，第764～765頁。

〔註53〕《成化十一年進士登科錄》，第25頁。

〔註54〕《明代人物傳記資料索引》，第432頁。

〔註55〕《成化二十三年進士登科錄》，第67頁。

〔註56〕〔明〕毛憲：《古菴毛先生文集》卷五《廣東左布政使進階資善大夫靜齋胡公行狀》，《四庫全書存目叢書》集部第67冊，第509～510頁。

〔註57〕《成化二十三年進士登科錄》，第88頁。

							西布政司右參政華君暨配錢恭人合葬墓誌銘》載：「正德己卯六月某日，山西布政司右參政華君以疾卒於官……君諱津，姓華氏，世為無錫人……二十六領成化癸卯鄉薦，越三年丁未登進士第」〔註 58〕。
21	董傑	成化二十三年	寧國府涇縣	43	42	1	《成化二十三年進士登科錄》載董傑中式年齡為「四十二」〔註 59〕。按，「四十二」當為「四十三」之誤。據成化二十三年進士楊廉所撰《嘉議大夫都察院右副都御史五城董公神道碑》載：「公諱傑，字萬英，別號五城，登成化丁未進士……得疾，遂不起，則正德六年十二月之九日也……公享年六十有七」〔註 60〕。可知，正德六年（1511）董傑卒，「享年六十有七」，其應生於正統十年（1445），則成化二十三年（1487）中進士當為四十三。
22	高濟	弘治六年	揚州府江都縣	39	36	3	《弘治六年進士登科錄》載高濟中式年齡為「三十六」〔註 61〕。按，「三十六」當為「三十九」之誤。據成化二年榜眼程敏政所撰《明故奉訓大夫工部屯田員外郎高君墓誌銘》載：「弘治戊午冬十一月朝朔，既有傳工部屯田員外郎高君楫之捐館者。高之先自安慶徙江都，世以醫鳴。君諱濟，其字楫之……成化丙午舉南畿鄉試第二……弘治癸丑舉進士，授工部虞衡主事……升屯田員外郎才一月，遽不起，年僅四十有四」〔註 62〕。可知，弘治戊午即弘治十一年（1498）高濟卒，「年僅四十有四」，其應生於景泰六年（1455），則弘治六年（1493）中進士當為三十九。

〔註 58〕〔明〕邵寶：《容春堂續集》卷一五《明故山西布政司右參政華君暨配錢恭人合葬墓誌銘》，《景印文淵閣四庫全書》第 1258 冊，第 648～649 頁。

〔註 59〕《成化二十三年進士登科錄》，第 19 頁。

〔註 60〕〔明〕楊廉：《楊文恪公文集》卷六一《嘉議大夫都察院右副都御史五城董公神道碑》，《續修四庫全書》集部第 1333 冊，第 245～246 頁。

〔註 61〕《弘治六年進士登科錄》，第 17 頁。

〔註 62〕〔明〕程敏政：《篁墩文集》卷四八《明故奉訓大夫工部屯田員外郎高君墓誌銘》，《景印文淵閣四庫全書》第 1253 冊，第 163～164 頁。

23	沈㬢	弘治六年	蘇州府長洲縣	42	41	1	《弘治六年進士登科錄》載沈㬢中式年齡為「四十一」〔註 63〕。按，「四十一」當為「四十二」之誤。據弘治六年進士顧清所撰《故諭德東溪沈先生墓表》載：「先生諱㬢，字良德，姓沈氏，蘇之長洲人也……成化丙午以易經薦南畿，弘治癸丑擢進士……正德乙亥竟不起，年六十四，其生景泰壬申十二月晦日也」〔註 64〕。可知，沈㬢生於景泰壬申即景泰三年（1452），則弘治六年（1493）中進士當為四十二。
24	董恬	弘治九年	松江府上海縣	43	39	4	《弘治九年進士登科錄》載董恬中式年齡為「三十九」〔註 65〕。按，「三十九」當為「四十三」之誤。據正德十六年進士黃佐所撰《董大理恬傳》載：「董大理名恬，字世良，上海人也……弘治丙辰擢進士……嘉靖丁亥八月就日卒，年七十有四」〔註 66〕。可知，嘉靖丁亥即嘉靖六年（1527）董恬卒，「年七十有四」，其應生於景泰五年（1454），則弘治九年（1496）中進士當為四十三。
25	汝泰	弘治九年	蘇州府吳江縣	58	44	14	《弘治九年進士登科錄》載汝泰中式年齡為「四十四」〔註 67〕。按，「四十四」當為「五十八」之誤。據嘉靖《吳江縣志》卷二三《人物志・汝泰傳》載：「汝泰，字元吉，年五十始登科，又八年而舉進士。」〔註 68〕
26	陸應龍	弘治十二年	蘇州府長洲縣	45	43	2	《弘治十二年進士登科錄》載陸應龍中式年齡為「四十三」〔註 69〕。按，「四十三」當為「四十五」之誤。據嘉靖五年進士陸粲所撰《明故南京禮部精繕司郎中南丘先生陸公墓誌銘》載：「陸之先自齊宣王少子元侯通封平原陸鄉以為氏，漢豫章都尉烈，嘗為吳令，子孫因家於

〔註 63〕《弘治六年進士登科錄》，第 12 頁。
〔註 64〕〔明〕顧清：《東江家藏集》卷二九《故諭德東溪沈先生墓誌銘》，《景印文淵閣四庫全書》第 1261 冊，第 686 頁。
〔註 65〕《弘治九年進士登科錄》，第 1901 頁。
〔註 66〕〔明〕焦竑：《國朝獻徵錄》卷六八《董大理恬傳》，《續修四庫全書》史部第 528 冊，第 722～723 頁。
〔註 67〕《弘治九年進士登科錄》，《明代登科錄彙編》第 4 冊，第 1892 頁。
〔註 68〕嘉靖《吳江縣志》卷二三《人物志》，嘉靖刊本。
〔註 69〕《弘治十二年進士登科錄》，上海圖書館藏本。

							吳……公諱應龍……弘治戊午應貢入太學，是歲始中應天府鄉試，明年登進士第……嘉靖戊戌冬十二月十七日，忽神思不怡，越三日，遂卒，春秋八十有四」〔註70〕。可知，嘉靖戊戌即嘉靖十七年（1538）陸應龍卒，「春秋八十有四」，其應生於景泰六年（1455），則弘治十二年（1499）中進士當為四十五。
27	許立	弘治十二年	蘇州府崑山縣	51	39	12	《弘治十二年進士登科錄》載許立中式年齡為「三十九」〔註71〕。按，「三十九」當為「五十一」之誤。據弘治九年進士顧潛所撰《福建漳州府同知許公墓誌銘》載：「公諱立，字伯基，世為崑山人……成化癸卯始領薦南京……弘治己未登進士第……正德丁丑秋，得脾疾，越明年冬，竟不起，十一月二十五日也，享年七十」〔註72〕。可知，正德十三年（1518）許立卒，「享年七十」，其應生於正統十四年（1449），則弘治十二年（1499）中進士當為五十一。
28	葛嵩	弘治十二年	常州府無錫縣	52	38	14	《弘治十二年進士登科錄》載葛嵩中式年齡為「三十八」〔註73〕。按，「三十八」當為「五十二」之誤。據成化二十三年進士邵寶所撰《明故徵仕郎工科右給事中葛君墓誌銘》載：「君諱嵩，字鍾甫，葛其氏，支庵其所自號，世為無錫人……君十九為郡庠生……成化丙午始領鄉薦，又五試禮部，登弘治己未進士……卒於正德癸酉四月二十四日，距其生正統戊辰十二月乙丑，為壽六十有六」〔註74〕。可知，葛嵩生於正統戊辰即正統十三年（1448），則弘治十二年（1499）中進士當為五十二。

〔註70〕〔明〕陸粲：《陸子餘集》卷三《明故南京禮部精繕司郎中南丘先生陸公墓誌銘》，《景印文淵閣四庫全書》第1274冊，第613～614頁。

〔註71〕《弘治十二年進士登科錄》，上海圖書館藏本。

〔註72〕〔明〕顧潛：《靜觀堂集》卷一四《福建漳州府同知許公墓誌銘》，《四庫全書存目叢書》集部第48冊，第613頁。

〔註73〕《弘治十二年進士登科錄》，上海圖書館藏本。

〔註74〕〔明〕邵寶：《容春堂後集》卷四《明故徵仕郎工科右給事中葛君墓誌銘》，《景印文淵閣四庫全書》第1258冊，第269～270頁。

29	郁侃	弘治十五年	松江府上海縣	38	35	3	《弘治十五年進士登科錄》載郁侃中式年齡為「三十五」〔註 75〕。按，「三十五」當為「三十八」之誤。據弘治十八年進士陸深所撰《進階亞中大夫黎平府知府郁公宜人王氏合葬墓誌銘》載：「公諱侃，字希正……今為上海人……自少穎敏，十歲能屬文……辛酉領應天鄉試，壬戌第進士。觀政禮部，初授行人……（嘉靖）丁酉秋……忽遘疾，以八月九日考終於正寢，享年七十有三」〔註 76〕。可知，嘉靖丁酉即嘉靖十六年（1537）郁侃卒，「享年七十有三」，其應生於成化元年（1465），則弘治十五年（1502）中進士當為三十八。
30	張鷗	弘治十八年	松江府上海縣	30	29	1	《弘治十八年進士登科錄》載張鷗中式年齡為「二十九」〔註 77〕。按，「二十九」當為「三十」之誤。據弘治十八年進士陸深所撰《前承德郎刑部主事張君墓誌銘》載張鷗「弘治辛酉領鄉薦……居三年是為乙丑會試，暨賜第，咸在高等，觀政禮部……正德甲戌一考維稱，加授承德郎刑部山東清吏司主事，推封（父）滄軒先生為承德郎刑部主事……而滄軒之訃聞矣。九苞匍匐以歸……不意數月之間而哭矣……年才三十有九」〔註 78〕。可知，正德甲戌即正德九年（1514）張鷗卒，「年才三十有九」，其應生於成化十二年（1476），則弘治十八年（1505）中進士當為三十。
31	景暘	正德三年	應天府上元縣	36	33	3	《正德三年進士登科錄》載景暘中式年齡為「三十三」〔註 79〕。按，「三十三」當為「三十六」之誤。據弘治九年進士顧璘所撰《景伯時暘行略》載：「景公諱暘……其先揚之儀真人，父宣，為廣東體舉市舶吏目，遷布政司照磨，徙家金陵清溪之上，遂為上元人……正德戊辰

〔註 75〕《弘治十五年進士登科錄》，第 79 頁。

〔註 76〕〔明〕陸深：《儼山集》卷七四《進階亞中大夫黎平府知府郁公宜人王氏合葬墓誌銘》，《景印文淵閣四庫全書》第 1268 冊，第 476～478 頁。

〔註 77〕《弘治十八年進士登科》，《明代登科錄彙編》第 5 冊，第 2432 頁。

〔註 78〕〔明〕陸深：《儼山集》卷六二《前承德郎刑部主事張君墓誌銘》，《景印文淵閣四庫全書》第 1268 冊，第 392～393 頁。

〔註 79〕《正德三年進士登科錄》，《中國科舉錄彙編》第 3 冊，第 16 頁。

							舉進士第二人……正德辛巳，公染疾，竟卒，春秋四十有九」〔註 80〕。可知，正德辛巳即正德十六年（1521）景暘卒，「春秋四十有九」，其應生於成化九年（1473），則正德三年（1508）中進士當為三十六。
32	吳山	正德三年	蘇州府吳江縣	39	36	3	《正德三年進士登科錄》載吳山中式年齡為「三十六」〔註 81〕。按，「三十六」當為「三十九」之誤。據嘉靖五年進士屠應埈所撰《尚書吳公山傳》載：「吳氏者，吳江世家也……公諱山……弘治乙卯舉應天鄉薦，戊辰與弟岩同登進士……逝時嘉靖壬寅冬十一月七日也，公蓋壽七十有三年矣」〔註 82〕。可知，嘉靖壬寅即嘉靖二十一年（1542）吳山卒，其應生於成化六年（1470），則正德三年（1508）中進士當為三十九。
33	丁致祥	正德三年	常州府武進縣	51	36	15	《正德三年進士登科錄》載吳山中式年齡為「三十六」〔註 83〕。按，「三十六」當為「五十一」之誤。據弘治十五年進士徐問所撰《亞中大夫河南布政司右參政丁公墓誌銘》載：「嘉靖丙申九月二十日，參政丁公卒於家……公諱致祥，世家常州武進……以儒士累試南畿，始舉弘治甲子鄉貢，登正德戊辰進士……卒之日，享年七十有九」〔註 84〕。可知，嘉靖丙申即嘉靖十五年（1536）丁致祥卒，「享年七十有九」，其應生於天順二年（1458），則正德三年（1508）中進士當為五十一。
34	毛憲	正德六年	常州府武進縣	53	43	10	《正德六年進士登科錄》載毛憲中式年齡為「四十三」〔註 85〕。按，「四十三」當為「五十三」之誤。據正德三年狀元呂柟所撰《徵仕郎禮科右給事中古菴毛公墓表》載：「公姓毛氏，諱憲……常州武進縣人也……今年予在北雍，忽聞公訃，傷悼累日，實嘉靖乙未十月二十九

〔註 80〕〔明〕焦竑：《國朝獻徵錄》卷七四《景伯時暘行略》，《續修四庫全書》史部第 529 冊，第 123 頁。
〔註 81〕《正德三年進士登科錄》，《中國科舉錄彙編》第 3 冊，第 28 頁。
〔註 82〕〔明〕焦竑：《國朝獻徵錄》卷四五《尚書吳公山傳》，《續修四庫全書》史部第 527 冊，第 363～365 頁。
〔註 83〕《正德三年進士登科錄》，《中國科舉錄彙編》第 3 冊，第 110 頁。
〔註 84〕〔明〕徐問：《山堂萃稿》卷一四《亞中大夫河南布政司右參政丁公墓誌銘》，《四庫全書存目叢書》集部第 54 冊，第 311 頁。
〔註 85〕《正德六年進士登科錄》，第 18 頁。

							日……公甫弱冠即勤學不怠……正德庚午亞魁薦於鄉，辛未中禮部，尋登進士第……公享年七十有七」〔註86〕。可知，嘉靖乙未即嘉靖十四年（1535）毛憲卒，「享年七十有七」，其應生於天順三年（1459），則正德六年（1511）中進士當為五十三。
35	孫承恩	正德六年	松江府華亭縣	31	30	1	《正德六年進士登科錄》載孫承恩中式年齡為「三十」〔註87〕。按，「三十」當為「三十一」之誤。據嘉靖二年探花徐階所撰《明故太子太保禮部尚書兼翰林院學士掌詹事府事贈太子太保諡文簡孫公墓誌銘》載：「公諱承恩……其先自宋南渡由汴徙居武陵。元末有為上饒錄事諱伯英者，避方國珍亂，始來華亭……其生曰成化辛丑十二月十日，卒曰嘉靖辛酉八月二十一日，享年八十一」〔註88〕。可知，孫承恩生於成化辛丑即成化十七年（1481），則正德六年（1511）中進士當為三十一。
36	戴恩	正德六年	松江府上海縣	42	37	5	《正德六年進士登科錄》載戴恩中式年齡為「三十七」〔註89〕。按，「三十七」當為「四十二」之誤。據正德六年進士孫承恩所撰《陝西參議東濱戴公墓誌銘》載：「戴氏之先汴人，從宋南渡居臨安，國朝初再徙松之上海……公諱恩，字子充，東濱其別號……舉正德辛未進士，授北京工部都水司主事……公生成化庚寅十一月二十二日，卒嘉靖戊子十月十四日，壽五十有九」〔註90〕。可知，戴恩生於成化庚寅即成化六年（1470），則正德六年（1511）中進士當為四十二。

〔註86〕〔明〕呂柟：《涇野先生文集》卷三二《徵仕郎禮科右給事中古菴毛公墓表》，《四庫全書存目叢書》集部61冊，第418～419頁。

〔註87〕《正德六年進士登科錄》，第31頁。

〔註88〕〔明〕徐階：《世經堂集》卷一七《明故太子太保禮部尚書兼翰林院學士掌詹事府事贈太子太保諡文簡孫公墓誌銘》，《四庫全書存目叢書》集部第79冊，第739頁。

〔註89〕《正德六年進士登科錄》，第23頁。

〔註90〕〔明〕孫承恩：《文簡集》卷五十《陝西參議東濱戴公墓誌銘》，《景印文淵閣四庫全書》第1271冊，第591～592頁。

37	楊璨	正德六年	松江府華亭縣	48	40	8	《正德六年進士登科錄》載楊璨中式年齡為「四十」〔註91〕。按，「四十」當為「四十八」之誤。據正德三年狀元呂柟所撰《皇明中順大夫應天府丞璞菴楊公墓誌銘》載：「公諱璨，字仲玉，姓楊氏，松江華亭縣人……公舉正德辛未進士，筮仕桐鄉……公生天順甲申十二月二十八日，得壽六十有六」〔註92〕。可知，楊璨生於天順甲申即天順八年（1464），則正德六年（1511）中進士當為四十八。
38	沈霽	正德六年	松江府華亭縣	51	41	10	《正德六年進士登科錄》載沈霽中式年齡為「四十一」〔註93〕。按，「四十一」當為「五十一」之誤。據《國朝獻徵錄》卷一〇三《貴州兵備副使沈公霽傳》載：「沈公霽，字子公，松江華亭人，正德辛未進士，授行人……致仕卒，年八十五……時嘉靖乙巳十二月十二日也」〔註94〕。可知，嘉靖乙巳即嘉靖二十四年（1545）沈霽卒，「年八十五」，其應生於天順五年（1461），則正德六年（1511）中進士當為五十一。
39	鄒輗	正德六年	常州府武進縣	41	37	4	《正德六年進士登科錄》載鄒輗中式年齡為「三十七」〔註95〕。按，「三十七」當為「四十一」之誤。據正德十六年進士張袞所撰《明故中憲大夫雲南按察司副使南江鄒公墓表》載：「公生獨穎異，少學禮，即以禮經魁南畿辛酉鄉試……登辛未進士……公諱輗……嘉靖辛亥七月三十日病卒，享年八十有一」〔註96〕。可知，嘉靖辛亥即嘉靖三十年（1551）鄒輗卒，「享年八十有一」，其應生於成化七年（1471），則正德六年（1511）中進士當為四十一。

〔註91〕《正德六年進士登科錄》，第42頁。

〔註92〕〔明〕呂柟：《涇野先生文集》卷二五《皇明中順大夫應天府丞璞菴楊公墓誌銘》，《四庫全書存目叢書》集部61冊，第316～317頁。

〔註93〕《正德六年進士登科錄》，第61頁。

〔註94〕〔明〕焦竑：《國朝獻徵錄》卷一〇三《貴州兵備副使沈公霽傳》，《續修四庫全書》史部第525冊，第94～96頁。

〔註95〕《正德六年進士登科錄》，第53頁。

〔註96〕〔明〕張袞：《張水南文集》卷九《明故中憲大夫雲南按察司副使南江鄒公墓表》，《四庫全書存目叢書》集部第76冊，第664～665頁。

40	龔大有	正德六年	常州府武進縣	45	38	7	《正德六年進士登科錄》載龔大有中式年齡為「三十八」〔註97〕。按，「三十八」當為「四十五」之誤。據正德六年進士王以旂所撰《明故南京浙江監察御史澗松龔公偕配孺人張氏墓誌銘》載：「公諱大有，字士謙，別號澗松，其先江西人，宋宣慰使諱陸三者從高宗南渡，道出昆陵……公年十六入試場屋，補郡庠廩生……公首登第，筮仕岩邑……嘉靖丙申，公春秋七十，忽遘疾不起」〔註98〕。可知，嘉靖丙申即嘉靖十五年（1536）龔大有卒，「春秋七十」，其應生於成化三年（1467），則正德六年（1511）中進士當為四十五。
41	儲昱	正德十二年	松江府上海縣	50	44	6	《正德十二年進士登科錄》載儲昱中式年齡為「四十四」〔註99〕。按，「四十四」當為「五十」之誤。據弘治九年進士唐錦所撰《江西右參議芋西儲公墓誌銘》載：「公諱昱……先世魏人也……元至元間建設海邑，子孫遂為邑人……正德戊辰公以例貢太學……遂登順天鄉薦，丁丑會試南宮，占上第，選入翰林為庶吉士……吉士散館，拜禮科給事中……戊戌秋復還三林山居，忽寢疾……竟不能起……距生成化戊子仲春十有二日，享年七十」〔註100〕。可知，儲昱生於成化戊子即成化四年（1468），則正德十二年（1517）中進士當為五十。
42	陳沂	正德十二年	南京太醫院	49	45	4	《正德十二年進士登科錄》載陳沂中式年齡為「四十五」〔註101〕。按，「四十五」當為「四十九」之誤。據弘治九年進士顧璘所撰《明故山西行太僕寺卿石亭陳先生墓誌銘》載：「先生名沂，姓陳氏……國朝以醫徵入太醫院，始家南都……母金安人以成化己丑七月二日生

〔註97〕《正德六年進士登科錄》，第79頁。

〔註98〕〔明〕王以旂：《王襄敏公文集》卷四《明故南京浙江監察御史澗松龔公偕配孺人張氏墓誌銘》，《四庫全書存目叢書》集部68冊，第95～96頁。

〔註99〕《正德十二年進士登科錄》，第16頁。

〔註100〕〔明〕唐錦：《龍江集》卷八《江西右參議芋西儲公墓誌銘》，《續修四庫全書》集部第1334冊，第553～554頁。

〔註101〕《正德十二年進士登科錄》，第23頁。

							公……辛酉始舉鄉試，暨丁丑始舉進士」〔註 102〕。可知，陳沂生於成化己丑即成化五年（1469），則正德十二年（1517）中進士當為四十九。
43	王積	正德十六年	蘇州府太倉州	30	32	-2	《正德十六年進士登科錄》載王積中式年齡為「三十二」〔註 103〕。按，「三十二」當為「三十」之誤。據隆慶二年進士王世貞所撰《明故嘉議大夫南京兵部右侍郎盧齋王公行狀》載：「王公諱積……其先為揚之儀真人。有諱思保者，高皇帝時從軍轉徙太倉衛，因遂為太倉人……公始以諸生擢應天鄉薦，為正德己卯……辛巳，賜對甲第，授兵部武選司主事……公生以弘治，卒以隆慶元年丁卯八月某日，春秋七十有六」〔註 104〕。可知，隆慶元年（1567）王積卒，「春秋七十有六」，其應生於弘治五年（1492），則正德十六年（1521）中進士當為三十。
44	浦瑾	正德十六年	常州府無錫縣	50	45	5	《正德十六年進士登科錄》載溥瑾中式年齡為「四十五」〔註 105〕。按，「四十五」當為「五十」之誤。據成化二十三年進士邵寶所撰《麗水知縣浦君文玉墓誌銘》載：「君諱瑾，字文玉，世為無錫人……君卒於嘉靖元年五月十一日，距其生成化壬辰六月二十九日，年五十有一」〔註 106〕。可知，浦瑾生於成化壬辰即成化八年（1472），則正德十六年（1521）中進士當為五十。
45	胡思忠	嘉靖八年	淮安府桃源縣	49	40	9	《嘉靖八年進士登科錄》載胡思忠中式年齡為「四十」〔註 107〕。按，「四十」當為「四十九」之誤。據正德三年進士潘塤所撰《明故辰州

〔註 102〕〔明〕顧璘：《顧華玉集．憑几集續編》卷二《明故山西行太僕寺卿石亭陳先生墓誌銘》，《景印文淵閣四庫全書》第 1263 冊，第 329 頁。

〔註 103〕《正德十六年進士登科錄》，《明代登科錄彙編》第 6 冊，第 3007 頁。

〔註 104〕〔明〕王世貞：《弇州四部稿》卷一百《明故嘉議大夫南京兵部右侍郎盧齋王公行狀》，《景印文淵閣四庫全書》第 1280 冊，第 597～600 頁。

〔註 105〕《正德十六年進士登科錄》，第 3070 頁。

〔註 106〕〔明〕邵寶：《容春堂續集》卷一五《麗水知縣浦君文玉墓誌銘》，《景印文淵閣四庫全書》第 1258 冊，第 655～657 頁。

〔註 107〕《嘉靖八年進士登科錄》，第 41 頁。

							府知府致仕葵亭胡公墓誌銘》載：「公姓胡氏，諱思忠……世為宿遷人，始祖德徙居茶鹽城，遂占籍桃源……公生而穎敏，篤力志學，年十有三補邑庠生，學易，舉正德己卯應天鄉試，登嘉靖己丑進士第……其生成化辛丑十一月七日丑時，享年七十有六」〔註 108〕。可知，胡思忠生於成化辛丑即成化十七年（1481），則嘉靖八年（1529）中進士當為四十九。
46	施雨	嘉靖十一年	蘇州府常熟縣	38	33	5	《嘉靖十一年進士登科錄》載施雨中式年齡為「三十三」〔註 109〕。按，「三十三」當為「三十八」之誤。據嘉靖二十六年進士陳瓚所撰《廣東按察司僉事施公雨行狀》載：「公諱雨……其先汴人也，有舉齋者仕元為都水庸田司副使，治蘇因家焉……公嘉靖乙酉晉慶生，戊子領鄉薦，壬辰舉進士……卒，距生弘治乙卯某月日，享年七十有二」〔註 110〕。可知，施雨生於弘治乙卯即弘治八年（1495），則嘉靖十一年（1532）中進士當為三十八。
47	錢泮	嘉靖十四年	蘇州府常熟縣	43	42	1	《嘉靖十四年進士登科錄》載錢泮中式年齡為「四十二」〔註 111〕。按，「四十二」當為「四十三」之誤。據嘉靖間著名文人文徵明所撰《江西布政使司左參政贈光祿寺卿錢公墓誌銘》載：「公諱泮……裔出武肅王鏐，南渡時徙居常熟……舉嘉靖甲午應天鄉試，乙未舉進士……公生弘治癸丑某月某日」〔註 112〕。可知，錢泮生弘治癸丑即弘治六年（1493），則嘉靖十四年（1535）中進士當為四十三。
48	王三接	嘉靖十四年	蘇州府太倉州	30	29	1	《嘉靖十四年進士登科錄》載王三接中式年齡為「二十九」〔註 113〕。

〔註 108〕〔明〕王官：《胡氏宗譜》卷六《明故辰州府知府致仕葵亭胡公墓誌銘》，明嘉靖三十六年刊本，第 21～22 頁。

〔註 109〕《嘉靖十一年進士登科錄》，第 21 頁。

〔註 110〕〔明〕焦竑：《國朝獻徵錄》卷九九《廣東按察司僉事施公雨行狀》，《續修四庫全書》史部第 530 冊，第 665～666 頁。

〔註 111〕《嘉靖十四年進士登科錄》，第 54 頁。

〔註 112〕〔明〕文徵明：《甫田集》卷三三《江西布政使司左參政贈光祿寺卿錢公墓誌銘》，《景印文淵閣四庫全書》第 1273 冊，第 275 頁。

〔註 113〕《嘉靖十四年進士登科錄》，第 65 頁。

							按，「二十九」當為「三十」之誤。據隆慶二年進士王世貞所撰《大中大夫河東都轉運鹽使司少葵公暨元配歸安人合葬墓誌銘》載：「君諱三接，字汝康，號少葵……王父承事郎恢贅於崑山之時，遂定居崑山……十七補州博士弟子……遂以第一人入試薦於鄉，明年復成進士……公卒於萬曆丁亥之八月朔也，距其生正德丙寅，壽八十二」〔註 114〕。可知，王三接生於正德丙寅即正德元年（1506），則嘉靖十四年（1535）中進士當為三十。
49	沈啓	嘉靖十七年	蘇州府吳縣	49	41	8	《嘉靖十七年進士登科錄》載沈啓中式年齡為「四十一」〔註 115〕。按，「四十一」當為「四十九」之誤。據嘉靖三十二年進士徐師曾所撰《大明故湖廣按察司副使沈公行狀》載：「公諱啓，字子由，姓沈氏，其先河南人，隨宋南蹕居蘇之吳縣……正德十四年舉應天鄉試，嘉靖十七年始成進士……公生於弘治三年八月二十一日，卒於隆慶二年二月二十日，享年七十有八」〔註 116〕。可知，沈啓生於弘治三年（1490），則嘉靖十七年（1538）中進士當為四十九。
50	趙承謙	嘉靖十七年	蘇州府常熟縣	52	42	10	《嘉靖十七年進士登科錄》載趙承謙中式年齡為「四十二」〔註 117〕。按，「四十二」當為「五十二」之誤。據承謙子趙用賢所撰《先大夫行述》載：「先君諱承謙……嘉靖戊子領應天鄉薦第二十一人，己丑試禮部不第，卒業南太學……年四十九始舉不肖，又三年戊戌登進士」〔註 118〕。
51	張情	嘉靖十七年	蘇州府嘉定縣	40	36	4	《嘉靖十七年進士登科錄》載張情中式年齡為「三十六」〔註 119〕。

〔註 114〕〔明〕王世貞：《弇州四部續稿》卷一一五《大中大夫河東都轉運鹽使司少葵公暨元配歸安人合葬墓誌銘》，《景印文淵閣四庫全書》第 1284 冊，第 622～624 頁。

〔註 115〕《嘉靖十七年進士登科錄》，第 17 頁。

〔註 116〕〔明〕徐師曾：《湖上集》卷一三《大明故湖廣按察司副使沈公行狀》，《續修四庫全書》集部第 1351 冊，第 209～211 頁。

〔註 117〕《嘉靖十七年進士登科錄》，第 51 頁。

〔註 118〕〔明〕趙用賢《松石齋集》卷一六《先大夫行述》，《四庫禁燬書叢刊》集部第 41 冊，第 237 頁。

〔註 119〕《嘉靖十七年進士登科錄》，第 69 頁。

							按，「三十六」當為「四十」之誤。光緒《嘉定縣志》載：「張情，字約之，嘉靖戊戌進士……卒嘉靖丙寅，年六十八」〔註 120〕。可知，嘉靖丙寅即嘉靖四十五年（1566）張情卒，「年六十八」，其應生於弘治十二年（1499），則嘉靖十七年（1538）張情中進士當為四十。
52	彭應麟	嘉靖二十三年	松江府華亭縣	45	41	4	《嘉靖二十三年進士登科錄》載彭應麟中式年齡為「四十一」〔註 121〕。按，「四十一」當為「四十五」之誤。據嘉靖二年探花徐階所撰《明故中順大夫邵武府知府致仕魯溪彭公墓誌銘》載彭應麟「年四十始領應天鄉薦，又五年始成進士」〔註 122〕。
53	皇甫濂	嘉靖二十三年	蘇州府常熟縣	37	36	1	《嘉靖二十三年進士登科錄》載皇甫濂中式年齡為「三十六」〔註 123〕。按，「三十六」當為「三十七」之誤。據皇甫濂兄皇甫汸所撰《水部君墓誌銘》載：「皇甫水部君者，名濂……宋室南遷，扈從來蘇，遂為吳人……公嘉靖甲午舉於鄉……甲辰試南宮第二，賜進士……嘉靖甲子秋，忽患痢，不治而卒，九月二十九日也，生正德戊辰十月初八日，年五十有七」〔註 124〕。可知，皇甫濂生於正德戊辰即正德三年（1508），則嘉靖二十三年（1544）中進士當為三十七。
54	繆宣	嘉靖二十三年	蘇州府常熟縣	46	41	5	《嘉靖二十三年進士登科錄》載繆宣中式年齡為「四十一」〔註 125〕。按，「四十一」當為「四十六」之誤。據《皇明常熟文獻志》卷五《科第志》載：「繆宣，由選貢中式，甲辰進士，時年四十六矣」〔註 126〕。

〔註 120〕光緒《嘉定縣志》卷一六《宦績》，《中國地方志集成．上海府縣志輯⑧》，第 316～317 頁。

〔註 121〕《嘉靖二十三年進士登科錄》，第 71 頁。

〔註 122〕〔明〕徐階：《世經堂集》卷一七《明故太子太保禮部尚書兼翰林院學士掌詹事府事贈太子太保謚文簡孫公墓誌銘》，《四庫全書存目叢書》集部第 79 冊，第 726～727 頁。

〔註 123〕《嘉靖二十三年進士登科錄》，第 20 頁。

〔註 124〕〔明〕皇甫汸：《皇甫司勳集》卷五七《水部君墓誌銘》，《景印文淵閣四庫全書》第 1275 冊，第 881～883 頁。

〔註 125〕《嘉靖二十三年進士登科錄》，第 43 頁。

〔註 126〕〔明〕管一德：《皇明常熟文獻志》卷五《科第志》，萬曆刊本。

55	朱木	嘉靖二十三年	蘇州府常熟縣	43	41	2	《嘉靖二十三年進士登科錄》載朱木中式年齡為「四十一」〔註 127〕。按，「四十一」當為「四十三」之誤。據嘉靖二十年進士嚴訥所撰《明故奉政大夫四川敘州府同知前山西道監察御史守愚朱公墓誌銘》載：「公幼負穎質，又淵源於其外大父與其父之學也……遂領鄉薦於順天，六上春官以甲科，除知山東之昌樂縣……公世本汴人，宋南渡時家於邑……慎齋公始至邑城，慎齋公則生古愚公，仕至工部都水司主事，娶於鄒，以弘治壬戌正月二十六日生公，木其名，子喬其字，其自號守愚」〔註 128〕。可知，朱木生於弘治壬戌即弘治十五年（1502），則嘉靖二十三年（1544）中進士當為四十三。
56	阮鶚	嘉靖二十三年	安慶府桐城縣	36	34	2	《嘉靖二十三年進士登科錄》載阮鶚中式年齡為「三十四」〔註 129〕。按，「三十四」當為「三十六」之誤。據嘉靖二十六年狀元李春芳所撰《都察院右副都御史函峰阮公墓誌銘》載：「中丞阮公，皖之桐城人也，諱鶚，字某，號函峰居士，係出晉黃門侍郎遙集，自陳留受節鎮皖，樂函山之勝，因家焉……正德己巳，歲大祲，公父愛雲翁傾貲振之，所全活甚眾，無不願翁生賢子者。已而，母吳以是歲十月二十四日生公。公生端重不戲……六歲就外傳……嘉靖甲午以儒士中應天鄉試，乙未遊南雍……甲辰第進士」〔註 130〕。可知，阮鶚生於正德己巳即正德四年（1509），則嘉靖二十三年（1544）中進士當為三十六。
57	馬一龍	嘉靖二十六年	應天府溧陽縣	49	39	10	《嘉靖二十六年進士登科錄》載馬一龍中式年齡為「三十九」〔註 131〕。按，「三十九」當為「四十九」之誤。據嘉靖二十六年狀元李春芳所撰《南京國子監司業孟河馬公墓誌銘》載：「公名一龍……溧陽人也……

〔註 127〕《嘉靖二十三年進士登科錄》，第 64 頁。

〔註 128〕〔明〕嚴訥：《嚴文靖公集》卷六《明故奉政大夫四川敘州府同知前山西道監察御史守愚朱公墓誌銘》，《四庫全書存目叢書》集部第 107 冊，第 643～645 頁。

〔註 129〕《嘉靖二十三年進士登科錄》，第 13 頁。

〔註 130〕〔明〕李春芳：《貽安堂集》卷七《都察院右副都御史函峰阮公墓誌銘》，《四庫全書存目叢書》集部第 113 冊，第 217～220 頁。

〔註 131〕《嘉靖二十六年進士登科錄》，第 44 頁。

							嘉靖戊子中順天鄉試第一……屢上南宮不第……丁未，澶淵宮洗晁公瑮奇其文，錄之……公生弘治己未五月初三日，享年七十有三」〔註132〕。可知，馬一龍生於弘治己未即弘治十二年（1499），則嘉靖二十六年（1547）中進士當為四十九。
58	高士	嘉靖二十六年	松江府華亭縣	38	32	6	《嘉靖二十六年進士登科錄》載高士中式年齡為「三十二」〔註133〕。按，「三十二」當為「三十八」之誤。據嘉靖二十年進士陸樹聲所撰《承德郎南京吏部主事南州高公合葬墓誌銘》載：「君諱士……其先汴人……南渡後六世祖存善由海上徙郡城，遂籍華亭……嘉靖辛卯舉鄉試……丁未成進士……公生正德庚午四月某日，卒萬曆丁亥正月某日，享年七十有八」〔註134〕。可知，高士生於正德庚午即正德五年（1510），則嘉靖二十六年（1547）中進士當為三十八。
59	徐師曾	嘉靖三十二年	蘇州府吳江縣	37	31	6	《嘉靖三十二年進士登科錄》載徐師曾中式年齡為「三十一」〔註135〕。按，「三十一」當為「三十七」之誤。據嘉靖三十八年進士王世懋所撰《徐魯菴先生墓表》載：「先生姓徐氏，名師曾……勝國時有諱潛者，以龍慶州守始來家吳江……嘉靖庚子，先生年二十四矣……癸丑成進士」〔註136〕。可知，嘉靖庚子即嘉靖十九年（1540）徐師曾年二十四，則嘉靖三十二年（1553）中進士當為三十七。
60	徐爌	嘉靖三十二年	蘇州府太倉州	39	37	2	《嘉靖三十二年進士登科錄》載徐爌中式年齡為「三十七」〔註137〕。按，「三十七」當為「三十九」之誤。據隆慶二年進士王世貞所撰《中大夫山西等處行太僕寺卿岩泉徐公暨元配吳孺人合葬誌銘》載：「公諱

〔註132〕〔明〕李春芳：《貽安堂集》卷八《南京國子監司業孟河馬公墓誌銘》，《四庫全書存目叢書》集部第113冊，第252～253頁。
〔註133〕《嘉靖二十六年進士登科錄》，第68頁。
〔註134〕〔明〕陸樹聲：《陸文定公文集》卷七《承德郎南京吏部主事南州高公合葬墓誌銘》，《明別集叢刊》第二輯第88冊，第356～357頁。
〔註135〕《嘉靖三十二年進士登科錄》，第28頁。
〔註136〕〔明〕王世懋：《王奉常集》卷二十《徐魯菴先生墓表》，《四庫全書存目叢書》集部第133冊，第413～414頁。
〔註137〕《嘉靖三十二年進士登科錄》，第39頁。

							爌……吳孺人年十九而適公，公年十八。明年試於臺為第一，遂補博士弟子員……凡十年舉鄉試，又十年成進士……公以正德乙亥生，以萬曆丙戌卒，壽七十二」〔註 138〕。可知，徐爌生於正德乙亥即正德十年（1515），則嘉靖三十二年（1553）中進士當為三十九。
61	秦禾	嘉靖三十二年	常州府無錫縣	37	32	5	《嘉靖三十二年進士登科錄》載秦禾中式年齡為「三十二」〔註 139〕。按，「三十二」當為「三十七」之誤。嘉靖二十三年榜眼瞿景淳所撰《明故中順大夫永昌守文橋秦公墓誌銘》載：「公秦姓，諱禾……公生而秀敏……遊邑庠籍籍有聲，迨庚子舉於鄉……登癸丑進士……公生於正德丁丑四月二十三日，卒於嘉靖丙寅九月十二日，享年五十有一」〔註 140〕。可知，秦禾生於正德丁丑即正德十二年（1517），則嘉靖三十二年（1553）中進士當為三十七。
62	夏時	嘉靖三十五年	松江府華亭縣	43	38	5	《嘉靖三十五年進士登科錄》載夏時中式年齡為「三十八」〔註 141〕。按，「三十八」當為「四十三」之誤。據嘉靖二十年進士陸樹聲所撰《吏科給事中陽衢夏公墓誌銘》載：「君諱時……其先自汴徙華亭……嘉靖丙辰第進士……君生正德甲戌五月某日，享年六十有八」〔註 142〕。可知，夏時生於正德甲戌即正德九年（1514），則嘉靖三十五年（1556）中進士當為四十三。
63	楊成	嘉靖三十五年	蘇州府長洲縣	36	33	3	《嘉靖三十五年進士登科錄》載楊成中式年齡為「三十三」〔註 143〕。按，「三十三」當為「三十六」之誤。據嘉靖四十一年狀元申時行所撰

〔註 138〕〔明〕王世貞：《弇州四部續稿》卷一一二《中大夫山西等處行太僕寺卿岩泉徐公暨元配吳孺人合葬誌銘》，《景印文淵閣四庫全書》第 1284 冊，第 582～585 頁。

〔註 139〕《嘉靖三十二年進士登科錄》，第 45 頁。

〔註 140〕〔明〕瞿景淳：《瞿文懿公文集》卷九《明故中順大夫永昌守文橋秦公墓誌銘》，《四庫全書存目叢書》集部第 109 冊，第 585～586 頁。

〔註 141〕《嘉靖三十五年進士登科錄》，第 57 頁。

〔註 142〕〔明〕陸樹聲：《陸文定公文集》卷六《吏科給事中陽衢夏公墓誌銘》，《明別集叢刊》第二輯第 88 冊，第 329～330 頁。

〔註 143〕《嘉靖三十五年進士登科錄》，第 15 頁。

							《資政大夫太子少保南京兵部尚書諡莊簡楊公墓誌銘》載：「公諱成，字汝大……其先出宋龜山先生，距公十六世先生之孫航者判常州，家於錫山，後徙蘇之崑山，再徙長洲為邑人……公年十四補博士弟子，聲籍甚。二十舉嘉靖庚子鄉試……十有五年丙辰成進士……公卒於萬曆庚子，距其生為正德辛巳，享年八十云」〔註144〕。可知，楊成生於正德辛巳即正德十六年（1521），則嘉靖三十五年（1556）中進士當為三十六。
64	陳瓚	嘉靖三十五年	蘇州府常熟縣	39	35	4	《嘉靖三十五年進士登科錄》載陳瓚中式年齡為「三十五」〔註145〕。按，「三十五」當為「三十九」之誤。據隆慶五年進士趙用賢所撰《少司寇陳先生傳》載：「少司寇陳公諱瓚……嘉靖丙午鄉試，又十年丙辰成進士……萬曆丁亥，公年七十，上疏乞歸」〔註146〕。可知，萬曆丁亥即萬曆十五年（1587）陳瓚年七十，其應生於正德十三年（1578），則嘉靖三十五年（1556）中進士當為三十九。
65	楊銓	嘉靖三十五年	松江府華亭縣	50	40	10	《嘉靖三十五年進士登科錄》載楊銓中式年齡為「四十」〔註147〕。按，「四十」當為「五十」之誤。據嘉靖二十年進士陸樹聲所撰《廣西布政司左參政昆南楊公墓誌銘》載：「公為諸生，以貢讓其次，甫膺貢，舉順天壬子鄉試，第丙辰進士……公諱銓，字朝明，華亭祥澤里人……公生正德丁卯八月某日，歿萬曆乙亥八月某日，享年六十有九」〔註148〕。可知，楊銓生於正德丁卯即正德二年（1507），則嘉靖三十五年（1556）中進士當為五十。

〔註144〕〔明〕申時行：《賜閒堂集》卷二八《資政大夫太子少保南京兵部尚書諡莊簡楊公墓誌銘》，《四庫全書存目叢書》集部第134冊，第574～576頁。

〔註145〕《嘉靖三十五年進士登科錄》，第75頁。

〔註146〕〔明〕趙用賢：《松石齋集》卷一三《少司寇陳先生傳》，《四庫禁燬書叢刊》集部第41冊，第180～182頁。

〔註147〕《嘉靖三十五年進士登科錄》，第34頁。

〔註148〕〔明〕陸樹聲：《陸文定公集》卷六《廣西布政司左參政昆南楊公墓誌銘》，《明別集叢刊》第二輯第88冊，合肥：黄山出版社，2013年，第347～349頁。

66	錢藻	嘉靖三十八年	揚州府如皋縣	29	26	3	《嘉靖三十八年進士登科錄》載錢藻中式年齡為「二十六」〔註 149〕。按,「二十六」當為「二十九」之誤。據萬曆十三年舉人冒日乾所撰《明嘉議大夫順天府尹淑湖錢公暨配封宜人許氏行狀》載:「公諱藻……吳越武肅王之裔也,始祖珍徙如皋……嘉靖戊午瞿文懿公典南畿試,奇公卷,舉之,明年成進士……公生於嘉靖辛卯,卒萬曆丙申,享年六十有六」〔註 150〕。可知,錢藻生於嘉靖辛卯即嘉靖十年(1531),則嘉靖三十八年(1559)中進士當為二十九。
67	張仲謙	嘉靖三十八年	松江府華亭縣	38	32	6	《嘉靖三十八年進士登科錄》載張仲謙中式年齡為「三十二」〔註 151〕。按,「三十二」當為「三十八」之誤。據張仲謙後人張鼐所撰《世本總傳》載:「自莊、懿聯芳而下五世為觀察、水部兩兄弟也……而同登己未丁世美榜進士……觀察公諱仲謙……生嘉靖壬午,卒萬曆丁未,年八十有六」〔註 152〕。可知,張仲謙生於嘉靖壬午即嘉靖元年(1522),則嘉靖三十八年(1559)中進士當為三十八。
68	王天爵	嘉靖三十八年	蘇州府吳縣	44	35	9	《嘉靖三十八年進士登科錄》載王天爵中式年齡為「三十五」〔註 153〕。按,「三十五」當為「四十四」之誤。據嘉靖四十一年狀元申時行所撰《嘉議大夫雲南按察司按察使王公墓誌銘》載:「王公諱天爵……其先自歙徙長洲,為邑人……嘉靖丙午舉京兆……己未遂成進士……公生正德丙子,卒萬曆庚子」〔註 154〕。可知,王天爵生於正德丙子即正德十一年(1516),則嘉靖三十八年(1559)中進士當為四十四。

〔註 149〕《嘉靖三十八年進士登科錄》,第 24 頁。

〔註 150〕〔明〕冒日乾:《存笥小草》卷三《明嘉議大夫順天府尹淑湖錢公暨配封宜人許氏行狀》,《明別集叢刊》第四輯第 79 冊,合肥:黃山書社,2013 年,第 224、229 頁。

〔註 151〕《嘉靖三十八年進士登科錄》,第 12 頁。

〔註 152〕〔明〕張鼐:《寶日堂初集》卷一三《世本總傳》,《四庫禁燬書叢刊》集部第 76 冊,第 360 頁。

〔註 153〕《嘉靖三十八年進士登科錄》,第 41 頁。

〔註 154〕〔明〕申時行:《賜閒堂集》卷二六《嘉議大夫雲南按察司按察使王公墓誌銘》,《四庫全書存目叢書》集部第 134 冊,第 537～538 頁。

69	張憲臣	嘉靖三十八年	蘇州府崑山縣	48	38	10	《嘉靖三十八年進士登科錄》載張憲臣中式年齡為「三十八」〔註155〕。按，「三十八」當為「四十八」之誤。據隆慶二年進士王世貞所撰《明嘉議大夫雲南提刑按察司按察使虛江張公墓誌銘》載：「故云南按察使張公以萬曆元年五月卒……公諱憲臣，字欽伯，其先晉陵人，有贅於崑山者，遂家焉……公業成，為諸生，久此其成薦，復偃蹇南宮試者久之……益砥礪於學，成進士……卒年六十有二耳」〔註156〕。可知，萬曆元年（1573）張憲臣卒，「年六十有二」，其應生於正德七年（1512），則嘉靖三十八年（1559）中進士當為四十八。
70	華汝礪	嘉靖三十八年	常州府無錫縣	37	30	7	《嘉靖三十八年進士登科錄》載華汝礪中式年齡為「三十」〔註157〕。按，「三十」當為「三十七」之誤。據萬曆二年狀元孫繼皋所撰《雲南按察司副使昆源華公墓誌銘》載：「公諱汝礪，字用成，昆源其別號……公十歲能屬文……嘉靖壬子始舉應天，己未舉南宮成進士……公生嘉靖癸未，卒萬曆己丑」〔註158〕。可知，華汝礪生於嘉靖癸未即嘉靖二年（1523），則嘉靖三十八年（1559）中進士當為三十七。
71	張子仁	嘉靖三十八年	常州府無錫縣	36	30	6	《嘉靖三十八年進士登科錄》載張子仁中式年齡為「三十」〔註159〕。按，「三十」當為「三十六」之誤。據萬曆二年狀元孫繼皋所撰《貴州布政使司左參政澄齋張公暨配陸宜人合葬墓誌銘》載：「公諱子仁，字安甫，澄齋其號，世為我常州之無錫人……公生而穎異……嘉靖甲午遂以儒士比應天，乙卯舉鄉書……己未成進士……公生嘉靖甲

〔註155〕《嘉靖三十八年進士登科錄》，第39頁。

〔註156〕〔明〕王世貞：《弇州四部稿》卷八六《明嘉議大夫雲南提刑按察司按察使虛江張公墓誌銘》，《景印文淵閣四庫全書》第1280冊，第423～425頁。

〔註157〕《嘉靖三十八年進士登科錄》，第25頁。

〔註158〕〔明〕孫繼皋：《宗伯集》卷八《雲南按察司副使昆源華公墓誌銘》，《景印文淵閣四庫全書》第1291冊，第458～459頁。

〔註159〕《嘉靖三十八年進士登科錄》，第26頁。

							申」〔註 160〕。可知，張子仁生於嘉靖甲申即嘉靖三年（1524），則嘉靖三十八年（1559）中進士當為三十六。
72	佘敬中	嘉靖三十八年	池州府銅陵縣	34	28	6	《嘉靖三十八年進士登科錄》載佘敬中中式年齡為「二十八」〔註 161〕。按，「二十八」當為「三十四」之誤。據萬曆十七年狀元焦竑所撰《嘉議大夫廣東提刑按察司按察使內齋佘公墓誌銘》載：「公諱敬中，字子惺，自號內齋居士，池之銅陵人……公生而卓犖……嘉靖乙卯領鄉薦，己未成進士……萬曆丙午八月十八日卒，距生嘉靖丙戌十一月二十三日，得年八十有一」〔註 162〕。可知，佘敬中生於嘉靖丙戌即嘉靖五年（1526），則嘉靖三十八年（1559）中進士當為三十四。
73	郭諫臣	嘉靖四十一年	蘇州府長洲縣	39	34	5	《嘉靖四十一年進士登科錄》載郭諫臣中式年齡為「三十四」〔註 163〕。按，「三十四」當為「三十九」之誤。據嘉靖四十一年狀元申時行所撰《江西右參政郭公合葬墓誌銘》載：「公諱諫臣……蘇之長洲人也……稍長，為諸生，數試應天不第，乃北遊太學，無何，舉順天鄉試，明年第進士……公生嘉靖甲申，卒之年五十有七」〔註 164〕。可知，郭諫臣生於嘉靖甲申即嘉靖三年（1524），則嘉靖四十一年（1562）中進士當為三十九。
74	王嘉言	嘉靖四十一年	常州府江陰縣	38	32	6	《嘉靖四十一年進士登科錄》載王嘉言中式年齡為「三十二」〔註 165〕。按，「三十二」當為「三十八」之誤。據隆慶五年進士趙用賢所撰《浙江布政使司左參議王公墓誌銘》載：「公王氏，諱嘉言……隸籍江

〔註 160〕〔明〕孫繼皋：《宗伯集》卷八《貴州布政使司左參政澄齋張公暨配陸宜人合葬墓誌銘》，《景印文淵閣四庫全書》第 1291 冊，第 456～457 頁。

〔註 161〕《嘉靖三十八年進士登科錄》，第 38 頁。

〔註 162〕〔明〕焦竑：《焦氏澹園續集》卷一三《嘉議大夫廣東提刑按察司按察使內齋佘公墓誌銘》，《續修四庫全書》集部第 1365 冊，第 22～24 頁。

〔註 163〕《嘉靖四十一年進士登科錄》，第 68 頁。

〔註 164〕〔明〕申時行：《賜閒堂集》卷三一《江西右參政郭公合葬墓誌銘》，《四庫全書存目叢書》集部第 134 冊，第 652～654 頁。

〔註 165〕《嘉靖四十一年進士登科錄》，第 47 頁。

							陰……舉乙卯應天鄉薦，壬戌成進士……公生嘉靖二年甲申，卒萬曆己卯四月八日，年僅五十六」〔註 166〕。可知，王嘉言生於嘉靖甲申即嘉靖三年（1524），則嘉靖四十一年（1561）中進士當為三十八。
75	王譔	嘉靖四十一年	河南潁川衛	35	31	4	《嘉靖四十一年進士登科錄》載王譔中式年齡為「三十一」〔註 167〕。按，「三十一」當為「三十五」之誤。據隆慶二年進士李維楨所撰《湖廣布政使司左參議王公墓碑》載：「潁州王氏，其先山東蒙陰人……明興，有仲和者徙東平，從徐中山王征伐有功，嘗結陣穎東七十里會文屯，樂其土風，遂徙家焉……公名譔……舉於鄉，遊南雍……壬戌成進士……公卒萬曆辛卯四月一日，生嘉靖戊子十月十有九日，年六十有四」〔註 168〕。可知，王譔生於嘉靖戊子即嘉靖七年（1528），則嘉靖四十一年（1562）中進士當為三十五。
76	周希旦	嘉靖四十一年	寧國府旌德縣	35	30	5	《嘉靖四十一年進士登科錄》載周希旦中式年齡為「三十」〔註 169〕。按，「三十」當為「三十五」之誤。據萬曆二十六年進士顧起元所撰《應天府丞毅軒周公行狀》載：「萬曆丁酉仲春廿有四日，應天府府丞旌德毅軒先生周公卒於裏，距公生嘉靖戊子仲夏四日，蓋得壽者七十……公諱希旦，字汝魯，毅軒其所自號也。上世故籍饒州，其居旌自始祖朗避黃巢之亂始……公嘉靖乙卯舉應天鄉試……壬戌登進士第」〔註 170〕。可知，周希旦生於嘉靖戊子即嘉靖七年（1528），則嘉靖四十一年（1562）中進士當為三十五。

〔註 166〕〔明〕趙用賢：《松石齋集》卷十八《浙江布政使司左參議王公墓誌銘》，《四庫禁燬書叢刊》集部第 41 冊，第 274～276 頁。

〔註 167〕《嘉靖四十一年進士登科錄》，第 35 頁。

〔註 168〕〔明〕李維楨：《大泌山房集》卷一一二《湖廣布政使司左參議王公墓碑》，《四庫全書存目叢書》集部第 153 冊，第 266～268 頁。

〔註 169〕《嘉靖四十一年進士登科錄》，第 68 頁。

〔註 170〕〔明〕顧起元：《懶真草堂集》卷二八《應天府府丞毅軒周公行狀》，《四庫禁燬書叢刊補編》第 69 冊，北京：北京出版社，2005 年，第 236～237 頁。

77	歸有光	嘉靖四十四年	蘇州府崑山縣	60	48	12	《嘉靖四十四年進士登科錄》載歸有光中式年齡為「四十八」〔註 171〕。按，「四十八」當為「六十」之誤。據嘉靖二十六年進士王世貞所撰《故太僕寺丞直文淵制敕歸震川先生傳》載：「先生諱有光，字熙甫，崑山人也……年六十而始登第」〔註 172〕；孫岱所撰《歸震川先生年譜》亦載：「嘉靖四十四年乙丑，先生年六十歲，舉禮部會試成進士」〔註 173〕。
78	王圻	嘉靖四十四年	松江府上海縣	36	32	4	《嘉靖四十四年進士登科錄》載王圻中式年齡為「三十二」〔註 174〕。按，「三十二」當為「三十六」之誤。據《王侍御類稿》卷一六《明故朝列大夫陝西布政使司右參議洪洲王公暨配誥封宜人陳氏行實》載：「公王姓，諱圻……勝國時始祖士衡公避難徙上海西北境，遂為上海人……公嘉靖甲子始以禮經舉於鄉，連第乙丑進士……忽無疾而卒……是為萬曆乙卯閏八月十有四日，距公生嘉靖庚寅正月二十有一日，享年八十有六」〔註 175〕。可知，王圻生於嘉靖庚寅即嘉靖九年（1530），則嘉靖四十四年（1565）中進士當為三十六。
79	查鐸	嘉靖四十四年	寧國府涇縣	50	40	10	《嘉靖四十四年進士登科錄》載查鐸中式年齡為「四十」〔註 176〕。按，「四十」當為「五十」之誤。據萬曆十七年狀元焦竑所撰《憲副毅齋查先生墓誌銘》載：「先生諱鐸……唐武德中諱文熙者任池州刺史，因家於涇……公乙丑成進士……生正德丙子正月十七日，享年七十有

〔註 171〕《嘉靖四十四年進士登科錄》，第 64 頁。

〔註 172〕〔明〕王世貞：《弇州四部續稿》卷一百五十《故太僕寺丞直文淵制敕歸震川先生傳》，《景印文淵閣四庫全書》第 1284 冊，第 179 頁。

〔註 173〕〔明〕孫岱：《歸震川先生年譜》，《北京圖書館藏珍本年譜叢刊》第 49 冊，北京：北京圖書館出版社，2001 年，第 99 頁。

〔註 174〕《嘉靖四十四年進士登科錄》，第 66 頁。

〔註 175〕〔明〕王圻：《王侍御類稿》卷一六《明故朝列大夫陝西布政使司右參議洪洲王公暨配誥封宜人陳氏行實》，《四庫全書存目叢書》集部第 140 冊，第 507～512 頁。

〔註 176〕《嘉靖四十四年進士登科錄》，第 73 頁。

							四」〔註 177〕。可知，查鐸生於正德丙子即正德十一年（1516），則嘉靖四十四年（1565）中進士當為五十。
80	王鑑	嘉靖四十四年	常州府無錫縣	46	38	8	《嘉靖四十四年進士登科錄》載王鑑中式年齡為「三十八」〔註 178〕。按，「三十八」當為「四十六」之誤。據隆慶五年進士趙用賢所撰《太僕卿王先生傳》載：「太僕王先生者，諱鑑，昆陵錫山人……二十補諸生，凡三試領應天己酉薦，乙未中禮部試……又六年乙丑，始奉對大廷，舉二甲高第……萬曆己丑，先生年滿七十，上疏乞骸骨」〔註 179〕；萬曆二年狀元孫繼皐所撰《特旨晉太僕寺卿致仕繼山王公暨配鮑宜人合葬行狀》也載：「歲己丑，南京鴻臚寺卿臣鑑言：『臣行年七十，老矣……願早放歸田里』」〔註 180〕。可知，萬曆己丑即萬曆十七年（1589）王鑑年七十，其應生於正德十五年（1520），則嘉靖四十四（1565）年中進士當為四十六。
81	周子義	嘉靖四十四年	常州府無錫縣	37	32	5	《嘉靖四十四年進士登科錄》載周子義中式年齡為「三十二」〔註 181〕。按，「三十二」當為「三十七」之誤。據嘉靖四十一年狀元申時行所撰《通議大夫吏部左侍郎兼翰林院侍讀學士掌詹事府事贈禮部尚書謚文恪周公神道碑銘》載：「公諱子義，字以方，別號儆菴，家世無錫人……公生端重穎拔……嘉靖辛酉舉於鄉，乙丑登進士第……公生嘉靖乙丑，享年五十有八」〔註 182〕；萬曆十一年榜眼李廷機所撰《文恪儆菴周公墓誌銘》也載：「公諱子義，字以方，號儆菴，世為常州無

〔註 177〕〔明〕焦竑：《焦氏澹園續集》卷一三《憲副毅齋查先生墓誌銘》，《續修四庫全書》集部第 1364 冊，第 37～38 頁。

〔註 178〕《嘉靖四十四年進士登科錄》，第 13 頁。

〔註 179〕〔明〕趙用賢：《松石齋集》卷十三《太僕卿王先生傳》，《四庫禁燬書叢刊》集部第 41 冊，第 190～192 頁。

〔註 180〕〔明〕孫繼皐：《宗伯集》卷七《特旨晉太僕寺卿致仕繼山王公暨配鮑宜人合葬行狀》，《景印文淵閣四庫全書》第 1291 冊，第 404～406 頁。

〔註 181〕《嘉靖四十四年進士登科錄》，第 15 頁。

〔註 182〕〔明〕申時行：《賜閒堂集》卷二一《通議大夫吏部左侍郎兼翰林院侍讀學士掌詹事府事贈禮部尚書謚文恪周公神道碑銘》，《四庫全書存目叢書》集部第 134 冊，第 428～431 頁。

							錫人……公幼即穎敏嗜學……嘉靖辛酉舉鄉試，乙丑舉進士……公生嘉靖己丑四月初十日，迨卒，得年僅五十有八」〔註 183〕。綜上可知，周子義生於嘉靖己丑即嘉靖八年（1529），則嘉靖四十四年（1465）中進士當為三十七。
82	游應乾	嘉靖四十四年	徽州府婺源縣	35	31	4	《嘉靖四十四年進士登科錄》載游應乾中式年齡為「三十一」〔註 184〕。按，「三十一」當為「三十五」之誤。據萬曆十七年狀元焦竑所撰《戶部右侍郎總督倉場一川游公行狀》載：「公游姓，諱應乾，字順之，別號一川。先世居青州，至南唐侍御侃者避五季亂，卜居婺源……公生而明慧端重……嘉靖辛酉舉鄉試，乙丑成進士……公生嘉靖辛卯七月十七日，享年七十有八」〔註 185〕。可知，游應乾生於嘉靖辛卯即嘉靖十年（1531），則嘉靖四十四年（1565）中進士當為三十五。
83	宋堯武	隆慶二年	松江府華亭縣	37	29	8	《隆慶二年進士登科錄》載宋堯武中式年齡為「二十九」〔註 186〕。按，「二十九」當為「三十七」之誤。據宋堯武之侄萬曆十四年貢士宋楙澄所撰《叔父參知季鷹公行略》載：「公諱堯武……先世為淮東人……七世而有仲傑公者徙華亭……丁卯，昭陵改元，公舉應天鄉試，明年第羅文懿榜進士……公生嘉靖壬辰十一月二十一日，享年六十有五」〔註 187〕。可知，宋堯武生於嘉靖壬辰即嘉靖十一年（1532），則隆慶二年（1568）中進士當為三十七。
84	林景暘	隆慶二年	松江府華亭縣	39	34	5	《隆慶二年進士登科錄》載林景暘中式年齡為「三十四」〔註 188〕。按，「三十四」當為「三十九」之誤。據嘉靖四十一年狀元申時行所撰

〔註 183〕〔明〕李廷機：《李文節集》卷二二《文恪儆菴周公墓誌銘》，臺北：文海出版社，1972 年，第 1932～1934 頁。

〔註 184〕《嘉靖四十四年進士登科錄》，第 24 頁。

〔註 185〕〔明〕焦竑：《焦氏澹園續集》卷一六《戶部右侍郎總督倉場一川游公行狀》，《續修四庫全書》集部第 1364 冊，第 93～96 頁。

〔註 186〕《隆慶二年進士登科錄》，《明代登科錄彙編》第 17 冊，第 8858 頁。

〔註 187〕〔明〕宋楙澄：《九籥集》卷七《叔父參知季鷹公行略》，《續修四庫全書》集部第 1374 冊，第 236～239 頁。

〔註 188〕《隆慶二年進士登科錄》，《明代登科錄彙編》第 17 冊，第 8858 頁。

							《中大夫南京太僕寺卿林公墓誌銘》載：「公諱景暘，字紹熙，松江之華亭人也，姓林氏……嘉靖辛酉舉於鄉，隆慶戊辰成進士……公生於嘉靖庚寅，卒萬曆甲辰，年七十有五」〔註 189〕。可知，林景暘生於嘉靖庚寅即嘉靖九年（1530），則隆慶二年（1568）中進士當為三十九。
85	陸從平	隆慶二年	松江府華亭縣	34	28	6	《隆慶二年進士登科錄》載陸從平中式年齡為「二十八」〔註 190〕。按，「二十八」當為「三十四」之誤。據嘉靖四十四年進士王圻所撰《明故大中大夫自齋陸公行狀》載：「公諱從平……戊辰成進士……公生於嘉靖乙未五月十二日，歿於萬曆己酉十月十七日，享年七十有五」〔註 191〕。可知，陸從平生於嘉靖乙未即嘉靖十四年（1535），則隆慶二年（1568）中進士當為三十四。
86	曹銑	隆慶二年	松江府華亭縣	48	38	10	《隆慶二年進士登科錄》載曹銑中式年齡為「三十八」〔註 192〕。按，「三十八」當為「四十八」之誤。據嘉靖十七年進士莫如忠所撰《明故中憲大夫福建漳州知府景坡曹公墓誌銘》載：「公諱銑……裔出宋武惠王，其後避亂徙華亭……公登戊辰進士……公生正德辛巳七月初八日，距卒之歲，享年六十」〔註 193〕。可知，曹銑生於正德辛巳即正德十六年（1521），則隆慶二年（1568）中進士當為四十八。
87	韓世能	隆慶二年	蘇州府長洲縣	41	33	8	《隆慶二年進士登科錄》載韓世能中式年齡為「三十三」〔註 194〕。按，「三十三」當為「四十一」之誤。據嘉靖四十一年狀元申時行所撰《通議大夫禮部左侍郎兼翰林院侍讀韓公墓誌銘》載：「公諱世能……

〔註 189〕〔明〕申時行：《賜閒堂集》卷二七《中大夫南京太僕寺卿林公墓誌銘》，《四庫全書存目叢書》集部第 134 冊，第 565～567 頁。

〔註 190〕《隆慶二年進士登科錄》，《明代登科錄彙編》第 17 冊，第 8995 頁。

〔註 191〕〔明〕王圻：《王侍御類稿》卷一一《明故大中大夫自齋陸公行狀》，《四庫全書存目叢書》集部第 140 冊，第 354～357 頁。

〔註 192〕《隆慶二年進士登科錄》，《明代登科錄彙編》第 17 冊，第 9049 頁。

〔註 193〕〔明〕莫如忠：《崇蘭館集》卷一九《明故中憲大夫福建漳州知府景坡曹公墓誌銘》，《四庫全書存目叢書》集部第 105 冊，第 14～16 頁。

〔註 194〕《隆慶二年進士登科錄》，《明代登科錄彙編》第 17 冊，第 8870 頁。

							其先鳳陽人也。元季思聰者以避兵徙姑蘇，遂為長洲人……（公）隆慶丁卯舉應天鄉試，明年戊辰成進士……公生嘉靖戊子，卒萬曆戊戌，享年七十有一」〔註 195〕。可知，韓世能生於嘉靖戊子即嘉靖七年（1528），則隆慶二年（1568）中進士當為四十一。
88	湯聘尹	隆慶二年	蘇州府嘉定縣	41	34	7	《隆慶二年進士登科錄》載湯聘尹中式年齡為「三十四」〔註 196〕。按，「三十四」當為「四十一」之誤。據嘉靖四十一年狀元申時行所撰《中順大夫廣西按察司副使湯君墓誌銘》載：「君諱聘尹……其先自汴南渡家健康，後中析，一徙江陰，一徙嘉定……嘉靖甲子，君竟以其經魁應天，戊辰成進士……君生於嘉靖戊子某月日，享年六十有四」〔註 197〕。可知，湯聘尹生於嘉靖戊子即嘉靖七年（1528），則隆慶二年（1568）中進士當為四十一。
89	殷濡	隆慶二年	蘇州府常熟縣	55	42	13	《隆慶二年進士登科錄》載殷濡中式年齡為「四十二」〔註 198〕。按，「四十二」當為「五十五」之誤。據《皇明常熟文獻志》載：「殷濡……戊辰進士，時年已五十五矣」〔註 199〕。
90	蔣以忠	隆慶二年	蘇州府常熟縣	36	32	4	《隆慶二年進士登科錄》載蔣以忠中式年齡為「三十二」〔註 200〕。按，「三十二」當為「三十六」之誤。據隆慶二年進士李維禎所撰《福建按察司副使蔣公墓表》載：「（公）隆慶丁卯同孝昌登賢能書，明年成進士……公名以忠……生嘉靖癸巳冬十有二月二日，卒萬曆己丑冬

〔註 195〕〔明〕申時行：《賜閒堂集》卷二四《通議大夫禮部左侍郎兼翰林院侍讀韓公墓誌銘》，《四庫全書存目叢書》集部第 134 冊，第 496～498 頁。

〔註 196〕《隆慶二年進士登科錄》，《明代登科錄彙編》第 17 冊，第 8955 頁。

〔註 197〕〔明〕申時行：《賜閒堂集》卷二九《中順大夫廣西按察司副使湯君墓誌銘》，《四庫全書存目叢書》集部第 134 冊，第 607～609 頁。

〔註 198〕《隆慶二年進士登科錄》，《明代登科錄彙編》第 17 冊，第 9002 頁。

〔註 199〕〔明〕管一德：《皇明常熟文獻志》卷五《科第志》，萬曆刊本。

〔註 200〕《隆慶二年進士登科錄》，《明代登科錄彙編》第 17 冊，第 9005 頁。

							十月二十有三日，年五十有七」〔註 201〕。可知，蔣以忠生於嘉靖癸巳即嘉靖十二年（1533），則隆慶二年（1568）中進士當為三十六。
91	劉倬	隆慶二年	蘇州府長洲縣	35	30	5	《隆慶二年進士登科錄》載劉倬中式年齡為「三十」〔註 202〕。按，「三十」當為「三十五」之誤。據隆慶二年進士徐顯卿所撰《湖廣參政劉君原檢暨配朱徐二恭人合葬墓誌銘》載：「原檢諱倬，始學易，已學禮，所覽誦數萬言，皆時所急，遂登進士……其生嘉靖甲午，卒萬曆乙酉，年五十有二」〔註 203〕。可知，劉倬生於嘉靖甲午即嘉靖十三年（1534），則隆慶二年（1568）中進士當為三十五。
92	王一誠	隆慶二年	蘇州府崑山縣	55	43	12	《隆慶二年進士登科錄》載王一誠中式年齡為「四十三」〔註 204〕。按，「四十三」當為「五十五」之誤。據嘉靖三十八年進士王世懋所撰《明承事郎溫州府推官王君墓表》載：「君諱一誠……王氏裔出分水司諫公之後。勝國初古川公始以崑山州學正來，占籍茲土……君中舉時年四十有五矣。君不以一舉自多顧，益銳意成進士，三試乙丑，竟獲儁未廷試……戊辰，對大廷，賜同進士出身……卒隆慶庚午某年某月也，得年五十有七」〔註 205〕。可知，隆慶庚午即隆慶四年（1570）王一誠卒，「得年五十有七」，其應生於正德九年（1514），則隆慶二年（1568）中進士當為五十五。
93	顧九思	隆慶五年	蘇州府長洲縣	40	34	6	《隆慶五年進士登科錄》載顧九思中式年齡為「三十四」〔註 206〕。按，「三十四」當為「四十」之誤。據嘉靖四十一年狀元申時行所撰《中

〔註 201〕〔明〕李維禎：《大泌山房集》卷一〇三《福建按察司副使蔣公墓表》，《四庫全書存目叢書》集部第 153 冊，第 90 頁。

〔註 202〕《隆慶二年進士登科錄》，《明代登科錄彙編》第 17 冊，第 9018 頁。

〔註 203〕〔明〕徐顯卿：《天遠樓集》卷一六《湖廣參政劉君原檢暨配朱徐二恭人合葬墓誌銘》，《四庫全書存目叢書補編》集部第 98 冊，第 250 頁。

〔註 204〕《隆慶二年進士登科錄》，《明代登科錄彙編》第 17 冊，第 9018 頁。

〔註 205〕〔明〕王世懋：《王奉常集》卷二一《明承事郎溫州府推官王君墓表》，《四庫全書存目叢書》集部第 133 冊，第 417～418 頁。

〔註 206〕《隆慶五年進士登科錄》，第 71 頁。

							憲大夫通政使司右通政進階亞中大夫顧公墓誌銘》載：「公姓顧氏，名九思……蘇之長洲人也……年十八補郡諸生……隆慶庚午舉於鄉，辛未成進士，授豐城令……公生嘉靖壬辰，卒萬曆庚戌，年七十有九」〔註 207〕。可知，顧九思生於嘉靖壬辰即嘉靖十一年（1532），則隆慶五年（1571）中進士當為四十。
94	管志道	隆慶五年	蘇州府太倉州	36	32	4	《隆慶五年進士登科錄》載管志道中式年齡為「三十二」〔註 208〕。按，「三十二」當為「三十六」之誤。據萬曆十七年狀元焦竑所撰《廣東按察司僉事東溟管公墓誌銘》載：「公諱志道，字登之，先世隸郡之崑山，弘治中分隸太倉，始占籍為州人……公隆慶庚午領鄉薦，辛未成進士……公生嘉靖丙申正月九日，距卒享年七十有二」〔註 209〕。可知，管志道生於嘉靖丙申即嘉靖十五年（1536），則隆慶五年（1571）中進士當為三十六。
95	趙用賢	隆慶五年	蘇州府常熟縣	37	32	6	《隆慶五年進士登科錄》載趙用賢中式年齡為「三十二」〔註 210〕。按，「三十二」當為「三十七」之誤。據萬曆三十八年探花錢謙益所撰《嘉議大夫吏部左侍郎兼翰林院侍讀學士贈資德大夫太子少保禮部尚書兼翰林院學士諡文毅趙公神道碑銘》載：「趙氏，其先宋簡國良顯公仲談之後……公諱用賢，字汝師，隆慶五年進士……萬曆二十四年三月十五日卒於家，年六十有二」〔註 211〕。可知，萬曆二十四年（1596）趙用賢卒，「年六十有二」，其應生於嘉靖十四年（1535），則隆慶五年（1571）中進士當為三十七。

〔註 207〕〔明〕申時行：《賜閒堂集》卷三十《中憲大夫通政使司右通政進階亞中大夫顧公墓誌銘》，《四庫全書存目叢書》集部第 134 冊，第 627～629 頁。

〔註 208〕《隆慶五年進士登科錄》，第 20 頁。

〔註 209〕〔明〕焦竑：《焦氏澹園續集》卷一四《廣東按察司僉事東溟管公墓誌銘》，《續修四庫全書》集部第 1364 冊，第 59～61 頁。

〔註 210〕《隆慶五年進士登科錄》，第 36 頁。

〔註 211〕〔清〕錢謙益：《錢牧齋初學集》卷六二《嘉議大夫吏部左侍郎兼翰林院侍讀學士贈資德大夫太子少保禮部尚書兼翰林院學士諡文毅趙公神道碑銘》，上海：上海古籍出版社，1985 年，第 1469～1470 頁。

96	丁元復	隆慶五年	蘇州府長洲縣	47	35	12	《隆慶五年進士登科錄》載丁元復中式年齡為「三十五」〔註 212〕。按，「三十五」當為「四十七」之誤。據嘉靖四十一年狀元申時行所撰《浙江布政使司左參議丁公墓誌銘》載：「公諱元復……蘇之長洲人也……嘉靖辛酉舉於鄉，隆慶辛未成進士……公生嘉靖乙酉十一月十五日，卒萬曆己酉七月三日，享年八十有五」〔註 213〕。可知，丁元復生於嘉靖乙酉即嘉靖四年（1525），則隆慶五年（1571）中進士當為四十七。
97	侯堯封	隆慶五年	蘇州府嘉定縣	57	41	16	《隆慶五年進士登科錄》載侯堯封中式年齡為「四十一」〔註 214〕。按，「四十一」當為「五十七」之誤。據萬曆《嘉定縣志》載：「侯堯封，字欽之，年五十七，成隆慶辛未進士」〔註 215〕。
98	蕭良幹	隆慶五年	寧國府涇縣	38	34	4	《隆慶五年進士登科錄》載蕭良幹中式年齡為「三十四」〔註 216〕。按，「三十四」當為「三十八」之誤。據萬曆十七年狀元焦竑所撰《通奉大夫陝西布政使司左布政使拙齋蕭公墓誌銘》載：「公諱良幹，字以寧，拙齋其別號也。先世歙人，徙涇之渣湖……公生軒偉有奇氣……迨辛未始同世父定肅公舉進士……公生嘉靖甲午十月朔日，卒萬曆壬寅四月六日，享年六十有九」〔註 217〕。可知，蕭良幹生於嘉靖甲午即嘉靖十三年（1534），則隆慶五年（1571）中進士當為三十八。

〔註 212〕《隆慶五年進士登科錄》，第 36 頁。

〔註 213〕〔明〕申時行：《賜閒堂集》卷二五《浙江布政使司左參議丁公墓誌銘》，《四庫全書存目叢書》集部第 134 冊，第 512～514 頁。

〔註 214〕《隆慶五年進士登科錄》，第 27 頁。

〔註 215〕萬曆《嘉定縣志》卷一一《人物考上》，萬曆刊本。

〔註 216〕《隆慶五年進士登科錄》，第 23 頁。

〔註 217〕〔明〕焦竑：《焦氏澹園集》卷三一《通奉大夫陝西布政使司左布政使拙齋蕭公墓誌銘》，《續修四庫全書》集部第 1364 冊，第 369～371 頁。

99	錢岱	隆慶五年	蘇州府常熟縣	31	28	3	《隆慶五年進士登科錄》載錢岱中式年齡為「二十八」〔註 218〕。按，「二十八」當為「三十一」之誤。據萬曆三十八年探花錢謙益所撰《文林郎湖廣道監察御史錢府君墓表》載：「錢氏之先，自吳越有國，至文僖公帷演傳七世而千一公元孫始渡江，居常熟……公諱岱……登進士高第……享年八十有二……卒天啟壬戌壬戌廿二日」〔註 219〕。可知，天啟壬戌即天啟二年（1622）錢岱卒，「享年八十有二」，其應生於嘉靖二十年（1541），則隆慶五年（1571）中進士當為三十一。
100	陳大科	隆慶五年	揚州府通州	38	34	4	《隆慶五年進士登科錄》載陳大科中式年齡為「三十四」〔註 220〕。按，「三十四」當為「三十八」之誤。據嘉靖四十一年榜眼王錫爵所撰《總督兩廣軍務都察院右都御史兼兵部右侍郎贈兵部尚書如岡陳公墓誌銘》載：「公通州人，諱大科，字某，如岡其號……公生嘉靖十三年六月十七日，卒萬曆二十九年十一月二十七日，得壽六十八歲」〔註 221〕。可知，陳大科生於嘉靖十三年（1534），則隆慶五年（1571）中進士當為三十八。
101	陳夢庚	萬曆二年	松江府華亭縣	35	32	3	《萬曆二年進士登科錄》載陳夢庚中式年齡為「三十二」〔註 222〕。按，「三十二」當為「三十五」之誤。據萬曆十年舉人何三畏所撰《陳少參後梅公傳》載：「陳夢庚……華亭人也……二十二而舉嘉靖辛酉應天鄉薦，又十三年甲戌成進士」〔註 223〕。

〔註 218〕《隆慶五年進士登科錄》，第 23 頁。

〔註 219〕〔明〕錢謙益：《牧齋初學集》卷七六《文林郎湖廣道監察御史錢府君墓表》，第 1657 頁。

〔註 220〕《隆慶五年進士登科錄》，第 35 頁。

〔註 221〕〔明〕王錫爵：《王文肅公文草》卷十《總督兩廣軍務都察院右都御史兼兵部右侍郎贈兵部尚書如岡陳公墓誌銘》，《四庫全書存目叢書》集部第 136 冊，第 381～383 頁。

〔註 222〕《萬曆二年進士登科錄》，第 14 頁。

〔註 223〕〔明〕何三畏：《雲間志略》卷二十《陳少參後梅公傳》，《明代傳記叢刊》第 147 冊，第 144 頁。

102	馬貫	萬曆二年	蘇州府吳江縣	36	31	5	《萬曆二年進士登科錄》載馬貫中式年齡為「三十一」〔註 224〕。按，「三十一」當為「三十六」之誤。據萬曆三十五年進士丁紹軾所撰《明興化府知府文泉馬公墓誌銘》載：「先生名貫字道卿，別號文泉，厥先中州人，隨宋南渡，卜居吳江……先生生而穎敏，十七補弟子員……萬曆癸酉、甲戌始連得捷，時年三十六也」〔註 225〕。
103	韓國楨	萬曆二年	蘇州府長洲縣	40	33	7	《萬曆二年進士登科錄》載韓國禎中式年齡為「三十三」〔註 226〕。按，「三十三」當為「四十」之誤。據萬曆十一年榜眼李廷機所撰《明故大理寺少卿洙泉韓公行狀》載：「公諱國楨，字柱甫，別號洙泉。其先河南安陽人，十一世祖奕始從宋南渡徙姑蘇。入明永樂有廷玉、廷輝者居吳江，數傳而有泰者，復自吳江徙居長洲……公生即穎異……萬曆甲戌而始擢首卷成進士……公生於嘉靖乙未六月癸未，距卒享年吾十有五」〔註 227〕。可知，韓國禎生於嘉靖乙未即嘉靖十四年（1535），則萬曆二年（1574）中進士當為四十。
104	朱熙洽	萬曆二年	蘇州府崑山縣	51	41	10	《萬曆二年進士登科錄》載朱熙洽中式年齡為「四十一」〔註 228〕。按，「四十一」當為「五十一」之誤。據萬曆間貢生婁堅所撰《故貴州按察司副使朱府君墓誌銘》載：「君年十八選為諸生第一……自後數進數詘，連蹇不得志，凡三十年而貢於黌舍。當今上改元御極之秋……君名在薦書，連中進士第……年八十有三而卒，歲萬曆丙午也……君諱熙洽，字鴻甫，世為蘇州崑山人」〔註 229〕。可知，萬曆丙午即萬曆三十四年（1606）朱熙洽卒，「年八十有三」，其應生於嘉靖三年（1524），則萬曆二年（1574）中進士當為五十一。

〔註 224〕《萬曆二年進士登科錄》，第 32 頁。
〔註 225〕〔明〕丁紹軾：《丁文遠集》卷一一《明興化府知府文泉馬公墓誌銘》，《四庫未收書輯刊》第 5 輯第 25 冊，第 510 頁。
〔註 226〕《萬曆二年進士登科錄》，第 32 頁。
〔註 227〕〔明〕李廷機：《李文節集》卷一九《明故大理寺少卿洙泉韓公行狀》，第 1666～1667 頁。
〔註 228〕《萬曆二年進士登科錄》，第 65 頁。
〔註 229〕〔明〕婁堅：《學古緒言》卷九《故貴州按察司副使朱府君墓誌銘》，《景印文淵閣四庫全書》第 1295 冊，第 121～122 頁。

105	王之麟	萬曆五年	常州府無錫縣	43	32	11	《萬曆五年進士登科錄》載王之麟中式年齡為「三十二」〔註 230〕。按,「三十二」當為「四十三」之誤。據萬曆八年進士黃克纘所撰《王雲峰大參墓誌銘》載:「公諱之麟,字汝禎,號雲峰……其先楚之武陵人。洪武初五代祖繼祖始徙常熟……公生六歲,聰慧過人……萬曆癸酉以貢入京師,試大廷第一,丙子領鄉薦,丁丑成進士……公生於嘉靖乙未年九月初八日,歿於萬曆庚子年七月初六日,享年六十有六」〔註 231〕。可知,王之麟生於嘉靖乙未即嘉靖十四年(1535),則萬曆五年(1577)中進士當為四十三。
106	徐三重	萬曆五年	松江府華亭縣	31	29	2	《萬曆五年進士登科錄》載徐三重中式年齡為「二十九」〔註 232〕。按,「二十九」當為「三十一」之誤。據萬曆十年舉人何三畏所撰《徐比部鴻洲公傳》載:「徐三重……華亭縣人……舉隆慶丁卯鄉薦,年才二十有一耳……甲戌登第,瞻依親舍,不對大廷而歸……丁丑,拜官刑部」〔註 233〕。可知,徐萬重年二十一舉隆慶丁卯即隆慶元年(1567)舉人,則萬曆五年(1577)中進士當為三十一。
107	張鼎思	萬曆五年	蘇州府長洲縣	35	28	7	《萬曆五年進士登科錄》載張鼎思中式年齡為「二十八」〔註 234〕。按,「二十八」當為「三十五」之誤。據嘉靖四十一年狀元申時行所撰《通議大夫江西按察司按察使張公暨配封淑人王氏合葬墓誌銘》載:「公諱鼎思,吾蘇之長洲人也……十八為郡諸生,聲籍籍。隆慶庚午舉應天鄉試,萬曆丁丑成進士……公生嘉靖癸卯某月日,卒萬曆癸卯某月日,享年六十有一」〔註 235〕。可知,張鼎思生於嘉靖

〔註 230〕《萬曆五年進士登科錄》,第 22 頁。
〔註 231〕〔明〕黃克纘:《數馬集》卷四九《王雲峰大参墓誌銘》,《四庫禁燬書叢刊》集部第 180 冊,第 587~589 頁。
〔註 232〕《萬曆五年進士登科錄》,第 63 頁。
〔註 233〕〔明〕何三畏:《雲間志略》卷二十《徐比部鴻洲公傳》,《明代傳記叢刊》第 147 冊,第 261 頁。
〔註 234〕《萬曆五年進士登科錄》,第 21 頁。
〔註 235〕〔明〕申時行:《賜閒堂集》卷二五《通議大夫江西按察司按察使張公暨配封淑人王氏合葬墓誌銘》,《四庫全書存目叢書》集部第 134 冊,第 514~518 頁。

							癸卯即嘉靖二十二年（1543），則萬曆五年（1577）中進士當為三十五。
108	黃鍾	萬曆五年	蘇州府長洲縣	38	32	6	《萬曆五年進士登科錄》載黃鍾中式年齡為「三十二」〔註236〕。按，「三十二」當為「三十八」之誤。據嘉靖四十一年狀元申時行所撰《中憲大夫太僕寺少卿黃君偕配周孺人合葬墓誌銘》載：「君諱鍾……蘇之長洲人也……君生而穎敏，十歲能文，十五為邑弟子，試輒高等。萬曆癸酉舉於鄉，丁丑成進士……君生嘉靖庚子十月二日……君享年六十有九」〔註237〕。可知，黃鍾生於嘉靖庚子即嘉靖十九年（1540），則萬曆五年（1577）中進士當為三十八。
109	顧雲程	萬曆五年	蘇州府常熟縣	37	31	6	《萬曆五年進士登科錄》載顧雲程中式年齡為「三十一」〔註238〕。按，「三十一」當為「三十七」之誤。據隆慶二年進士李維楨所撰《南京太常寺卿顧公暨配周淑人神道碑》載：「公名雲程，字務遠，先世吳人，曾王父江贅常熟，遂占籍焉……公年二十四為邑諸生……萬曆癸酉舉於鄉，又四年成進士……公生嘉靖辛丑二月八日，卒萬曆癸丑五月十有七日，年七十有三」〔註239〕。可知，顧雲程生於嘉靖辛丑即嘉靖二十年（1541），則萬曆五年（1577）中進士當為三十七。
110	俞霑	萬曆五年	常州府宜興縣	42	33	9	《萬曆五年進士登科錄》載俞霑中式年齡為「三十三」〔註240〕。按，「三十三」當為「四十二」之誤。據萬曆十七年狀元焦竑所撰《按察司副使備兵大名定所俞公墓誌銘》載：「公諱霑……年十八補博士弟子員……嘉靖甲子舉應天鄉試……丁丑會試以易魁其經……公生嘉靖

〔註236〕《萬曆五年進士登科錄》，第73頁。

〔註237〕〔明〕申時行：《賜閒堂集》卷二四《中憲大夫太僕寺少卿黃君偕配周孺人合葬墓誌銘》，《四庫全書存目叢書》集部第134冊，第505～507頁。

〔註238〕《萬曆五年進士登科錄》，第52頁。

〔註239〕〔明〕李維楨：《大泌山房集》卷一一〇《南京太常寺卿顧公暨配周淑人神道碑》，《四庫全書存目叢書》集部第153冊，第230～234頁。

〔註240〕《萬曆五年進士登科錄》，第26頁。

							丙申六月十八日，享年七十有二」〔註 241〕。可知，俞霑生於嘉靖丙申即嘉靖十五年（1536），則萬曆五年（1577）中進士當為四十二。
111	吳達可	萬曆五年	常州府宜興縣	37	30	7	《萬曆五年進士登科錄》載吳達可中式年齡為「三十」〔註 242〕。按，「三十」當為「三十七」之誤。據萬曆十一年進士葉向高所撰《明通議大夫通政使司通政使贈都察院右都御史安節吳公墓誌銘》載：「公諱達可，宜興人……髫年為諸生……萬曆癸酉舉於鄉，丁丑成進士……公以辛酉之某月某日終，距生嘉靖辛丑年某月某日，得年八十一」〔註 243〕。可知，吳達可生於嘉靖辛丑即嘉靖二十年（1541），則萬曆五年（1577）中進士當為三十七。
112	李應祥	萬曆五年	常州府無錫縣	36	28	8	《萬曆五年進士登科錄》載李應祥中式年齡為「二十八」〔註 244〕。按，「二十八」當為「三十六」之誤。據萬曆二年狀元孫繼皋所撰《中憲大夫陝西按察司提學副使雨亭李公墓誌銘》載：「公諱應祥，字善徵，別號雨亭。李氏，世吾無錫人……嘉靖甲子，公隸博士弟子籍……萬曆癸酉舉應天，丁丑成進士……卒萬曆己亥七月十八日，距生嘉靖壬寅八月初八日，得年五十有八」〔註 245〕。可知，李應祥生於嘉靖壬寅即嘉靖二十一年（1542），則萬曆五年（1577）中進士當為三十六。
113	李國士	萬曆五年	鳳陽府亳州	44	33	11	《萬曆五年進士登科錄》載李國士中式年齡為「三十三」〔註 246〕。按，「三十三」當為「四十四」之誤。據萬曆十七年狀元焦竑所撰《山

〔註 241〕〔明〕焦竑：《焦氏澹園續集》卷一四《按察司副使備兵大名定所俞公墓誌銘》，《續修四庫全書》集部第 1365 冊，第 52～54 頁。

〔註 242〕《萬曆五年進士登科錄》，第 37 頁。

〔註 243〕〔明〕葉向高：《蒼霞餘草》卷十《明通議大夫通政使司通政使贈都察院右都御史安節吳公墓誌銘》，《四庫禁燬書叢刊》集部第 125 冊，第 521～523 頁。

〔註 244〕《萬曆五年進士登科錄》，第 53 頁。

〔註 245〕〔明〕孫繼皋：《宗伯集》卷八《中憲大夫陝西按察司提學副使雨亭李公墓誌銘》，《景印文淵閣四庫全書》第 1291 冊，第 460～462 頁。

〔註 246〕《萬曆五年進士登科錄》，第 33 頁。

							西布政使司左布政使正屏李公墓誌銘》載：「公李姓，諱國士，字汝志，別號正屏。其先為洛陽人，曾祖英始遷為亳人……公生而端凝……萬曆丁丑舉進士……生嘉靖甲午某月某日，卒萬曆戊申某月某日，享年七十有五」〔註 247〕。可知，李國士生於嘉靖甲午即嘉靖十三年（1534），則萬曆五年（1577）中進士當為四十四。
114	徐泰時	萬曆八年	蘇州府長洲縣	41	33	8	《萬曆八年進士登科錄》載徐泰時中式年齡為「三十三」〔註 248〕。按，「三十三」當為「四十一」之誤。據萬曆二十三年進士范允臨所撰《明太僕寺卿輿浦徐公暨元配董宜人行狀》載：「公徐姓，名泰時……號輿浦，吳之長洲武丘鄉人也……嘉靖甲子領應天鄉薦……萬曆庚辰乃以尚書舉禮部……時申文定公持文衡……置上第……公生於嘉靖庚子六月五日，卒於萬曆戊戌三月三日，享年五十有九」〔註 249〕。可知，徐泰時生於嘉靖庚子即嘉靖十九年（1540），則萬曆八年（1580）中進士當為四十一。
115	於孔兼	萬曆八年	鎮江府金壇縣	43	33	10	《萬曆八年進士登科錄》載於孔兼中式年齡為「三十三」〔註 250〕。按，「三十三」當為「四十三」之誤。據萬曆元年舉人夏樹芳所撰《景素於先生耒》載：「萬曆四十三年三月念八日甲戌，禮部儀制清吏司郎中景素於公卒……公諱孔兼……得年七十有八」〔註 251〕。可知，萬曆四十三年（1615）於孔兼卒，「得年七十有八」，其應生於嘉靖十七年（1538），則萬曆八年（1580）中進士當為四十三。

〔註 247〕〔明〕焦竑：《焦氏澹園續集》卷一四《按察司副使備兵大名定所俞公墓誌銘》，《續修四庫全書》集部第 1365 冊，第 68～70 頁。

〔註 248〕《萬曆八年進士登科錄》，《明代登科錄彙編》第 19 冊，第 10259 頁。

〔註 249〕〔明〕范允臨：《輸寥館集》卷五《明太僕寺卿輿浦徐公暨元配董宜人行狀》，《四庫禁燬書叢刊》集部第 101 冊，第 314～317 頁。

〔註 250〕《萬曆八年進士登科錄》，《明代登科錄彙編》第 19 冊，第 10355 頁。

〔註 251〕〔清〕黃宗羲：《明文海》卷四七八《景素於先生耒》，《景印文淵閣四庫全書》第 1458 冊，第 755 頁。

116	閻士選	萬曆八年	揚州府江都縣	30	27	3	《萬曆八年進士登科錄》載閻士選中式年齡為「二十七」〔註 252〕。按，「二十七」當為「三十」之誤。據萬曆間貢生謝兆申所撰《明故奉直大夫山西布政使司右參政雁平兵備道立吾閻先生暨元配席氏淑人行狀》載：「今上萬曆四十有四季乙卯十一月二十日未時，先生卒於代州官署……先生閻氏，名士選，字儁甫，別號立甫……先生登萬曆七季己卯第五人，八年庚辰登會試第四人……先生生於嘉靖辛亥季十二月二十八日」〔註 253〕。可知，閻士選生於嘉靖辛亥即嘉靖三十年（1551），則萬曆八年（1580）中進士當為三十。
117	陸汴	萬曆八年	蘇州府長洲縣	36	30	6	《萬曆八年進士登科錄》載陸汴中式年齡為「三十」〔註 254〕。按，「三十」當為「三十六」之誤。據嘉靖四十一年狀元申時行所撰《吏部稽勳司員外郎陸君暨配封安人莊氏合葬墓誌銘》載：「君姓陸氏，諱汴……蘇之長洲人也……年十七為弟子員，名籍甚……萬曆癸酉舉於鄉，庚辰成進士……君生嘉靖乙巳，卒萬曆己丑，年四十有五」〔註 255〕。可知，陸汴生於嘉靖乙巳即嘉靖二十四年（1545），則萬曆八年（1580）中進士當為三十六。
118	鄒龍光	萬曆八年	蘇州府長洲縣	37	33	4	《萬曆八年進士登科錄》載鄒龍光中式年齡為「三十」〔註 256〕。按，「三十三」當為「三十七」之誤。據萬曆二年狀元孫繼皋所撰《中書舍人門墟鄒君暨配王孺人合葬墓誌銘》載：「君諱龍光……今為長洲人……君生而岐嶷……萬曆癸酉舉於鄉……庚辰成進士……君生嘉靖

〔註 252〕《萬曆八年進士登科錄》，《明代登科錄彙編》第 19 冊，第 10286 頁。

〔註 253〕〔明〕謝兆申：《謝耳伯先生初集》卷一五《明故奉直大夫山西布政使司右參政雁平兵備道立吾閻先生暨元配席氏淑人行狀》，《四庫全書存目叢書》集部第 190 冊，第 540～549 頁。

〔註 254〕《萬曆八年進士登科錄》，《明代登科錄彙編》第 19 冊，第 10253 頁。

〔註 255〕〔明〕申時行：《賜閒堂集》卷二四《吏部稽勳司員外郎陸君暨配封安人莊氏合葬墓誌銘》，《四庫全書存目叢書》集部第 134 冊，第 498～499 頁。

〔註 256〕《萬曆八年進士登科錄》，《明代登科錄彙編》第 19 冊，第 10270 頁。

							甲辰，卒萬曆丙戌」〔註 257〕。可知，鄒龍光生於嘉靖甲辰即嘉靖二十三年（1544），則萬曆八年（1580）中進士當為三十七。
119	伍袁萃	萬曆八年	蘇州府長洲縣	33	28	5	《萬曆八年進士登科錄》載伍袁萃中式年齡為「二十八」〔註 258〕。按，「二十八」當為「三十三」之誤。伍袁萃自編《伍寧方年譜》載伍袁萃生於嘉靖二十七年（1548）〔註 259〕，則萬曆八年（1580）中進士當為三十三。
120	侯先春	萬曆八年	常州府無錫縣	36	31	5	《萬曆八年進士登科錄》載侯先春中式年齡為「三十一」〔註 260〕。按，「三十一」當為「三十六」之誤。據嘉靖四十一年狀元申時行所撰《文林郎兵科都給事中侯君墓誌銘》載：「君少有才名，弱冠為校官弟子，萬曆己卯舉於鄉，明年成進士，除太常博士……君諱先春……世居無錫之東里……君生嘉靖乙巳，卒年六十有七」〔註 261〕。可知，侯先春生於嘉靖乙巳即嘉靖二十四年（1545），則萬曆八年（1580）中進士當為三十六。
121	張恒	萬曆八年	松江府上海縣	30	26	4	《萬曆八年進士登科錄》載張恒中式年齡為「二十六」〔註 262〕。按，「二十六」當為「三十」之誤。據天啟五年進士侯峒曾所撰《大中大夫江西布政使司右參政明初張公暨配顧淑人墓誌銘》載：「君諱恒，字伯常，別號明初。始祖世英自大梁從宋高宗南渡，凡十世居練川南

〔註 257〕〔明〕孫繼皋：《宗伯集》卷八《中書舍人門墟鄒君暨配王孺人合葬墓誌銘》，《景印文淵閣四庫全書》第 1291 冊，第 462～463 頁。

〔註 258〕《萬曆八年進士登科錄》，《明代登科錄彙編》第 19 冊，第 10346 頁。

〔註 259〕謝巍：《中國歷代人物年譜考錄》，北京：中華書局，1992 年，第 308 頁。

〔註 260〕《萬曆八年進士登科錄》，《明代進士登科錄彙編》第 19 冊，第 10352 頁。

〔註 261〕〔明〕申時行：《賜閒堂集》卷二七《文林郎兵科都給事中侯君墓誌銘》，《四庫全書存目叢書》集部第 134 冊，第 563～565 頁。

〔註 262〕《萬曆八年進士登科錄》，《明代登科錄彙編》第 19 冊，第 10253 頁。

							中樣裏，遂為嘉定人……公年二十補諸生，二十九舉於京兆，三十成進士」〔註 263〕。
122	吳之龍	萬曆八年	常州府武進縣	30	27	3	《萬曆八年進士登科錄》載吳之龍中式年齡為「二十七」〔註 264〕。按，「二十七」當為「三十」之誤。據嘉靖四十一年狀元申時行所撰《亞中大夫江西布政使司右參政吳君墓誌銘》載：「君諱之龍，常州武進人也……十七補博士弟子……萬曆己卯領鄉薦，明年庚辰成進士……君生嘉靖辛亥，卒萬曆庚子，年五十」〔註 265〕。可知，吳之龍生於嘉靖辛亥即嘉靖三十年（1551），則萬曆八年（1580）中進士當為三十。
123	吳之佳	萬曆八年	蘇州府長洲縣	33	30	3	《萬曆八年進士登科錄》載吳之佳中式年齡為「三十」〔註 266〕。按，「三十」當為「三十三」之誤。據嘉靖四十一年狀元申時行所撰《文林郎刑科都給事中吳君暨配封孺人顧氏合葬墓誌銘》載：「君諱之佳……蘇之長洲人也，姓吳氏……君生穎異絕人……萬曆己卯舉於鄉，庚辰成進士……君生以嘉靖戊申，卒萬曆乙巳，享年五十有八」〔註 267〕。可知，吳之佳生於嘉靖戊申即嘉靖二十七年（1548），則萬曆八年（1580）中進士當為三十三。
124	方應選	萬曆十一年	松江府華亭縣	39	33	6	《萬曆十一年進士登科錄》載方應選中式年齡為「三十三」〔註 268〕。按，「三十三」當為「三十九」之誤。萬曆十三年舉人黃居中所撰《明中憲大夫福建提刑按察司提學副使明齋方先生墓表》載：「先生姓方

〔註 263〕〔明〕侯峒曾：《侯忠節公全集》卷一四《大中大夫江西布政使司右參政明初張公暨配顧淑人墓誌銘》，《明別集叢刊》第 5 輯第 58 冊，第 515 頁。

〔註 264〕《萬曆八年進士登科錄》，第 10357 頁。

〔註 265〕〔明〕申時行：《賜閒堂集》卷二九《亞中大夫江西布政使司右參政吳君墓誌銘》，《四庫全書存目叢書》集部第 134 冊，第 600～602 頁。

〔註 266〕《萬曆八年進士登科錄》，第 10349 頁。

〔註 267〕〔明〕申時行：《賜閒堂集》卷三十《文林郎刑科都給事中吳君暨配封孺人顧氏合葬墓誌銘》，《四庫全書存目叢書》集部第 134 冊，第 629～631 頁。

〔註 268〕《萬曆十一年進士登科錄》，第 14 頁。

							氏，諱應選……其先汴人，宋建炎間扈蹕入杭，因家焉。別子安道公再徙華亭……萬曆癸未，先生以書經魁南宮……萬曆戊戌正月逝焉，春秋五十有四」〔註 269〕。可知，萬曆戊戌即萬曆二十六年（1598）方應選卒，「春秋五十有四」，其應生於嘉靖二十四年（1545），則萬曆十一年（1583）中進士當為三十九。
125	程文	萬曆十一年	應天府上元縣	43	34	9	《萬曆十一年進士登科錄》載程文中式年齡為「三十四」〔註 270〕。按，「三十四」當為「四十三」之誤。據萬曆閣臣沈一貫所撰《寧波府知府程公墓誌銘》載：「公諱文，字質夫……高祖鎮學於秣陵家焉……公以春秋舉於鄉，癸未登第，授中書舍人……其壽自（嘉靖）辛丑自（萬曆）癸巳，五十有三」〔註 271〕。可知，程文生於嘉靖辛丑即嘉靖二十年（1541），則萬曆十一年（1583）中進士當為四十三。
126	時偕行	萬曆十一年	蘇州府嘉定縣	36	29	7	《萬曆十一年進士登科錄》載時偕行中式年齡為「二十九」〔註 272〕。按，「二十九」當為「三十六」之誤。據時偕行自編《時光祿年譜》載，時偕行生於嘉靖二十七年（1548）〔註 273〕，則萬曆十一年（1583）中進士當為三十六。
127	徐應聘	萬曆十一年	蘇州府崑山縣	30	26	4	《萬曆十一年進士登科錄》載徐應聘中式年齡為「二十六」〔註 274〕。按，「二十六」當為「三十」之誤。《明人傳記資料索引》載徐應聘生於嘉靖三十三年（1554）〔註 275〕，則萬曆十一年（1583）中進士當為三十。

〔註 269〕〔明〕黃居中：《千傾齋初集》卷二三《明中憲大夫福建提刑按察司提學副使明齋方先生墓表》，《續修四庫全書》第 1363 冊，第 1363 冊，第 702～704 頁。

〔註 270〕《萬曆十一年進士登科錄》，第 51 頁。

〔註 271〕〔明〕沈一貫：《喙鳴文集》卷一五《寧波府知府程公墓誌銘》，《四庫禁燬書叢刊》集部第 176 冊，第 245～246 頁。

〔註 272〕《萬曆十一年進士登科錄》，第 62 頁。

〔註 273〕謝巍：《中國歷代人物年譜考錄》，第 308 頁。

〔註 274〕《萬曆十一年進士登科錄》，第 79 頁。

〔註 275〕《明代人物傳記資料索引》，第 472 頁。

128	錢一本	萬曆十一年	常州府武進縣	38	31	7	《萬曆十一年進士登科錄》載錢一本中式年齡為「三十一」〔註 276〕。按，「三十一」當為「三十八」之誤。據萬曆二十九年進士吳亮所撰《侍御錢啟新先生行狀》載：「先生諱一本，字國瑞，啟新其別號，常州武進人也……隆慶庚午領鄉薦……萬曆癸未成進士……先生生於嘉靖丙午八月十三日，卒於萬曆丁巳九月十六日，享年七十有二」〔註 277〕。可知，錢一本生於嘉靖丙午即嘉靖二十五年（1546），則萬曆十一年（1583）中進士當為三十八。另需指出是的，《明代科舉中的「官年」現象》一文據《明人傳記資料索引》所載，認為錢一本生於嘉靖十八年（1539），屬誤考。
129	潘士藻	萬曆十一年	徽州府婺源縣	47	34	13	《萬曆十一年進士登科錄》載潘士藻中式年齡為「三十四」〔註 278〕。按，「三十四」當為「四十七」之誤。據萬曆十七年狀元焦竑所撰《奉直大夫協正庶尹尚寶司少卿雪松潘君墓誌銘》載：「君諱士藻，學者稱為雪松先生，世居婺源之桃溪……君舉萬曆癸未進士……生嘉靖丁酉八月二十五日，距其卒得年六十有四」〔註 279〕。可知，潘士藻生於嘉靖丁酉即嘉靖十六年（1537），則萬曆十一年（1583）中進士當為四十七。
130	邵庶	萬曆十一年	徽州府休寧縣	38	29	9	《萬曆十一年進士登科錄》載邵庶中式年齡為「二十九」〔註 280〕。按，「二十九」當為「三十八」之誤。據萬曆閣臣葉向高所撰《中憲大夫太常寺少卿翼廷邵公墓誌銘》載：「公諱庶，字明仲，別號翼廷……公生五歲就外傳……十九補邑諸生……迨壬午癸未連第……公生於嘉靖丙午年八月初五日，卒於萬曆乙卯年二月十一日，得年七

〔註 276〕《萬曆十一年進士登科錄》，第 33 頁。

〔註 277〕〔明〕吳亮：《止園集》卷二十《侍御錢啟新先生行狀》，日本內閣文庫藏本。

〔註 278〕《萬曆十一年進士登科錄》，第 29 頁。

〔註 279〕〔明〕焦竑：《焦氏澹園集》卷三十《奉直大夫協正庶尹尚寶司少卿雪松潘君墓誌銘》，《續修四庫全書》集部第 1364 冊，第 352～354 頁。

〔註 280〕《萬曆十一年進士登科錄》，第 22 頁。

							十」〔註 281〕。可知，邵庶生於嘉靖丙午即嘉靖二十五年（1546），則萬曆十一年（1583）中進士當為三十八。
131	張應揚	萬曆十一年	徽州府休寧縣	34	27	7	《萬曆十一年進士登科錄》載張應揚中式年齡為「二十七」〔註 282〕。按，「二十七」當為「三十四」之誤。據萬曆十一年進士郭正域所撰《侍御張公墓誌銘》載：「公生而穎悟……壬午中鄉試，癸未成進士……公諱應揚……生於嘉靖二十九年庚戌，歿於萬曆二十八年庚子，得年五十有一」〔註 283〕。可知，張應揚生於嘉靖二十九年（1550），則萬曆十一年（1583）中進士當為三十四。
132	阮以鼎	萬曆二十六年	安慶府桐城縣	39	26	13	《萬曆二十六年進士登科錄》載阮以鼎中式年齡為「二十六」〔註 284〕。按，「二十六」當為「三十九」之誤。據萬曆二十六年進士顧起元所撰《中大夫河南等處承宣布政使司右參政兼按察司僉事盛唐阮公墓誌銘》載：「公姓阮氏，諱以鼎，字太乙，別號盛唐，皖之桐城人也……公幼穎敏……以童子試於邑……遊邑庠，試輒冠……萬曆丁酉、戊戌連得雋於有司……公生嘉靖庚申三月二十三日，得年才五十」〔註 285〕。可知，阮以鼎生於嘉靖庚申即嘉靖三十九年（1560），則萬曆二十六年（1598）中進士當為三十九。
133	歸子顧〔註 286〕	萬曆二十六年	蘇州府嘉定縣	40	31	9	《萬曆二十六年進士登科錄》載歸子顧中式年齡為「三十一」〔註 287〕。按，「三十一」當為「四十」之誤。據崇禎十六年進士黃淳耀所撰《少

〔註 281〕〔明〕葉向高：《蒼霞續草》卷一二《中憲大夫太常寺少卿翼廷邵公墓誌銘》，《四庫禁燬書叢刊》集部第 125 冊，第 145～147 頁。

〔註 282〕《萬曆十一年進士登科錄》，第 38 頁。

〔註 283〕〔明〕郭正域：《合併黃離草》卷二四《侍御張公墓誌銘》，《四庫禁燬書叢刊》集部第 13 冊，第 332～333 頁。

〔註 284〕《萬曆二十六年進士登科錄》，上海圖書館藏本。

〔註 285〕〔明〕顧起元：《嬾真草堂集》卷二二《中大夫河南等處承宣布政使司右參政兼按察司僉事盛唐阮公墓誌銘》，《明別集叢刊》第 4 輯第 84 冊，第 449～451 頁。

〔註 286〕萬曆二十六年中進士時名為「顧啟元」，中式後改名「歸子顧」。

〔註 287〕《萬曆二十六年進士登科錄》，上海圖書館藏本。

							司寇歸公傳》載：「少司寇歸公名子顧……蘇州嘉定人……公幼從其父學，博涉經史……中萬曆戊戌進士……今天子嗣位改元（崇禎）……卒，年七十」〔註 288〕。可知，崇禎元年（1628）歸子顧卒，「年七十」，其應生於嘉靖三十八年（1559），則萬曆二十六年（1598）中進士當為四十。
134	畢懋康	萬曆二十六年	徽州府歙縣	28	21	7	《萬曆二十六年進士登科錄》載畢懋康中式年齡為「二十一」。按，「二十一」當為「二十八」。據《畢司徒東郊先生年譜》載：「穆宗莊皇帝隆慶五年辛未四月二十七日公生，諱懋康……萬曆二十六年戊戌，公二十八歲，會試中第三十二名……廷試第三甲五名」〔註 289〕。
135	劉光復	萬曆二十六年	寧國府青陽縣	33	27	6	《萬曆二十六年進士登科錄》載劉光復中式年齡為「二十七」〔註 290〕。按，「二十七」當為「三十三」之誤。《明人傳記資料索引》據劉蔭祚撰《見初府君行狀》載劉光復生於嘉靖四十五年（1566）〔註 291〕，則萬曆二十六年（1598）中進士當為三十三。
136	范鳳翼	萬曆二十六年	揚州府通州	24	20	4	《萬曆二十六年進士登科錄》載范鳳翼中式年齡為「二十」〔註 292〕。按，「二十」當為「二十四」之誤。據范鳳翼所上《改教疏》載：「戶部觀政進士臣范鳳翼奏：臣原籍南直揚州府通州人，年二十四歲，由戊戌科進士，今授直隸永平府灤州知州」〔註 293〕；於天啟二年所上《改南疏》又載：「初以二十四歲，由萬曆二十六年進士，先授直隸永平府灤州知州」〔註 294〕。由上述論證可知，范鳳翼中萬曆二十六年（1598）進士，時年應為二十四歲。

〔註 288〕〔明〕黃淳耀：《陶庵全集》卷五《少司寇歸公傳》，《景印文淵閣四庫全書》第 1297 冊，第 711～712 頁。

〔註 289〕〔明〕胡博文：《畢司徒東郊先生年譜》，《北京圖書館藏珍本年譜叢刊》第 56 冊，第 93、102 頁。

〔註 290〕《萬曆二十六年進士登科錄》，上海圖書館藏本。

〔註 291〕《明人傳記資料索引》，第 829 頁。

〔註 292〕《萬曆二十六年進士登科錄》，上海圖書館藏本。

〔註 293〕〔明〕范鳳翼：《范勳卿文集》卷一《改教疏》，《四庫禁燬書叢刊》集部第 112 冊，第 288 頁。

〔註 294〕〔明〕范鳳翼：《范勳卿文集》卷一《改教疏》，《四庫禁燬書叢刊》集部第 112 冊，第 289 頁。

137	徐大望	萬曆二十六年	寧國府宣城縣	55	36	19	《萬曆二十六年進士登科錄》載徐大望中式年齡為「三十六」〔註295〕。按,「三十六」當為「五十五」之誤。據明代著名文學家梅鼎祚所撰《揚州府儒學教授前承事郎廣州府番禺縣知縣實齋徐公行狀》載:「徐公諱大望,字德甫,宣城人……嘉靖辛酉籍郡學,歷萬曆戊戌舉進士,凡三十八年……公以嘉靖甲辰五月二十六日生,萬曆壬寅八月十一日卒廣陵官舍,春秋五十有九」〔註296〕;萬曆二十三年榜眼湯賓尹所撰《廣東廣州府番禺縣知縣揚州府儒學教授實齋徐公墓誌銘》亦載徐大望生於「嘉靖甲辰五月二十六日」〔註297〕。綜上可知,徐大望生於嘉靖甲辰即嘉靖二十三年(1544),則萬曆二十六年(1598)中進士當為五十五。
138	毛堪	萬曆二十六年	蘇州府吳縣	31	27	4	《萬曆二十六年進士登科錄》載毛堪中式年齡為「二十七」〔註298〕。按,「二十七」當為「三十一」之誤。據毛堪表弟萬曆貢士張世偉所撰《南通政司通政使贈工部右侍郎具茨毛公行狀》載:「崇禎壬申春,南京通政使吳郡具茨毛公以疾歸免,劉月疾發,越七日卒……公諱堪,字公輿,具茨,其別號也。毛之先聞為金陵人,不知何時徙吳郡……公生有異兆……初習《易》,繼習《書》……二十四領鄉薦……戊戌竟成進士……公生於隆慶戊辰之三月,距卒得年六十有五」〔註299〕。可知,毛堪生於隆慶戊辰即隆慶二年(1568),則萬曆二十六年(1598)中進士當為三十一。

〔註295〕《萬曆二十六年進士登科錄》,上海圖書館藏本。

〔註296〕〔明〕梅鼎祚:《鹿裘石室集》卷二十《揚州府儒學教授前承事郎廣州府番禺縣知縣實齋徐公行狀》,《四庫禁燬書叢刊》集部第58冊,第429～430頁。

〔註297〕〔明〕湯賓尹:《睡庵稿》卷一九《廣東廣州府番禺縣知縣揚州府儒學教授實齋徐公墓誌銘》,《四庫禁燬書叢刊》集部第63冊,第278～279頁。

〔註298〕《萬曆二十六年進士登科錄》,上海圖書館藏本。

〔註299〕〔明〕張世偉:《張異度先生自廣齋集》卷一一《南通政司通政使贈工部右侍郎具茨毛公行狀》,《四庫禁燬書叢刊》集部第162冊,第343～348頁。

139	何棟如	萬曆二十六年	南京留守左衛	27	23	4	《萬曆二十六年進士登科錄》載何棟如中式年齡為「二十三」〔註 300〕。按，「二十三」當為「二十七」之誤。據同科進士范鳳翼所撰《太僕寺少卿何公行狀》載：「公名棟如……其先常之無錫人，國初以戎籍隸京衛，是為始祖富三公，居留都……公年十九，由無錫祖籍為庠生……甲午舉於鄉，戊戌成進士……公卒於崇禎丁丑六月之三日，距其生隆慶壬申七月之八日，享年六十有六」〔註 301〕。可知，何棟如生於隆慶壬申即隆慶六年（1572），則萬曆二十六年（1598）中進士當為二十七。
140	劉濟	萬曆二十六年	廬州府合肥縣	48	30	18	《萬曆二十六年進士登科錄》載劉濟中式年齡為「三十」〔註 302〕。按，「三十」當為「四十八」之誤。據同科進士何慶元所撰《文林郎清苑令殷築劉公墓誌銘》載：「未之者，姓劉諱濟，未之其表字也，別號殷築……補縣校弟子員……辛卯領鄉薦，戊戌成進士……未之卒以萬曆壬寅，距其生嘉靖辛亥，僅春秋五十有二」〔註 303〕。可知，劉濟生於嘉靖辛亥即嘉靖三十年（1551），則萬曆二十六年（1598）中進士當為四十八。
141	趙士諤	萬曆二十九年	蘇州府吳縣	41	34	7	《萬曆二十九年進士登科錄》載趙士諤中式年齡為「三十四」〔註 304〕。按，「三十四」當為「四十一」之誤。據萬曆閣臣朱國楨所撰《明僉都御史巡撫宣府蓋庵趙公墓誌銘》載：「公名士諤，字蹇卿，蓋庵其別號也……世居吳江……十一歲已遍通五經八大家……赴郡試，即居首，遂補博士弟子員……甲午舉於鄉……至辛丑成進士……崇禎庚午九月十二日卒，遵治命十一月二十日葬焉。生嘉靖辛酉二月初十日，年

〔註 300〕《萬曆二十六年進士登科錄》，上海圖書館藏本。

〔註 301〕〔明〕范鳳翼：《范勳卿文集》卷五《太僕寺少卿何公行狀》，《四庫禁燬書叢刊》集部第 112 冊，第 398～402 頁。

〔註 302〕《萬曆二十六年進士登科錄》，上海圖書館藏本。

〔註 303〕〔明〕何慶元：《何長人集．南北遊草文類》卷五《文林郎清苑令殷築劉公墓誌銘》，《四庫禁燬書叢刊》集部第 77 冊，第 294～297 頁。

〔註 304〕《萬曆二十九年進士登科錄》，《中國科舉錄彙編》第 9 冊，第 57 頁。

							七十」〔註 305〕。可知，趙士諤生於嘉靖辛酉即嘉靖四十年（1561），則萬曆二十九年（1601）中進士當為四十一。
142	朱萬春	萬曆二十九年	廬州府無為州	35	27	8	《萬曆二十九年進士登科錄》載朱萬春中式年齡為「二十七」〔註 306〕。按，「二十七」當為「三十五」之誤。據萬曆間生員卓發之所撰《大納言朱公墓誌銘》載：「大納言寰同朱公，諱萬春……勝國時，始祖諱福者自南康徙合肥，而卜居濡須……公十七補弟子員，戊子中乙榜……庚子舉孝廉，辛丑成進士……公 生於隆慶丁卯，卒於天啟乙丑，春秋五十有九」〔註 307〕。可知，朱萬春生於隆慶丁卯即隆慶元年（1567），則萬曆二十九年（1601）中進士當為三十五。
143	瞿汝說	萬曆二十九年	蘇州府常熟縣	37	33	4	《萬曆二十九年進士登科錄》載瞿汝說中式年齡為「三十三」〔註 308〕。按，「三十三」當為「三十七」之誤。據瞿汝說子瞿式耜所撰《顯考江西布政使司右參議達觀瞿府君行狀》載：「本貫蘇州府常熟縣積善鄉五渠里……府君諱汝說，字星卿，別號達觀，瞿氏之先有礪齋公者以宋遺民不仕勝國，居常熟之五渠里……萬曆丁酉，府君舉應天鄉試……辛丑賜進士出身……府君生於嘉靖乙丑九月一日，卒於天啟癸亥九月九日，享年五十有九」〔註 309〕。可知，瞿汝說生於嘉靖乙丑即嘉靖四十四年（1565），則萬曆二十九年（1601）中進士當為三十七。
144	王世仁	萬曆二十九年	蘇州府長洲縣	45	35	10	《萬曆二十九年進士登科錄》載王世仁中式年齡為「三十五」〔註 310〕。按，「三十五」當為「四十五」之誤。據萬曆三十八年探花錢謙益所撰

〔註 305〕〔明〕朱國楨：《朱文肅公集·明僉都御史巡撫宣府蓋庵趙公墓誌銘》，《續修四庫全書》集部第 1366 冊，第 64～66 頁。按，原文載作「年六十九」，經筆者考證應為「年七十」，徑改之。

〔註 306〕《萬曆二十九年進士登科錄》，《中國科舉錄彙編》第 9 冊，第 80 頁。

〔註 307〕〔明〕卓發之：《漉籬集》卷二一《大納言朱公墓誌銘》，《四庫禁燬書叢刊》集部第 107 冊，第 628～631 頁。

〔註 308〕《萬曆二十九年進士登科錄》，《中國科舉錄彙編》第 9 冊，第 37 頁。

〔註 309〕〔明〕瞿式耜：《瞿忠宣公文集》卷十《顯考江西布政使司右參議達觀瞿府君行狀》，《明別集叢刊》第五輯第 57 冊，第 481～485 頁。

〔註 310〕《萬曆二十九年進士登科錄》，《中國科舉錄彙編》第 9 冊，第 50 頁。

							《通奉大夫湖廣布政司左布政使王公墓碑》載：「公諱世仁，字元夫，世居長洲……舉萬曆辛丑進士……公卒於萬曆十年十月朔日，享年八十有一」〔註311〕。可知，萬曆十年（1582）王世仁卒，「享年八十一」，其應生於嘉靖三十六年（1557），則萬曆二十九年（1601）中進士當為四十五。
145	徐待聘	萬曆二十九年	蘇州府常熟縣	47	36	11	《萬曆二十九年進士登科錄》載徐待聘中式年齡為「三十六」〔註312〕。按，「三十六」當為「四十七」之誤。據萬曆三十八年探花錢謙益所撰《明故陝西按察司按察使徐公墓誌銘》載：「公諱待聘，廷珍字也……進士，公所起也……公卒於天啟丙寅正月初七日，享年七十有二」〔註313〕。可知，天啟丙寅即天啟六年（1626）徐待聘卒，「享年七十有二」，其應生於嘉靖三十四年（1555），則萬曆二十九年（1601）中進士當為四十七。
146	汪起鳳	萬曆二十九年	蘇州府吳縣	30	26	4	《萬曆二十九年進士登科錄》載汪起風中式年齡為「二十六」〔註314〕。按，「二十六」當為「三十」之誤。據（清）趙懷玉所撰《明布政汪公像贊》載：「公諱起鳳，字無朋，長洲人，萬曆辛丑進士……崇禎四年卒」〔註315〕；《汪堯峰先生年譜》又載：「汪起鳳，字無朋，萬曆辛丑進士……崇禎初卒，享年六十」〔註316〕。綜上可知，崇禎四年（1631）汪起風卒，「享年六十」，其應生於隆慶六年（1572），則萬曆二十九年（1601）中進士當為三十。
147	張所望	萬曆二十九年	松江府上海縣	46	36	10	《萬曆二十九年進士登科錄》載張所望中式年齡為「三十六」〔註317〕。

〔註311〕〔清〕錢謙益：《牧齋初學集》卷六三《通奉大夫湖廣布政司左布政使王公墓碑》，第1494～1496頁。
〔註312〕《萬曆二十九年進士登科錄》，《中國科舉錄彙編》第9冊，第84頁。
〔註313〕〔清〕錢謙益：《牧齋初學集》卷五六《明故陝西按察司按察使徐公墓誌銘》，第1395～1397頁。
〔註314〕《萬曆二十九年進士登科錄》，《中國科舉錄彙編》第9冊，第79頁。
〔註315〕〔清〕趙懷玉：《亦有生齋集》卷一一《明布政汪公像贊》，《續修四庫全書》集部第1469冊，第153頁。
〔註316〕《汪堯峰先生年譜》，《北京圖書館珍本年譜叢刊》第76冊，第468頁。
〔註317〕《萬曆二十九年進士登科錄》，《中國科舉錄彙編》第9冊，第9頁。

							按，「三十六」當為「四十六」之誤。據崇禎四年進士陳子龍所撰《明中奉大夫山東布政使司右布政使七澤張公神道碑銘》載：「公諱所望，字叔翹，世為上海人……以進士高第拜刑部郎……崇禎八年正月卒於家，年八十」〔註 318〕。可知，崇禎八年（1635）張所望卒，「年八十」，其應生於嘉靖三十五年（1556），則萬曆二十九年（1601）中進士當為四十六。
148	張國維	萬曆二十九年	蘇州府吳縣	36	30	6	《萬曆二十九年進士登科錄》載張國維中式年齡為「三十」〔註 319〕。按，「三十」當為「三十六」之誤。據萬曆間生員陳元素所撰《繆先生行狀》載張國維生於嘉靖四十五年（1566）〔註 320〕，則萬曆二十九年（1601）中進士當為三十六。
149	吳汝顯	萬曆三十二年	徽州府歙縣	43	34	9	《萬曆三十二年進士登科錄》載吳汝顯中式年齡為「三十四」〔註 321〕。按，「三十四」當為「四十三」之誤。據萬曆二十六年進士顧起元所撰《中憲大夫山東等處提刑按察司副使中涵吳公傳》載：「吳公諱汝顯，字養微，別號中涵……少從其父贈公受《春秋》，補博士弟子……萬曆戊子舉於鄉，上公車至甲辰乃成進士……萬曆丙辰大計，將以卓異舉公……而公前是業以哭其母汪太恭人歸矣……未幾，哀毀致疾，遂及大故，年方五十有五」〔註 322〕。可知，萬曆丙辰即萬曆四十四年（1616）吳汝顯卒，「年方五十有五」，其應生於嘉靖四十一年（1562），則萬曆三十二年（1604）中進士當為四十三。

〔註 318〕〔明〕陳子龍：《安雅堂稿》卷一五《明中奉大夫山東布政使司右布政使七澤張公神道碑銘》，《續修四庫全書》集部第 1338 冊，第 157～159 頁。

〔註 319〕《萬曆二十九年進士登科錄》，《中國科舉錄彙編》第 9 冊，第 151 頁。

〔註 320〕《明人傳記資料索引》，第 910 頁。按，張國維中進士後，複姓「繆」。

〔註 321〕《萬曆三十五年進士登科錄》，《中國科舉錄彙編》第 9 冊，第 249 頁。

〔註 322〕〔明〕顧起元：《雪堂隨筆》卷一《中憲大夫山東等處提刑按察司副使中涵吳公傳》，《四庫禁燬書叢刊》集部第 80 冊，第 194～197 頁。

150	顧大章	萬曆三十五年	蘇州府常熟縣	32	27	5	《萬曆三十五年進士登科錄》載顧大章中式年齡為「二十七」〔註 323〕。按，「二十七」當為「三十二」之誤。據顧大章弟顧大韶所撰《先兄陝西按察司副使贈太僕寺少卿塵客府君行狀》載：「公諱大章，姓顧氏，字伯欽，別號塵客，常熟人……公生於萬曆丙子仲冬……公少警穎果毅……萬曆丁酉舉於鄉……丁未成進士」〔註 324〕。可知，顧大章生於萬曆丙子即萬曆四年（1576），則萬曆三十五年（1607）中進士當為三十二。
151	陸獻明	萬曆三十五年	蘇州府太倉州	43	28	15	《萬曆三十五年進士登科錄》載陸獻明中式年齡為「二十八」〔註 325〕。按，「二十八」當為「四十三」之誤。據明末清初著名文人鄒漪所撰《陸太僕傳》載：「公諱獻明，字君謨，南直太倉人，中萬曆丁未進士……（順治）乙酉元旦卒，年八十一」〔註 326〕。可知，順治乙酉即順治二年陸獻明卒，「年八十一」，其應生於嘉靖四十四年（1565），則萬曆三十五年（1607）中進士當為四十三。
152	錢龍錫	萬曆三十五年	松江府華亭縣	29	25	4	《萬曆三十五年進士登科錄》載錢龍錫中式年齡為「二十五」〔註 327〕。按，「二十五」當為「二十九」之誤。據明末清初著名文人黃宗羲所撰《大學士機山錢公神道碑銘》載錢龍錫「順治乙酉春三月卒，年六十七」〔註 328〕。可知，順治乙酉即順治二年（1645）錢龍錫卒，其應生於萬曆七年（1579），則萬曆三十五年（1607）中進士當為二十九。

〔註 323〕《萬曆三十五年進士登科錄》，《中國科舉錄彙編》第 9 冊，第 249 頁。

〔註 324〕〔明〕顧大韶：《炳燭齋稿》卷一《先兄陝西按察司副使贈太僕寺少卿塵客府君行狀》，《四庫禁燬書叢刊》集部第 104 冊，第 591 頁。

〔註 325〕《萬曆三十五年進士登科錄》，《中國科舉錄彙編》第 9 冊，第 342 頁。

〔註 326〕〔清〕鄒漪：《啟禎野乘》卷六《陸太僕傳》，《明代傳記叢刊》第 127 冊，第 253～254 頁。

〔註 327〕《萬曆三十五年進士登科錄》，《中國科舉錄彙編》第 9 冊，第 220 頁。

〔註 328〕〔清〕黃宗羲：《南雷文定四集》卷三《大學士機山錢公神道碑銘》，《清代詩文集彙編》第 33 冊，上海古籍出版社，2010 年，第 305～306 頁。

153	薛敷政	萬曆三十五年	常州府武進縣	56	41	15	《萬曆三十五年進士登科錄》載薛敷政中式年齡為「四十一」〔註 329〕。按，「四十一」當為「五十六」之誤。據明末清初著名文人鄒漪所撰《薛太僕傳》載：「公諱敷政，字以心，號純臺，直隸武進人……萬曆丁未年五十六始成進士」〔註 330〕。
154	左光斗	萬曆三十五年	安慶府桐城縣	33	25	7	《萬曆三十五年進士登科錄》載左光斗中式年齡為「二十五」〔註 331〕。按，「二十五」當為「三十三」之誤。據天啟二年進士倪元璐所撰《明都察院左僉都御史贈太子少保都察院右副都御史諡忠毅左公行狀》載：「左公名光斗，以生之辰月宿斗，故以名，字共之……年二十六庚子舉於鄉，又七年丁未成進士……公卒天啟乙丑年七月二十四日，距生萬曆乙亥年九月初九日，享年五十有一」〔註 332〕；可知，左光斗生於萬曆乙亥即萬曆三年（1575），則萬曆三十五年（1607）中進士當為三十三；萬曆十七年進士董其昌所撰《明都察院左僉都御史贈太子少保都察院右副都御史諡忠毅左公傳》也載：「左公字共之，生辰月當大斗，故名光斗……二十六舉應天鄉試，三十三成進士」〔註 333〕。
155	劉有源	萬曆三十五年	寧國府南陵縣	40	32	8	《萬曆三十五年進士登科錄》載劉有源中式年齡為「三十二」〔註 334〕。按，「三十二」當為「四十」之誤。據明末清初文學家施閏章所撰《前嘉議大夫江西按察使司按察使劉公墓誌銘》載：「公諱有源……南陵人也……積學有文，舉萬曆三十五年丁未進士……公生前明隆慶戊辰六

〔註 329〕《萬曆三十五年進士登科錄》，《中國科舉錄彙編》第 9 冊，第 308 頁。
〔註 330〕〔清〕鄒漪：《啟禎野乘》卷六《薛太僕傳》，《明代傳記叢刊》第 127 冊，第 225 頁。
〔註 331〕《萬曆三十五年進士登科錄》，《中國科舉錄彙編》第 9 冊，第 286 頁。
〔註 332〕〔明〕左光斗：《左忠毅公集》卷五《明都察院左僉都御史贈太子少保都察院右副都御史諡忠毅左公行狀》，《續修四庫全書》集部第 1370 冊，第 654～657 頁。
〔註 333〕〔明〕左光斗：《左忠毅公集》卷五《明都察院左僉都御史贈太子少保都察院右副都御史諡忠毅左公傳》，《續修四庫全書》集部第 1370 冊，第 644 頁。
〔註 334〕《萬曆三十五年進士登科錄》，《中國科舉錄彙編》第 9 冊，第 286 頁。

							月，享年八十四」〔註335〕。可知，劉有源生於隆慶戊辰即隆慶二年（1568），則萬曆三十五年（1607）中進士當為四十。
156	侯震暘	萬曆三十八年	蘇州府嘉定縣	42	35	7	《萬曆三十八年進士登科錄》載侯震暘中式年齡為「三十五」〔註336〕。按，「三十五」當為「四十二」之誤。據震暘子峒曾所撰《先考吏科給事中恤贈太常寺少卿吳觀府君行狀》載：「府君諱震暘……晚年更號吳觀……侯氏世居嘉定之龍江……萬曆甲申府君年十六補博士弟子……甲午，府君舉京兆，名在中權之列……萬曆庚戌始成進士……府君生隆慶己巳十二月初八日，歿天啟丁卯正月二十九日，享年五十有九」〔註337〕。可知，侯震暘生於隆慶己巳即隆慶三年（1569），則萬曆三十八年（1610）中進士當為四十二。
157	王志堅	萬曆三十八年	蘇州府太倉州	35	29	6	《萬曆三十八年進士登科錄》載王志堅中式年齡為「二十九」〔註338〕。按，「二十九」當為「三十五」之誤。據萬曆三十八年探花錢謙益所撰《王淑士墓誌銘》載：「余為諸生時，與嘉定李流芳長蘅、崑山王志堅淑士交。已而與長蘅同舉於鄉，萬曆庚戌於淑士同舉進士……淑士卒於崇禎六年八月八日，年五十有八」〔註339〕。可知，崇禎六年（1633）王志堅卒，「年五十有八」，其應生於萬曆四年（1576），則萬曆三十八年（1610）中進士當為三十五。
158	莊起元	萬曆三十八年	常州府武進縣	52	35	17	《萬曆三十八年進士登科錄》載莊起元中式年齡為「三十五」〔註340〕。按，「三十五」當為「五十二」之誤。據莊廷臣自敘《鶴坡公年譜》載：

〔註335〕〔明〕施閏章：《學餘堂集》卷一九《前嘉議大夫江西按察使司按察使劉公墓誌銘》，《景印文淵閣四庫全書》第1313冊，第238～240頁。

〔註336〕《萬曆三十八年進士登科錄》，臺北「中研院」傅斯年圖書館藏本。

〔註337〕〔明〕侯峒曾：《侯忠節公全集》卷一四《先考吏科給事中恤贈太常寺少卿吳觀府君行狀》，《明別集叢刊》第5輯第58冊，第511～514頁。

〔註338〕《萬曆三十八年進士登科錄》，臺北「中研院史語所」傅斯年圖書館藏本。

〔註339〕〔清〕錢謙益：《牧齋初學集》卷五四《王淑士墓誌銘》，第1352～1353頁。

〔註340〕《萬曆三十八年進士登科錄》，臺北「傅斯年」圖書館藏本。

							「鶴坡公諱起元，嘉靖三十八年己未七月壬申初六乙亥日丙子時生……萬曆三十四年丙午，四十八歲……秋闈，得中四十五名……三十八年庚戌，五十二歲，再上公車，中進士」〔註 341〕。
159	莊廷臣	萬曆三十八年	常州府武進縣	52	36	16	《萬曆三十八年進士登科錄》載莊廷臣中式年齡為「三十六」〔註 342〕。按，「三十六」當為「五十二」之誤。據莊廷臣子莊鼎鉉所撰《先考通達大夫全楚大方伯年譜略》載：「嘉靖己未十一月二十五日午時生府君於余宅橫堰村，諱廷臣……萬曆三十八年庚戌，五十二歲，會試中式第四名……殿試三甲第四十一名」〔註 343〕。
160	史孔吉	萬曆三十八	應天府溧陽縣	38	25	13	《萬曆三十八年進士登科錄》載史孔吉中式年齡為「二十五」〔註 344〕。按，「二十五」應為「三十八」之誤。據崇禎十六年進士李長祥所撰《故朝列大夫尚寶司卿溧陽史公神道碑》載：「溧陽尚寶司卿史公以崇禎十六年某月日卒……公先世漢溧陽壯侯，後因為溧陽人……萬曆己酉舉人，庚戌進士……公諱孔吉……自萬曆庚戌至崇禎壬午，成進士凡三十三年，享年七十有二」〔註 345〕。可知，史孔吉卒於萬曆十六年（1644），「享年七十有二」，其應生於萬曆元年（1573），則萬曆三十八年（1610）中進士當為三十八。

〔註 341〕〔明〕莊起元：《鶴坡公年譜》，《北京圖書館藏珍本古籍叢刊》第 54 冊，第 303、310 頁。
〔註 342〕《萬曆三十八年進士登科錄》，臺北「中研院史語所」傅斯年圖書館藏本。
〔註 343〕〔明〕莊鼎鉉：《先考通達大夫全楚大方伯年譜略》，《北京圖書館藏珍本古籍叢刊》第 54 冊，第 319、325 頁。
〔註 344〕《萬曆三十八年進士登科錄》，臺北「中研院史語所」傅斯年圖書館藏本，第 68 頁。
〔註 345〕〔明〕李長祥：《天問閣文集》卷二《故朝列大夫尚寶司卿溧陽史公神道碑》，《四庫禁燬書叢刊》集部第 11 冊，第 214～216 頁。

由上表可知，明代南直隸進士群體中虛報中式年齡者至少160名，占統計南直隸進士總數的4.18%。隨著時間的推移，存在「官年」現象者日益增多，平均少報年齡也日益增大，這從下表中可窺見一斑：

明代南直隸虛報中式年齡進士統計表

科次	科數	虛報中式年齡進士數	少報中式年齡總數	平均少報中式年齡
建文二年至成化五年	11	16	37	2.31
成化八年至正德十六年	11	28	140	5
嘉靖八年至嘉靖四十四年	11	38	213	5.61
隆慶二年至萬曆三十八年	10	78	604	7.74

由表2可知，明代南直隸虛報中式年齡進士數及平均少報中式年齡呈直線上升趨勢，具體表現為：第一階段（建文二年至成化五年）明代南直隸虛報中式年齡進士數為16名，少報中式年齡總數37歲，平均少報中式年齡2.31歲；第二階段（成化八年至正德十六年）為28名，是上一階段的1.75倍，平均少報中式年齡5歲，是上一階段的2.16倍；第三階段（嘉靖八年至嘉靖四十四年）為38名，是第二階段的1.36倍，平均少報中式年齡為5.61歲，是第二階段的1.12倍；第四階段（隆慶二年至萬曆三十八年）為78名，是第三階段的2.05倍，平均少報中式年齡7.74歲，是第三階段的1.34倍。值得注意的是，在前兩個階段，南直隸進士還存在官年大於實年的情況，如建文二年進士胡濙，官年為28，實年為26；天順八年進士朱萱，官年為32，實年為30；正德十六年進士王積，官年為32，實年為30。這樣的情況很少，而且正德後已不復存在。

（三）明代南直隸進士中式年齡分層統計

明代南直隸進士各科中式年齡分布人數及各個年齡段在南直隸進士群體中所佔比重是怎樣的呢？與明代其他進士群體中式年齡結構相比，有何不同呢？為探討這一問題，並進一步接近歷史真相，筆者對建文二年至萬曆三十八年共56科《進士登科錄》記載的2428名南直隸進士中式年齡逐一進行了考察，確認官方檔案中記載的南直隸進士虛報中式年齡者至少有160名，對該類進士中式年齡皆以實年予以統計，並結合統計的56科南直隸進士中式年齡，將南直隸進士中式年齡按科次分層統計如下。由小至大，總體上呈以下層級分布（見表4）。

明代南直隸進士中式年齡分層統計表

科　次	20歲以下	21～25歲	26～30歲	31～35歲	36～40歲	41～45歲	46～49歲	50歲以上
建文二年	0	3	15	8	0	0	0	0
永樂九年	0	0	4	4	0	0	0	0
永樂十年	0	3	10	6	0	0	0	0
宣德五年	0	1	4	3	3	1	0	0
宣德八年	0	0	2	3	3	1	0	0
正統元年	1	0	5	5	1	2	0	0
正統四年	0	6	2	7	2	0	0	0
正統七年	0	1	7	2	2	1	0	0
正統十年	0	7	9	8	4	1	0	0
正統十三年	0	3	8	10	7	3	0	0
景泰二年	0	1	17	13	5	0	0	0
景泰五年	0	6	22	23	6	0	0	0
天順元年	0	6	9	13	10	2	0	0
天順四年	0	6	6	12	2	1	0	0
天順八年	0	1	12	6	3	1	0	0
成化二年	0	6	17	18	7	7	0	0
成化五年	0	1	12	23	6	2	1	0
成化八年	0	1	9	18	9	4	0	0
成化十一年	0	3	9	20	12	6	0	0
成化十四年	0	1	9	11	16	12	1	1
成化十七年	0	4	7	13	13	7	2	0
成化二十三年	0	3	8	16	20	9	2	2
弘治三年	0	1	9	13	11	8	1	0
弘治六年	1	1	8	16	14	7	1	0
弘治九年	2	11	11	24	11	10	2	1
弘治十二年	0	2	6	13	15	9	1	3
弘治十五年	0	3	10	12	11	7	2	0
弘治十八年	0	7	12	10	17	6	0	1
正德三年	0	6	12	11	16	16	0	1
正德六年	0	1	11	10	17	12	3	2

正德十二年	0	4	7	11	21	8	3	1
正德十六年	0	1	6	18	12	10	0	1
嘉靖二年	1	3	9	12	26	15	2	1
嘉靖八年	0	6	11	16	15	7	1	0
嘉靖十一年	1	2	8	15	16	1	1	0
嘉靖十四年	0	1	7	10	16	4	3	0
嘉靖十七年	0	0	5	13	11	4	2	1
嘉靖二十年	0	3	9	14	10	6	1	3
嘉靖二十三年	0	2	9	14	12	12	1	0
嘉靖二十六年	0	5	10	17	10	3	3	0
嘉靖二十九年	0	2	4	16	9	12	0	0
嘉靖三十二年	0	1	9	19	24	7	0	1
嘉靖三十五年	0	1	6	13	13	1	1	1
嘉靖三十八年	1	2	14	14	12	4	1	0
嘉靖四十一年	0	0	15	12	7	0	0	0
嘉靖四十四年	1	2	10	27	12	5	2	2
隆慶二年	0	1	12	20	21	3	2	2
隆慶五年	0	4	24	28	10	1	1	1
萬曆二年	0	4	11	27	10	0	0	1
萬曆五年	0	0	14	20	9	4	0	0
萬曆八年	1	1	16	19	5	2	0	0
萬曆十一年	1	5	17	15	5	2	1	0
萬曆二十九年	0	6	14	15	7	3	2	0
萬曆三十二年	1	7	20	23	2	2	0	0
萬曆三十五年	0	11	12	15	8	1	0	1
萬曆三十八年	0	8	17	14	3	1	0	2
總計	11	177	578	788	549	253	43	29
占比（%）	0.45	7.29	23.81	32.45	22.65	10.46	1.73	1.15

由表 4 可知，31～35 歲年齡段在南直隸進士群體中所佔比例最高，達 32.45%；其次是 26～30 歲年齡段，占總數的 23.81%；再次是 36～40 歲年齡段，占總數的 22.65%；第四是 41～45 歲年齡段，占總數的 10.46%；第五是 21～25 歲年齡段，占總數的 7.29%；第六是 46～49 歲年齡段，占總數的 1.73%；第七是 50 歲以上年齡段，占總數的 1.15%；最後是 20 歲以下年齡段，占總數

的 0.45%。經過對比可知，嘉靖十一年進士王廷幹 17 歲中進士，是南直隸進士群體中中式年齡最小的〔註 346〕；嘉靖四十四年進士歸有光 60 歲中進士，是南直隸進士群體中中式年齡最大的〔註 347〕。

通過按科次對建文二年至萬曆三十八年共 56 科 2428 名南直隸進士中式年齡層級分布的考察，我們可以獲得以下兩點認識：

第一，明代南直隸進士中式年齡層級分布不平衡。集中體現在 20 歲以下年齡段所佔比例最小，少於 31～35 歲年齡段所佔最高比例 32 個百分點；50 歲以上年齡段所佔比例少於 31～35 歲年齡段所佔最高比例 31.3 個百分點。

第二，就明代進士中式年齡結構而言，明代南直隸進士與其他區域進士中式年齡結構稍具不同。26～35 歲年齡段在南直隸進士群體中人數最多，所佔比例高達 56.26%，而明代山西進士群體和四川進士群體中 30～39 歲年齡段是人數最多的，所佔比重過半〔註 348〕。

（四）明代南直隸進士實際平均中式年齡

要探討明代南直隸進士實際平均中式年齡，首先要探討明代進士平均少報中式年齡。目前，關於該方面的研究，以陳長文《明代科舉中的「官年」現象》（以下簡稱「陳文」）一文最為系統和深入〔註 349〕，依據《明代人物傳記資料索引》對明代 45 科《進士登科錄》《同年錄》《履歷便覽》所載 1208 名進士的生年進行考察，形成《明代進士登科錄中的「官年」現象統計一覽表》，認為虛報年齡人數有 371 人〔註 350〕。筆者認為其觀點可進一步討論：其一，《同年錄》《履歷便覽》所載進士生年並非「官年」，「官年」是記載在官方檔案（《登科錄》）中的年齡，「陳文」將私刻文獻《同年錄》《履歷便覽》所載進

〔註 346〕《嘉靖十一年進士登科錄》，第 31 頁。

〔註 347〕《嘉靖四十四年進士登科錄》（第 64 頁）載歸有光中式年齡為「四十八」，顯然是其官年，而其實年應為「六十」，詳見本章「明代南直隸虛報中式年齡進士考證表」。

〔註 348〕詳見齊香君：《明代山西進士群體研究》，碩士學位論文，遼寧師範大學，2012 年，第 27 頁；劉小龍：《明代四川進士群體研究》，碩士學位論文，福建師範大學，2015 年，第 66 頁。

〔註 349〕陳長文：《明代科舉中的官年現象》，《史學月刊》2006 年第 11 期；收入氏著《明代科舉文獻研究》一書，第 197～219 頁。

〔註 350〕陳長文：《明代科舉文獻研究》，第 200～201 頁。需指出的是，陳文考察進士數原為 1203 名，但郭培貴教授指出實際統計 1208 名，少報中式年齡進士 337 人，詳見郭培貴《明代解元考中進士的比例、年齡與空間分布》，《清華大學學報》2012 年第 5 期。

士生年視作「官年」，混淆了定義；其二，《明代人物傳記資料索引》所載個別進士生年不確。在「陳文」研究的基礎上，筆者依據相關進士墓誌銘、行狀、傳記等文獻，對「陳文」漏考及誤考可考察中式年齡及少報中式年齡進士數加以補充，茲謹列表顯示如下：

《明代進士登科錄中的「官年」現象統計一覽表》補正表〔註351〕

科　次	漏考可考中式年齡進士數	誤考中式年齡進士數	漏考少報中式年齡進士數	誤考及漏考少報年齡總數
建文二年	1	-	1	3
永樂九年	1	-	1	2
永樂十年	1	-	1	4
宣德五年	7	-	1	2
正統四年	17	-	2	8
正統七年	15	-	2	5
景泰二年	27	-	1	3
景泰五年	27	-	8	23
天順四年	9	-	1	1
天順八年	20	-	2	2
成化二年	2	1	2	13
成化八年	1	-	1	1
成化十四年	24	-	2	8
成化十七年	9	-	3	18
成化二十三年	28	-	3	6
弘治三年	20	-	2	3
弘治六年	21	-	3	10
弘治九年	1	1	1	14
弘治十二年	1	-	1	12
弘治十五年	19	-	3	9
正德三年	1	-	1	3
正德六年	8	-	8	48
正德十六年	1	-	1	5
嘉靖二年	19	-	2	7

〔註351〕本表數據係依據明清各種文集中所載明代進士的傳記、墓誌銘、行狀所得。

嘉靖八年	2	-	2	11
嘉靖十一年	11	-	2	6
嘉靖十四年	1	-	1	2
嘉靖十七年	4	-	4	20
嘉靖二十三年	3	1	2	12
嘉靖二十六年	1	-	1	6
嘉靖二十九年	1	-	1	10
嘉靖三十二年	4	-	4	18
嘉靖三十五年	1	-	1	3
嘉靖三十八年	26	-	15	93
嘉靖四十四年	7	-	7	50
隆慶二年	11	-	11	68
隆慶五年	11	-	11	74
萬曆二年	11	-	8	48
萬曆五年	8	-	8	54
萬曆八年	3	-	3	14
萬曆十一年	7	2	7	50
萬曆二十六年	10	-	10	86
萬曆二十九年	4	-	4	35
萬曆三十二年	1	-	1	9
萬曆三十五年	7	1	7	82
萬曆三十八年	1	1	1	13
總計	415	7	164	974

由上表可知，「陳文」漏考可考察中式年齡進士415人；誤考中式年齡進士 7 人；漏考少報中式年齡進士 164 人；誤考及漏考少報中式年齡總共 974 歲。茲謹將「陳文」漏考及誤考官年列表考證如下：

「陳文」漏考及誤考官年考證表

序號	姓名	科　次	實年	官年	二者相差年數	具體考證
1	王艮	建文二年	33	30	3	《建文二年殿試登科錄》載王艮中式年齡為「三十」〔註352〕。按，「三十」當為「三十三」之誤。據永樂閣臣解縉所撰《翰林院修撰王欽止先生墓表》載：「翰林修撰王君欽止，諱艮……其在府學課試，輒冠……試江西鄉薦第一，上親灑宸翰，魁名天下，賜進士及第……君生洪武戊申」〔註353〕。可知，王艮生於「洪武戊申」即洪武元年（1368），則建文二年（1400）登進士當為「三十三」。
2	苗衷	永樂九年	29	31	2	詳見明代南直隸虛報中式年齡進士考證表
3	劉長吾	永樂十年	29	25	4	《永樂十年進士登科錄》載劉長吾中式年齡為「二十五」〔註354〕。按，「二十五」當為「二十九」之誤。據永樂閣臣楊士奇所撰《故廣西按察僉事劉長吾墓表》載：「永樂壬寅十二月十八日廣西按察僉事劉長吾卒於北京。長吾，吉安永豐人……幼穎異好學，治書經，年二十九舉進士」〔註355〕。
4	胡端禎	宣德五年	34	32	2	《宣德五年進士登科錄》載胡端禎中式年齡為「三十二」〔註356〕。按，「三十二」當為「三十四」之誤。據宣德閣臣楊士奇所撰《兵科給事中胡端禎墓誌銘》載：「端禎諱祥，以字行……登宣德五年進士，既第而歸……八年被召至……改翰林庶吉士。明年（九年）擢戶科給事中，無幾得疾，歷數醫弗效……請於朝，乞歸治……歸，過南京，疾復作，竟卒和州西梁山下……享年三十有八」〔註357〕。可知，宣德九年（1434）胡端禎卒，「享年三十有八」，其應生於洪武三十年（1397），則宣德五年（1430）中進士當為三十四。

〔註352〕《建文二年殿試登科錄》，《明代登科錄彙編》第1冊，第12頁。
〔註353〕〔明〕解縉：《文毅集》卷一二《翰林院修撰王欽止先生墓表》，《景印文淵閣四庫全書》第1236冊，第770～772頁。
〔註354〕《永樂十年進士登科錄》，《明代登科錄彙編》第1冊，第221頁。
〔註355〕〔明〕楊士奇：《東里續集》卷三三《故廣西按察僉事劉長吾墓表》，《景印文淵閣四庫全書》第1239冊，第90～91頁。
〔註356〕《宣德五年進士登科錄》，第20頁。
〔註357〕〔明〕楊士奇：《東里續集》卷三五《兵科給事中胡端禎墓誌銘》，《景印文淵閣四庫全書》第1239冊，第121頁。

5	林聰	正統四年	25	23	2	《正統四年進士登科錄》載林聰中式年齡為「二十三」〔註358〕。按，「二十三」當為「二十五」之誤。景泰五年進士彭華所撰《太子少保刑部尚書贈榮祿大夫少保諡莊敏林公墓誌銘》載：「成化十八年閏八月，太子少保刑部尚書林公以疾在告……閏月二十四日竟卒……春秋六十有八……公諱聰，字季聰，福之寧德人。踰弱冠以禮經領正統三年鄉薦，明年登進士」〔註359〕。可知，成化十八年（1482）林聰卒，「春秋六十有八」，其應生於永樂十三年（1415），則正統四年（1439）中進士當為二十五。
6	賈恪	正統四年	32	26	6	《正統四年進士登科錄》載賈恪中式年齡為「二十六」〔註360〕。按，「二十六」當為「三十二」之誤。正德九年進士李濂所撰《山東參議賈公恪傳》載：「公諱恪，字惟恭，開封之通許人……公自幼穎敏越人……正統戊午領河南鄉薦第二名，明年登進士第……成化乙未八月卒，壽六十有八」〔註361〕。可知，成化乙未即成化十一年（1475）賈恪卒，「壽六十有八」，其應生於永樂六年（1408），則正統四年（1439）中進士當為三十二。
7	劉儼	正統七年	49	45	4	《正統七年進士登科錄》載劉儼中式年齡為「四十五」〔註362〕。按，「四十五」當為「四十九」之誤。據宣德八年進士李賢所撰《中順大夫太常少卿翰林院侍讀贈禮部左侍郎諡文介劉公墓碑銘》載：「公諱儼，字宣化，上世自金陵徙江西泰和，復徙吉水……正統戊戌乃得雋春闈，廷對有耿直忠愛之詞，遂擢進士及第第一……公生洪武甲戌正月十三日，卒天順改元九月十二日，享年六十有四」〔註363〕。可知，劉儼生於洪武甲戌即洪武二十七年（1394），則正統七年（1442）中進士當為四十九。

〔註358〕《正統四年進士登科錄》，第12頁。

〔註359〕〔明〕焦竑：《國朝獻徵錄》卷四四《太子少保刑部尚書贈榮祿大夫少保諡莊敏林公墓誌銘》，《續修四庫全書》史部第527冊，第323～324頁。

〔註360〕《正統四年進士登科錄》，第32頁。

〔註361〕〔明〕焦竑：《國朝獻徵錄》卷九五《山東參議賈公恪傳》，《續修四庫全書》史部第530冊，第381頁。

〔註362〕《正統七年進士登科錄》，第7頁。

〔註363〕〔明〕李賢：《古穰集》卷一四《中順大夫太常少卿翰林院侍讀贈禮部左侍郎諡文介劉公墓碑銘》，《景印文淵閣四庫全書》第1244冊，第626頁。

8	朱驥	正統七年	26	24	2	詳見明代南直隸虛報中式年齡進士考證表
9	吳琛	景泰二年	27	24	3	《景泰二年進士登科錄》載吳琛中式年齡為「二十四」〔註 364〕。按，「二十四」當為「二十七」之誤。據景泰二年進士王僎所撰《嘉議大夫都察院右副都御史吳公神道碑》載：「公諱琛，字興璧，先世歙人，宋季諱伯繁者，徙居太平之繁昌……公性警敏……正統甲子以書經登鄉榜……景泰辛未登進士第……年二十七矣」。〔註 365〕
10	孫賢	景泰五年	31	30	1	《景泰五年進士登科錄》載孫賢中式年齡為「三十」〔註 366〕。按，「三十」當為「三十一」之誤。據《明憲宗實錄》卷一七二載：「成化十三年十一月己丑，致仕太常寺卿兼翰林院侍讀學士孫賢卒。賢，字舜卿，河南杞縣人，景泰甲戌進士第一……至是卒，年五十四」〔註 367〕。可知，成化十三年（1477）孫賢卒，「年五十四」，其應生於永樂二十二年（1424），則景泰五年（1454）中進士當為三十一。
11	徐溥	景泰五年	27	26	1	詳見明代南直隸虛報中式年齡進士考證表
12	蔣紱	景泰五年	33	32	1	同上
13	趙博	景泰五年	36	31	5	同上
14	程泰	景泰五年	34	30	4	同上
15	孔公恂	景泰五年	42	39	3	《景泰五年進士登科錄》載孔公恂中式年齡為「三十九」〔註 368〕。按，「三十九」當為「四十二」之誤。成化二十三年進士陳鎬所撰《故中憲大夫詹事府少詹事孔公墓誌銘》載：「公諱公恂，字宗文，宣聖五十八代孫，世居闕里祖廟之右……景泰甲戌捷南宮……公之生永樂癸巳」〔註 369〕。可知，孔公恂生於永樂癸巳即永樂十一年（1413），則景泰五年（1454）中進士當為四十二。

〔註 364〕《景泰二年進士登科錄》，第 28 頁。

〔註 365〕〔明〕王僎：《思軒文集》卷一三《嘉議大夫都察院右副都御史吳公神道碑》，《續修四庫全書》集部第 1329 冊，第 555 頁。

〔註 366〕《景泰五年進士登科錄》，第 7 頁。

〔註 367〕《明憲宗實錄》卷一七二「成化十三年十一月己丑」，第 3113～3114 頁。

〔註 368〕《景泰五年進士登科錄》，第 11 頁。

〔註 369〕〔明〕陳鎬：《闕里志》卷一三《故中憲大夫詹事府少詹事孔公墓誌銘》，《四庫全書存目叢書》集部第 164 冊，第 828 頁。

16	謝省	景泰五年	35	28	7	《景泰五年進士登科錄》載謝省中式年齡為「二十八」〔註 370〕。按，「二十八」當為「三十五」之誤。據天順八年進士謝鐸所撰《貞肅先生墓誌銘》載：「弘治六年十有一日，我叔父逸老先生忽中末疾……距生永樂庚子，享年七十有四而已……先生諱省……登孫賢榜進士」〔註 371〕。可知，謝省生於永樂庚子即永樂十八年（1420），則景泰五年（1454）登進士當為三十五。
17	謝士元	景泰五年	31	30	1	《景泰五年進士登科錄》載謝士元中式年齡為「三十」〔註 372〕。按，「三十」當為「三十一」之誤。據成化二十三年進士羅玘所撰《故都察院右副都御史謝公行狀》載：「弘治六年夏六月二十三日庚辰，都察院右副都御史長樂謝公卒於家……公諱士元，字仲仁，登景泰甲戌進士……弘治庚戌，年六十七，以疾請歸長樂……至是卒，年七十」〔註 373〕。可知，弘治六年（1493）謝士元卒，「年七十」，其應生於永樂二十二年（1424），則景泰五年（1454）中進士當為三十一。
18	汪貴	天順四年	40	39	1	《天順四年進士登科錄》載汪貴中式年齡為「三十九」〔註 374〕。按，「三十九」當為「四十」之誤。據成化二十三年狀元費宏所撰《奉政大夫湖州府同知汪公墓誌銘》載：「公諱貴，字士達，姓汪氏，家廣信永豐之嚴池……公年十三遊郡庠……景泰癸酉領鄉薦，天順庚辰登進士第……弘治戊午九月十三日，年七十有八以疾卒」〔註 375〕。可知，弘治戊午即弘治十一年（1498）汪貴卒，「年七十有八」，其應生於永樂十九年（1421），則天順四年（1460）中進士當為四十。
19	唐仁	天順八年	41	40	1	《天順八年進士登科錄》載唐仁中式年齡為「四十」〔註 376〕。按，「四十」當為「四十一」之誤。據正統十年進士周洪謨所撰《吏科左給事中唐君墓表》載：「吏科左給事中唐君秉元以傷寒未浹辰而卒，得年五十有三……其卒在成化十二年。君諱仁，

〔註 370〕《景泰五年進士登科錄》，第 28 頁。

〔註 371〕〔明〕謝鐸：《謝鐸集》卷五九《貞肅先生墓誌銘》，杭州，浙江古籍出版社，2012 年，第 500～501 頁。

〔註 372〕《景泰五年進士登科錄》，第 15 頁。

〔註 373〕〔明〕羅玘：《圭峰集》卷一八《故都察院右副都御史謝公行狀》，《景印文淵閣四庫全書》第 1259 冊，第 242 頁。

〔註 374〕《天順四年進士登科錄》，第 36 頁。

〔註 375〕〔明〕費宏：《費文憲公摘稿》卷一七《奉政大夫湖州府同知汪公墓誌銘》，《續修四庫全書》集部第 1331 冊，第 602 頁。

〔註 376〕《天順八年進士登科錄》，第 12 頁。

						字秉元，其先浙之金華人，宋季有官監司於蜀者，因家保寧南部。曾祖仲瓏，元末遷居達縣……公自少篤問學，治春秋，繼以詩薦秀鄉闈，累奇於會試……天順甲申始成進士」〔註377〕。可知，成化十二年（1476）唐仁卒，「年五十有三」，其應生於永樂二十二年（1424），則天順八年（1464）中進士當為四十一。
20	呂昇	天順八年	33	32	1	《天順八年進士登科錄》載呂昇中式年齡為「三十二」〔註378〕。按，「三十二」當為「三十三」之誤。據天順八年進士李東陽所撰《明故朝列大夫雲南布政司參議呂公墓誌銘》載：「公姓呂氏，諱昇……世為襄陽人……祖諱義，永樂初累功擢徽州衛副千戶……考諱貴，嗣千戶，有寵英宗朝，超擢錦衣衛指揮僉事……公幼嗜學，遊京庠，從禮部侍郎刑簡，翰林編修劉公昇受《易》學，舉順天壬午鄉貢，連得甲申進士第……弘治戊申十二月四日疾作遽卒，年五十七」〔註379〕。由上可知，弘治戊申即弘治元年（1488）呂昇卒，「年五十七」，其應生於宣德七年（1432），則天順八年（1464）中進士當為三十三。
21	呂讚	成化二年	45	36	9	詳見明代南直隸虛報中式年齡進士考證表
22	沈海	成化二年	41	37	4	同上
23	楊理	成化二年	35	35	0	「陳文」據《明人傳記資料索引》認為楊理生於宣德元年（1426），中進士當為四十一，屬誤考。《成化二年進士登科錄》載楊理中式年齡為「三十五」，無誤。據正德三年進士潘塤所撰《工部右侍郎楊公理傳》載：「理，字貫之，舉成化丙戌進士……疾，訃聞……年六十」〔註380〕；《明孝宗實錄》卷四七又載：「弘治四年正月甲午，工部右侍郎楊理卒」〔註381〕。綜上可知，楊理卒於弘治四年（1491），「年六十」，其應生於宣德六年（1432），則成化二年（1466）中進士當為三十五。

〔註377〕〔明〕焦竑：《國朝獻徵錄》卷八六《吏科左給事中唐君墓表》，《續修四庫全書》史部第529冊，第320頁。
〔註378〕《天順八年進士登科錄》，第45頁。
〔註379〕〔明〕李東陽：《李東陽集》卷三〇《明故朝列大夫雲南布政司參議呂公墓誌銘》，長沙：嶽麓書社，1984年，第430頁。
〔註380〕〔明〕焦竑：《國朝獻徵錄》卷五一《工部右侍郎楊公理傳》，《續修四庫全書》史部第527冊，第632～633頁。
〔註381〕《明孝宗實錄》卷四七「弘治四年正月甲午」，第947頁。

24	楊一清	成化八年	19	18	1	《成化八年進士登科錄》載楊一清中式年齡為「十八」〔註 382〕。按，「十八」當為「十九」之誤。據楊一清門生謝純所撰《特進光祿大夫左柱國少師兼太子太師吏部尚書華蓋殿大學士贈太保諡文襄楊公一清行狀》載：「楊公一清，字應寧，號邃庵……父諱景，中永樂癸卯鄉試，初判霸州，改澧州，遷廣東化州同知，景泰甲戌十二月初六日生公於化州」〔註 383〕；萬曆四十七年進士雷躍龍所撰《石淙楊文襄公傳》亦載：「公諱一清，字應寧，號邃庵。其先世為滇之安寧人，父景，以化州同知致仕，攜居巴陵。少穎敏，能屬文，有司以奇童薦翰林院秀才……年十五，登北闈鄉試，十九，中進士」〔註 384〕。可知，楊一清生於景泰甲戌即景泰五年（1454），則成化八年（1472）中進士當為十九。
25	楊廷和	成化十四年	20	19	1	《成化十四年進士登科錄》載楊廷和中式年齡為「十九」〔註 385〕。按，「十九」當為「二十」之誤。據廷和孫楊志仁所撰《特進光祿大夫左柱國少師兼太子太師吏部尚書華蓋殿大學士贈太保諡文忠楊公行狀》載：「楊氏之世先為廬陵人，元末避歐祥之亂，徙儲麻城，再避紅巾軍亂，乃入蜀為新都人……公諱廷和，字介夫，別號石齋，以天順己卯九月十九日生……公幼習舉子業，成化辛卯舉於鄉……戊戌舉進士」〔註 386〕；嘉靖十四年進士趙貞吉所撰《特進光祿大夫左柱國少師兼太子太師吏部尚書華蓋殿大學士贈太保楊文忠公墓祠碑》亦載楊廷和「以天順己卯九月十九日生」〔註 387〕。可知，楊廷和生於天順己卯即天順三年（1459），則成化十四年（1478）中進士當為二十。

〔註 382〕《成化八年進士登科錄》，《明代登科錄彙編》第 3 冊，第 1236 頁。

〔註 383〕〔明〕焦竑：《國朝獻徵錄》卷一五《特進光祿大夫左柱國少師兼太子太師吏部尚書華蓋殿大學士贈太保諡文襄楊公一清行狀》，《續修四庫全書》史部第 525 冊，第 521 頁。

〔註 384〕〔明〕楊一清著，唐景紳、謝玉傑點校：《楊一清集》附錄二《石淙楊文襄公傳》，北京：中華書局，2001 年，第 1118～1119 頁。

〔註 385〕《成化十四年進士登科錄》，第 67 頁。

〔註 386〕〔明〕焦竑：《國朝獻徵錄》卷一五《特進光祿大夫左柱國少師兼太子太師吏部尚書華蓋殿大學士贈太保諡文忠楊公行狀》，《續修四庫全書》史部第 525 冊，第 487 頁。

〔註 387〕〔明〕趙貞吉：《趙文肅公文集》卷一九《特進光祿大夫左柱國少師兼太子太師吏部尚書華蓋殿大學士贈太保楊文忠公墓祠碑》，《四庫全書存目叢書》集部第 100 冊，第 523～524 頁。

26	杜明	成化十四年	43	36	7	《成化十四年進士登科錄》載杜明中式年齡為「三十六」〔註 388〕。按，「三十六」當為「四十三」之誤。據正德九年進士李濂所撰《通政杜公傳》載：「杜公明，字文昭，祥符人也……領天順壬午鄉薦，成化戊戌登進士第……遘疾不起，時弘治己卯三月也，得年六十」〔註 389〕。可知，弘治己卯即弘治八年（1495）杜明卒，「得年六十」，其應生於正統元年（1436），則成化十四年（1478）中進士當為四十三。
27	艾璞	成化十七年	32	28	4	《成化十七年進士登科錄》載艾璞中式年齡為「二十八」〔註 390〕。按，「二十八」當為「三十二」之誤。據成化八年進士楊一清所撰《右副都御史艾公璞傳》載：「艾公璞，字德潤，南昌人……成化間登進士第……卒正德七年壬申歲也。公生於景泰庚午，至是壽六十三矣」〔註 391〕。可知，艾璞生於景泰庚午即景泰元年（1450），則成化十七年（1481）中進士當為三十二。
28	黃璉	成化十七年	46	38	8	《成化十七年進士登科錄》載黃璉中式年齡為「三十八」〔註 392〕。按，「三十八」當為「四十六」之誤。據弘治十八年進士崔銑所撰《杭州同知黃公暨配宜人張氏墓誌銘》載：「黃公以正統丙辰七月廿有七日生……成化甲午始由太學生得舉，又六年辛丑成進士……公先世盱眙人，曾祖曰成，元末來濟陽……公諱璉」〔註 393〕。可知，黃璉生於正統丙辰即正統元年（1436），則成化十七年（1481）中進士當為四十六。
29	李濙	成化十七年	39	33	6	《成化十七年進士登科錄》載李濙中式年齡為「三十三」〔註 394〕。按，「三十三」當為「三十九」之誤。據嘉靖五年進士陸粲所撰《給事中李公傳》載：「給事中李公者，大梁之祥符人也。名濙……舉成化辛丑進士……正德癸酉，年七十一乃終」〔註 395〕。

〔註 388〕《成化十四年進士登科錄》，第 91 頁。
〔註 389〕〔明〕李濂：《嵩渚文集》卷八四《通政杜公傳》，《四庫全書存目叢書》集部第 71 冊，第 287 頁。
〔註 390〕《成化十七年進士登科錄》，第 17 頁。
〔註 391〕〔明〕焦竑：《國朝獻徵錄》卷六一《右副都御史艾公璞傳》，《續修四庫全書》史部第 528 冊，第 316 頁。
〔註 392〕《成化十七年進士登科錄》，第 43 頁。
〔註 393〕〔明〕崔銑：《洹詞》卷七《杭州同知黃公暨配宜人張氏墓誌銘》，《景印文淵閣四庫全書》第 1274 冊，第 548～549 頁。
〔註 394〕《成化十七年進士登科錄》，第 77 頁。
〔註 395〕〔明〕陸粲：《陸子餘集》卷二《給事中李公傳》，《景印文淵閣四庫全書》第 1274 冊，第 598～599 頁。

						可知，正德癸酉即正德八年（1513）李濙卒，「年七十一」，其應生於正統八年（1443），則成化十七年（1481）中進士當為三十九。
30	胡汝礪	成化二十三年	23	20	3	《成化二十三年進士登科錄》載胡汝礪中式年齡為「二十」〔註396〕。按，「二十」當為「二十三」之誤。據正德三年狀元呂柟所撰《兵部尚書胡公行狀》載：「公諱汝勵，字良弼，別號竹岩，陝西寧夏人也……二十二歲中陝西鄉試，明年舉進士」〔註397〕。
31	胡華	成化二十三年	38	36	2	詳見明代南直隸虛報中式年齡進士考證表
32	董傑	成化二十三年	43	42	1	同上
33	袁宗皋	弘治三年	38	36	2	《弘治三年進士登科錄》載袁宗皋中式年齡為「三十六」〔註398〕。按，「三十六」當為「三十八」之誤。據弘治十五年進士溫仁和所撰《資善大夫禮部尚書兼文淵閣大學士贈太子太保謚榮襄袁公神道碑》載：「正德辛巳九月初七日，禮部尚書兼文淵閣大學士南郡袁公卒……公諱宗皋，字仲德，世家石首……公少儁秀有大志，稍長，治尚書，為諸生，文名崛起，成化癸卯與弟宗夔同舉於鄉，弘治庚戌登錢福榜進士……公生景泰癸酉年正月十四日，距其歿，享年六十有九」〔註399〕。可知，袁宗皋生於景泰癸酉即景泰四年（1453），則弘治三年（1490）中進士當為三十八。
34	王綸	弘治三年	36	35	1	《弘治三年進士登科錄》載王綸中式年齡為「三十五」〔註400〕。按，「三十五」當為「三十六」之誤。據成化二十三年榜眼劉春所撰《明故奉訓大夫沁州知州王君墓表》載：「君諱綸，字大經，姓王氏……君年十七始就學……成化癸卯始舉於鄉……弘治庚戌第進士……卒時辛未孟冬十有八日也，距其生景泰乙亥三月十七日，享年

〔註396〕《成化十七年進士登科錄》，第77頁。
〔註397〕〔明〕呂柟：《涇野先生文集》卷三七《兵部尚書胡公行狀》，《四庫全書存目叢書》集部61冊，第504頁。
〔註398〕《弘治三年進士登科錄》，第45頁。
〔註399〕〔明〕焦竑：《國朝獻徵錄》卷一五《資善大夫禮部尚書兼文淵閣大學士贈太子太保謚榮襄袁公神道碑》，《續修四庫全書》史部第525冊，第532～533頁。
〔註400〕《弘治三年進士登科錄》，第46頁。

						五十有七」〔註 401〕。可知，王綸生於景泰乙亥即景泰六年（1455），則弘治三年（1490）中進士當為三十六。
35	裘壤	弘治六年	41	35	6	《弘治六年進士登科錄》載裘壤中式年齡為「三十五」〔註 402〕。按，「三十五」當為「四十」之誤。據弘治十八年進士張邦奇所撰《明故大夫福建布政司右參議裘公墓誌銘》載：「公姓裘氏，諱壤，世居慈谿之西山嶼……公自幼穎異……弘治己酉領鄉薦，癸丑登進士……卒正德十六年辛巳二月二十五日，距生景泰四年癸酉十二月二十七日，享年六十有九」〔註 403〕。可知，裘壤生於景泰四年（1453），則弘治六年（1493）中進士當為四十一。
36	高濟	弘治六年	39	36	3	詳見明代南直隸虛報中式年齡進士考證表
37	沈燾	弘治六年	42	41	1	同上
38	汝泰	弘治九年	58	44	14	同上
39	朱希周	弘治九年	24	24	0	「陳文」據《明人傳記資料索引》，認為《弘治九年進士登科錄》載朱希周中式年齡為「二十四」不確，其應生於天順七年（1463）。按，「陳文」誤考朱希周的中式年齡，《登科錄》所載無誤。據正德十六年進士張袞所撰《資政大夫南京吏部尚書贈太子太保諡恭靖朱公墓誌銘》：「弘治丙辰狀元及第……公諱希周，字懋忠，享年八十有四，嘉靖三十五年十月三十日終於正寢」〔註 404〕。可知，嘉靖三十五年（1556）朱希周卒，「享年八十有四」，其應生於成化九年（1473），則弘治九年（1496）中進士應為二十四。嘉靖二十三年榜眼瞿景淳所撰《朱恭肅公傳》亦載朱希周「年二十

〔註 401〕〔明〕劉春：《東川劉文簡公文集》卷一九《明故奉訓大夫沁州知州王君墓表》，《續修四庫全書》集部第 1332 冊，第 274～275 頁。

〔註 402〕《弘治六年進士登科錄》，第 49 頁。

〔註 403〕〔明〕張邦奇：《張文定公靡悔軒集》卷九《明故大夫福建布政司右參議裘公墓誌銘》，《續修四庫全書》集部第 1337 冊，第 79～80 頁。

〔註 404〕〔明〕焦竑：《國朝獻徵錄》卷二七《資政大夫南京吏部尚書贈太子太保諡恭靖朱公墓誌銘》，《續修四庫全書》史部第 527 冊，第 397 頁。

						三舉於應天，明年丙辰，對策大廷，賜狀元及第」〔註 405〕。以上皆證《登科錄》載朱希周中式年齡無誤。
40	許立	弘治十二年	51	39	12	詳見明代南直隸虛報中式年齡進士考證表
41	何景明	弘治十五年	20	17	3	《弘治十五年進士登科錄》載何景明中式年齡為「十七」〔註 406〕。按，「十七」當為「二十」之誤。據何景明門人樊鵬所撰《中順大夫陝西提學副使何大復先生行狀》載：「何先生諱景明……先世湖廣羅田縣人。四世祖太山，紅巾亂時徙信陽，遂世為信陽人……先生中弘治壬戌進士……其生成化十九年八月六日，卒正德十六年八月五日，年三十有九」〔註 407〕；弘治十八年進士孟洋所撰《中順大夫陝西按察司提學副使何君墓誌銘》亦載：「何君諱景明……高祖太山由羅田徙居信陽……弘治戊午，即以《尚書》魁河南鄉試……壬戌舉進士……何君生成化癸卯八月丙寅，卒年三十九歲」〔註 408〕；《何大復先生年譜》也載：「先生姓何氏，名景明……一號大復山人……成化十九年癸卯八月六日丙寅生……（弘治）十五年壬戌，二十歲，是年春，舉康海榜進士第三甲一百七十七名」〔註 409〕。綜上可知，何景明生於成化十九年（1483），則弘治十五年（1502）中進士當為二十。
42	宋冕	弘治十五年	38	35	3	《弘治十五年進士登科錄》載宋冕中式年齡為「三十五」〔註 410〕。按：「三十五」當為「三十八」之誤。據弘治十五年進士唐冑所撰《都察院右副都御史宋公冕墓誌銘》載：「公諱冕……始祖嘉祥，宋太常博士，南渡，遂家餘姚……妣黃氏，成化乙酉三月癸亥生公……弘治壬戌登進士第」〔註 411〕。可知，宋冕生於成化乙酉即成化元年（1465），則弘治十五年（1502）中進士當為三十八。

〔註 405〕〔明〕瞿景淳：《瞿文懿公集》卷一四《朱恭肅公傳》，《四庫全書存目叢書》集部第 109 冊，第 642 頁。

〔註 406〕《弘治十五年進士登科錄》，第 75 頁。

〔註 407〕〔明〕何景明：《何大復集》附錄《中順大夫陝西提學副使何大復先生行狀》，《景印文淵閣四庫全書》第 1267 冊，第 364 頁。

〔註 408〕〔明〕何景明：《何大復集》附錄《中順大夫陝西提學副使何大復先生行狀》，《景印文淵閣四庫全書》第 1267 冊，第 367 頁。

〔註 409〕《何大復先生年譜》，《北京圖書館藏珍本年譜叢刊》第 44 冊，第 535～536 頁、543 頁。

〔註 410〕《弘治十五年進士登科錄》，第 31 頁。

〔註 411〕〔明〕焦竑：《國朝獻徵錄》卷六一《都察院右副都御史宋公冕墓誌銘》，《續修四庫全書》史部第 528 冊，第 348～349 頁。

43	郁侃	弘治十五年	38	35	3	詳見明代南直隸虛報中式年齡進士考證表
44	景暘	正德三年	36	33	3	詳見明代南直隸虛報中式年齡進士考證表
45	張璧	正德六年	37	34	3	《正德六年進士登科錄》載張璧中式年齡為「三十四」〔註 412〕。按，「三十四」當為「三十七」之誤。據嘉靖閣臣嚴嵩所撰《明故榮祿大夫太子太保禮部尚書兼東閣大學士贈少保謚文簡張公神道碑》載：「嘉靖乙巳八月十九日，太子太保禮部尚書東閣大學士南郡張公卒於位……公諱璧……世家南郡石首……辛未舉進士……卒於宣武里第……享齡七十有一」〔註 413〕。可知，嘉靖乙巳即嘉靖二十四年（1545）張璧卒，「享齡七十有一」，其應生於成化十一年（1475），則正德六年（1511）中進士當為三十七。
46	毛憲	正德六年	53	43	10	詳見明代南直隸虛報中式年齡進士考證表
47	戴恩	正德六年	42	37	5	同上
48	楊璨	正德六年	48	40	8	同上
49	沈霽	正德六年	51	41	10	同上
50	鄒輗	正德六年	41	37	4	同上
51	龔大有	正德六年	45	38	7	同上
52	孫承恩	正德六年	31	30	1	同上
53	浦瑾	正德十六年	50	45	5	同上
54	林鍾	嘉靖二年	35	32	3	《嘉靖二年進士登科錄》載林鍾中式年齡為「三十二」〔註 414〕。按：「三十二」當為「三十五」之誤。據正德十六年進士黃佐所撰《安慶府知府林公鍾墓表》載：「公諱鍾……姓林氏……先世自莆田遷南雄，再遷高要……公生於汀署……十有五補弟

〔註 412〕《正德六年進士登科錄》，第 6 頁。

〔註 413〕〔明〕嚴嵩：《鈐山堂集》卷三四《明故榮祿大夫太子太保禮部尚書兼東閣大學士贈少保謚文簡張公神道碑》，《續修四庫全書》集部第 1336 冊，第 293～294 頁。

〔註 414〕《嘉靖二年進士登科錄》，第 95 頁。

						子員，正德己卯舉於鄉，嘉靖癸未登進士……嘉靖庚子九月二十八日卒於官，距其生弘治己酉四月二十有七日，五十有二」〔註 415〕。可知，林鍾生於弘治己酉即弘治二年（1489），則嘉靖二年（1523）中進士當為三十五。
55	曾仲魁	嘉靖二年	43	39	4	《嘉靖二年進士登科錄》載曾仲魁中式年齡為「三十九」〔註 416〕。按：「三十九」當為「四十三」之誤。據嘉靖五年進士王慎中所撰《池州知府曾慚溪公墓誌銘》載：「公曾姓，名仲魁……嘉靖癸未進士……嘉靖戊申七月十七日卒，年六十有八」〔註 417〕。可知，嘉靖戊申即嘉靖二十七年（1548）曾仲魁卒，「年六十有八」，其應生於成化十七年（1481），則嘉靖二年（1523）中進士當為四十三。
56	高澄	嘉靖八年	36	34	2	《嘉靖八年進士登科錄》載高澄中式年齡為「三十四」〔註 418〕。按，「三十四」當為「三十六」之誤。據嘉靖二十年進士高拱所撰《明都察院右副都御史東玉高公墓誌銘》載：「公諱澄……世為順天固安人……嘉靖乙酉舉於鄉，己丑登進士第，授行人……會檢簿書夜坐，偶痰疾劇作以歿。惜哉！距生弘治甲寅六月十二日，享年五十有九」〔註 419〕。可知，高澄生於弘治甲寅即弘治七年（1494），則嘉靖八年（1529）中進士當為三十六。
57	胡思忠	嘉靖八年	49	40	8	詳見明代南直隸虛報中式年齡進士考證表
58	施雨	嘉靖十一年	38	33	5	同上
59	白悅	嘉靖十一年	35	34	1	《嘉靖十一年進士登科錄》載白悅中式年齡為「三十四」〔註 420〕。按，「三十四」當為「三十五」之誤。據嘉靖閣臣徐階撰《尚寶司司丞致仕洛原白君墓誌銘》載：「君諱悅……宋末有諱季升者，由洛陽徙晉陵，國朝省晉陵，入武進，故白氏為武

〔註 415〕〔明〕焦竑：《國朝獻徵錄》卷八三《安慶府知府林公鍾墓表》，《續修四庫全書》史部第 529 冊，第 431～432 頁。

〔註 416〕《嘉靖二年進士登科錄》，第 95 頁。

〔註 417〕〔明〕王慎中：《遵巖集》卷一四《池州知府曾慚溪公墓誌銘》，《景印文淵閣四庫全書》第 1274 冊，第 375～377 頁。

〔註 418〕《嘉靖八年進士登科錄》，第 86 頁。

〔註 419〕〔明〕高拱著，岳金西、岳天雷編校：《高拱全集》卷三《明都察院右副都御史東玉高公墓誌銘》，鄭州：中州古籍出版社，2006 年，第 748～749 頁。

〔註 420〕《嘉靖十一年進士登科錄》，第 16 頁。

						進人。季升若干傳至……刑部尚書，贈特進，太保，諡康敏，諱昂；康敏生都察院右副都御史，諱圻，君於康敏為孫，於中丞為冢子……正德丙子，君既冠矣，補邑庠弟子員，應應天府鄉試，不舉。會中丞卒，以蔭改國子生，而北學於今光祿芹山陳公。嘉靖壬午，遂舉順天府鄉試……壬辰舉進士……嘉靖辛亥三月，升江西按察司僉事，病……四月二十日，竟卒，距生弘治戊午十二月二十五日，享年五十四」〔註 421〕。可知，白悅生於弘治戊午即弘治十一年（1498），則嘉靖十一年（1532）中進士當為三十五。
60	戴鰲	嘉靖十四年	40	38	2	《嘉靖十四年進士登科錄》載戴鰲中式年齡為「三十八」〔註 422〕。按，「三十八」當為「四十」之誤。據嘉靖二年進士張時徹所撰《明故承德郎工部都水主事少山戴公墓誌銘》載：「公諱鰲……讀書過目輒不忘……補郡弟子員，輒籍籍有聲……嘉靖乙酉舉於鄉……乙未舉進士……公生於弘治九年丙辰十一月初二日，卒於嘉靖十八年己亥十二月十九日，凡四十有四年」〔註 423〕。可知，戴鰲生於弘治九年（1496），則嘉靖十四年（1535）中進士當為四十。
61	徐楚	嘉靖十七年	40	37	3	《嘉靖十七年進士登科錄》載徐楚中式年齡為「三十七」〔註 424〕。按，「三十七」當為「四十」之誤。據萬曆十一年進士郭正域所撰《明嘉議大夫四川布政使司左參政吾溪徐公神道碑》載：「公諱楚……世有宦者宋宣和間徙自龍游之少溪，遂是為淳安蜀阜人……公十歲通《春秋》，嘉靖戊子領鄉薦，戊戌登進士……萬曆己丑冬，忽寢疾……而逝，享年九十有一」〔註 425〕。可知，萬曆己丑即萬曆十七年（1589）徐楚卒，「享年九十有一」，其應生於弘治十二年（1499），則嘉靖十七年（1538）登進士當為四十。

〔註 421〕〔明〕徐階：《世經堂集》卷一六《尚寶司司丞致仕洛原白君墓誌銘》，《四庫全書存目叢書》集部第 79 冊，第 704 頁。

〔註 422〕《嘉靖十四年進士登科錄》，第 29 頁。

〔註 423〕〔明〕張時徹：《芝園定集》卷四三《明故承德郎工部都水主事少山戴公墓誌銘》，《四庫全書存目叢書》集部第 82 冊，第 308～309 頁。

〔註 424〕《嘉靖十七年進士登科錄》，第 26 頁。

〔註 425〕〔明〕郭正域：《合併黃離草》卷二六《明嘉議大夫四川布政使司左參政吾溪徐公神道碑》，《四庫禁燬書叢刊》集部第 13 冊，第 439～441 頁。

62	張情	嘉靖十七年	40	32	8	詳見明代南直隸虛報中式年齡進士考證表
63	沈啓	嘉靖十七年	49	41	8	同上
64	喬世寧	嘉靖十七年	37	36	1	《嘉靖十七年進士登科錄》載喬世寧中式年齡為「三十六」〔註 426〕。按，「三十六」當為「三十七」之誤。據嘉靖三十二年進士孫應鼇所撰《喬三石公墓誌銘》載：「三石先生喬公，耀州人也，諱世寧，字景叔，生於弘治壬戌十月十八日，嘉靖壬戌八月廿五日卒，壽六十一……初，公在諸生，督學使秦公文、何公景明、唐公龍皆目為國士。嘉靖乙酉，舉於鄉，果第一，戊戌，賜進士出身，得授南京戶部主事」〔註 427〕。可知，喬世寧生於弘治壬戌即弘治十五年（1502），則嘉靖十七年（1538）中進士當為三十七。
65	彭應麟	嘉靖二十三年	44	41	3	詳見明代南直隸虛報中式年齡進士考證表
66	繆宣	嘉靖二十三年	46	41	5	同上
67	陳其學	嘉靖二十三年	37	33	4	《嘉靖二十三年進士登科錄》載陳其學中式年齡為「三十三」〔註 428〕。按，「三十三」當為「三十七」之誤。萬曆十七年（1589），吏部尚書、太子太保楊巍上《請給歲夫月米疏》：「諮山東撫按通行查勘，去後據蓬萊縣查得鄉宦，原任南京刑部尚書陳其學，隆慶五年蒙準致仕回籍，現年八十二歲，人品本高，鄉評素重，揚歷中外，茂著勳且……相應照例請給月米歲夫，以憂耆碩……具題，奉聖旨，陳其學準照恩例給予月米歲夫，欽此」〔註 429〕。同年，陳其學上《謝給歲夫月米疏》：「原任南京刑部尚書臣陳其學謹奏為恭謝天恩事……竊念臣其學玷箕裘材，輸菅蒯誤，叨錄用矢效，濫竽八座……荏苒且一十九年，冉冉西山，八十二歲」〔註 430〕。可知，萬曆十七年（1589），陳其學年已八十二歲，其應生於正德三年（1508），則嘉靖二十三年（1544）中進士當為三十七。還需指出的是，「陳文」據《明人傳記資料索引》認為陳其學生於正德九年（1514），中進士當為三十一，屬誤考。

〔註 426〕《嘉靖十七年進士登科錄》，第 11 頁。

〔註 427〕〔明〕孫應鼇著，趙應昇編校：《孫應鼇集》卷七《喬三石公墓誌銘》，北京：人民出版社，2016 年，第 188 頁。

〔註 428〕《嘉靖二十三年進士登科錄》，第 34 頁。

〔註 429〕陳久全：《陳其學傳略》，濟南：山東人民出版社，2013 年，第 179 頁。

〔註 430〕陳久全：《陳其學傳略》，第 175 頁。

68	高士	嘉靖二十六年	38	32	6	詳見明代南直隸虛報中式年齡進士考證表
69	湯賓	嘉靖二十九年	37	27	10	《嘉靖二十九年進士登科錄》載湯賓中式年齡為「二十七」〔註 431〕。按，「二十七」當為「三十七」之誤。據嘉靖二十九年進士張佳胤所撰《通議大夫撫治鄖陽都察院右副都御史交川湯公墓表》載：「公諱賓……上世為楚齊安人……曾祖福春者，始卜南皮而家焉……公自幼穎敏……嘉靖庚戌成進士……公生於正德九年十二月初七日，卒於萬曆二十六年正月二十六日，年七十二」〔註 432〕。可知，湯賓生於正德九年（1514），則嘉靖二十九年（1550）登進士當為三十七。
70	徐師曾	嘉靖三十二年	37	31	6	詳見明代南直隸虛報中式年齡考證表
71	徐爌	嘉靖三十二年	39	37	2	同上
72	秦禾	嘉靖三十二年	37	32	5	同上
73	郭汝霖	嘉靖三十二年	44	39	5	《嘉靖三十二年進士登科錄》載郭汝霖中式年齡為「三十九」〔註 433〕。按，「三十九」當為「四十四」之誤。據嘉靖三十五年進士胡直所撰《嘉議大夫南京太常寺卿一厓郭公墓誌銘》載：「諱汝霖……上世自唐監軍公來鎮永豐……公稍長……補邑博士弟子員……嘉靖庚子舉鄉試，癸丑第進士……公生正德庚午三月廿日，距終時得年才七十有一」〔註 434〕。可知，郭汝霖生於正德庚午即正德五年（1510），則嘉靖三十二年（1553）中進士當為四十四。
74	楊成	嘉靖三十五年	36	33	3	詳見明代南直隸虛報中式年齡考證表
75	佘敬中	嘉靖三十八年	34	28	6	同上
76	張仲謙	嘉靖三十八年	38	32	6	同上

〔註 431〕《嘉靖二十九年進士登科錄》，第 47 頁。

〔註 432〕〔明〕張佳胤：《居來先生集》卷四七《通議大夫撫治鄖陽都察院右副都御史交川湯公墓表》，《四庫全書存目叢書補編》第 51 冊，第 533～534 頁。

〔註 433〕《嘉靖三十二年進士登科錄》，第 84 頁。

〔註 434〕〔明〕胡直：《衡廬精舍藏續稿》卷八《嘉議大夫南京太常寺卿一厓郭公墓誌銘》，《景印文淵閣四庫全書》第 1287 冊，第 738～741 頁。

77	錢藻	嘉靖三十八年	29	26	3	同上
78	王天爵	嘉靖三十八年	44	35	9	同上
79	張憲臣	嘉靖三十八年	48	38	10	同上
80	華汝礪	嘉靖三十八年	37	30	7	同上
81	張子仁	嘉靖三十八年	36	30	6	同上
82	沈啟原	嘉靖三十八年	34	31	3	《嘉靖三十八年進士登科錄》載沈啟原中式年齡為「三十一」〔註435〕。按：「三十一」當為「三十四」之誤。據萬曆五年進士陸可教所撰《明故中憲大夫陝西按察司副使霓川沈公墓誌銘》載：「公諱啟原……上世家大梁……明興，徙雲間，再徙檇李……公以儒士應省試，歸，補博士弟子，三試舉於鄉，年才二十有一。數上春官，不偶……己未舉進士高等……公生嘉靖丙戌正月十二日，歿萬曆辛卯三月二十四日，享年六十有六」〔註436〕。可知，沈啟原生於嘉靖丙戌即嘉靖五年（1526），則嘉靖三十八年（1559）中進士當為三十四。
83	陳觀	嘉靖三十八年	47	39	8	《嘉靖三十八年進士登科錄》載陳觀中式年齡為「三十九」〔註437〕。按，「三十九」當為「四十七」之誤。據嘉靖二年進士張時徹所撰《明故中大夫雲南布政使司左參政小愚陳君墓誌銘》載：「君姓陳氏，名觀……世居餘姚……父諱煥，光祿寺卿……正德癸酉，光祿公舉於鄉，捷書至而君生……君自幼秀穎不群……十六補縣官弟子……嘉靖戊午，捷順天鄉試，己未，再捷春官……公生正德癸酉九月六日，享年六十」〔註438〕。可知，陳觀生於正德癸酉即正德八年（1513），則嘉靖三十八年（1559）中進士當為四十七。

〔註435〕《嘉靖三十八年進士登科錄》，第13頁。

〔註436〕〔明〕陸可教：《陸學士遺稿》卷一二《明故中憲大夫陝西按察司副使霓川沈公墓誌銘》，《四庫禁燬書叢刊》集部第60冊，第445～446頁。

〔註437〕《嘉靖三十八年進士登科錄》，第14頁。

〔註438〕〔明〕張時徹：《芝園定集》卷四四《明故中大夫雲南布政使司左參政小愚陳君墓誌銘》，《四庫全書存目叢書》集部第82冊，第318～320頁。

84	王元敬	嘉靖三十八年	43	35	8	《嘉靖三十八年進士登科錄》載王元敬中式年齡為「三十五」〔註 439〕。按，「三十五」當為「四十三」之誤。據萬曆十七年進士陶望齡所撰《兵部右侍郎古林王公行狀》載：「公諱元敬，字廷臣，人稱古林先生。以嘉靖己酉舉於鄉，成己未科進士……年八十七乃卒」〔註 440〕；《明神宗實錄》卷三九一又載：「萬曆三十一年十二月丙午，南京兵部侍郎王元敬卒」〔註 441〕。綜上可知，王元敬卒於萬曆三十一年（1603），「年八十七」，其應生於正德十二年（1517），則嘉靖三十八年（1559）中進士當為四十三。
85	金定	嘉靖三十八年	39	30	9	《嘉靖三十八年進士登科錄》載金定中式年齡為「三十」〔註 442〕。按，「三十」當為「三十九」之誤。據嘉靖十七年進士莫如忠所撰《明故奉政大夫福建按察司僉事屏岡金公暨元配劉孺人合葬墓誌銘》載：「金諱定……自高祖廷玉謫戍營州中屯衛，占籍……故今復為郡人……公生而穎異……己酉舉順天鄉薦，又十年，己未成進士……公生正德辛巳九月初三日，壽六十有一」〔註 443〕。可知，金定生於正德辛巳即正德十六年（1521），則嘉靖三十八年（1559）中進士當為三十九。
86	劉宗岱	嘉靖三十八年	39	34	5	《嘉靖三十八年進士登科錄》載劉宗岱中式年齡為「三十四」〔註 444〕。按，「三十四」當為「三十九」之誤。據萬曆二十年進士鄧原岳所撰《陝西按察司副使魯峰劉公墓誌銘》載：「公諱宗岱……其先棗強人也。國初有效忠者，徙歷城，因家焉……公稍知學，日胠篋讀贈公遺書，每達旦不休……學益進，文日益有名……嘉靖壬子，公舉於鄉，己未成進士……公素強，偶抱末疾，迄不起，則（萬曆）丙申八月二十四日卯時，距生（正德）辛巳十二月十九日戌時，春秋七十有六」〔註 445〕。可知，

〔註 439〕《嘉靖三十八年進士登科錄》，第 15 頁。

〔註 440〕〔明〕陶望齡：《陶文簡公文集》卷七《兵部右侍郎古林王公行狀》，《四庫禁燬書叢刊》集部第 9 冊，第 373 頁。

〔註 441〕《明神宗實錄》卷三九一「萬曆三十一年十二月丙午」，第 7388 頁。

〔註 442〕《嘉靖三十八年進士登科錄》，第 50 頁。

〔註 443〕〔明〕莫如忠：《崇蘭館集》卷一九《明故奉政大夫福建按察司僉事屏岡金公暨元配劉孺人合葬墓誌銘》，《四庫全書存目叢書》集部第 105 冊，第 4～6 頁。

〔註 444〕《嘉靖三十八年進士登科錄》，第 52 頁。

〔註 445〕〔明〕鄧原岳：《西樓全集》卷一四《陝西按察司副使魯峰劉公墓誌銘》，《四庫全書存目叢書》集部第 174 冊，第 106～107 頁。

						劉宗岱生於正德辛巳即正德十六年（1521），則嘉靖三十八年（1559）中進士當為三十九。
87	彭文質	嘉靖三十八年	36	32	4	《嘉靖三十八年進士登科錄》載彭文質中式年齡為「三十二」〔註 446〕。按，「三十二」當為「三十六」之誤。據萬曆十七年狀元焦竑所撰《參岳彭公傳》載：「公彭姓，諱文質……籍閩之興化……公生而器宇凝重……十六補諸生……嘉靖癸卯薦鄉書，年二十耳……己未成進士」〔註 447〕。可知，嘉靖癸卯即嘉靖二十二年（1543）彭文質中舉人「年二十耳」，則嘉靖三十八年（1559）中進士當為三十六。
88	樓如山	嘉靖三十八年	33	32	1	《嘉靖三十八年進士登科錄》載樓如山中式年齡為「三十二」〔註 448〕。按，「三十二」當為「三十三」之誤。據《張忠敏公遺集》卷七《明進士樓鹿屏先生傳》載：「鹿樓屏先生者，諱如山……嘉靖乙卯領浙江布政司鄉薦，己未成進士……卒萬曆癸巳，年六十有七」〔註 449〕。可知，萬曆癸巳即萬曆二十一年（1593），樓如山卒，「年六十有七」，其應生於嘉靖六年（1527），則嘉靖三十八年（1559）中進士當為三十三。
89	李承嗣	嘉靖三十八年	41	33	8	《嘉靖三十八年進士登科錄》載李承嗣中式年齡為「三十三」〔註 450〕。按，「三十三」當為「四十一」之誤。據《喙鳴詩文集》卷一五《工部主事李适菴墓誌銘》：「公諱承嗣……十五遊邑庠……嘉靖壬子舉應天鄉試，己未第進士……感疾不起，年四十九……公卒時，三子尚幼，未葬。又二十四年，為萬曆辛卯而葬」〔註 451〕。由引文「又二十四年，為萬曆辛卯（十九年，1591）」可知，李承嗣應卒於隆慶元年（1567），「年四十九」，其應生於正德十四年（1519），則嘉靖三十八年（1559）中進士當為四十一。

〔註 446〕《嘉靖三十八年進士登科錄》，第 55 頁。

〔註 447〕〔明〕焦竑：《焦氏澹園續集》卷十《參岳彭公傳》，《續修四庫全書》集部第 1364 冊，第 655～656 頁。

〔註 448〕第嘉靖三十八年進士登科錄》，第 65 頁。

〔註 449〕〔明〕張國維：《張忠敏公遺集》卷七《明進士樓鹿屏先生傳》，《四庫未收書輯刊》第 6 輯第 29 冊，第 693～694 頁。

〔註 450〕《嘉靖三十八年進士登科錄》，第 81 頁。

〔註 451〕〔明〕沈一貫：《喙鳴詩文集》卷一五《工部主事李适菴墓誌銘》，《續修四庫全書》集部第 1357 冊，第 355～356 頁。

90	歸有光	嘉靖四十四年	60	48	12	詳見明代南直隸虛報中式年齡考證表
91	王圻	嘉靖四十四年	36	32	4	同上
92	查鐸	嘉靖四十四年	50	40	10	同上
93	周子義	嘉靖四十四年	37	32	5	同上
94	鄭一言	嘉靖四十四年	38	30	8	《嘉靖四十四年進士登科錄》載鄭一言中式年齡為「三十」〔註 452〕。按，「三十」當為「三十八」之誤。據萬曆五年進士陸可教所撰《故廣西按察司副使鄭公墓誌銘》載：「公諱一言……其先出自光州之固始，自唐末來閩，家惠安，遂為其邑著姓……公生而穎敏……有聲黌校間，遂以嘉靖乙卯舉於鄉第二，以乙丑舉進士……卒於萬曆庚辰，距生嘉靖戊子得年六十有三」〔註 453〕。可知，鄭一言生於嘉靖戊子即嘉靖七年（1528），則嘉靖四十四年（1565）中進士當為三十八。
95	韓楫	嘉靖四十四年	38	35	3	《嘉靖四十四年進士登科錄》載韓楫中式年齡為「三十五」〔註 454〕。按，「三十五」當為「三十八」之誤。據嘉靖四十四年進士沈鯉所撰《明中議大夫通政使司右通政元澤韓公墓誌銘》載：「公諱楫……上世本揚人。國初有鎮西衛百戶傑者，實生旭，旭擢蒲州守禦所副千戶……守蒲州以官為家……公年舞象即能屬古文……嘉靖壬子以禮經膺鄉薦，乙丑成進士……致仕，已，進階中議大夫。萬曆乙巳中秋，猶對客引滿。比薄暮就寢，捐館矣……年七十有八」〔註 455〕。可知，萬曆乙巳即萬曆三十三年（1605）韓楫卒，「年七十有八」，其應生於嘉靖七年（1528），則嘉靖四十四年（1565）中進士當為三十八。
96	魏體明	嘉靖四十四年	43	35	8	《嘉靖四十四年進士登科錄》載魏體明中式年齡為「三十五」〔註 456〕。按，「三十五」當為「四十三」之誤。據萬曆十一年進士葉向高所撰《四川布政使瀛江魏公墓

〔註 452〕《嘉靖四十四年進士登科錄》，第 55 頁。

〔註 453〕〔明〕陸可教：《陸學士遺稿》卷一二《故廣西按察司副使鄭公墓誌銘》，《四庫禁燬書叢刊》集部 160 冊，第 447～449 頁。

〔註 454〕《嘉靖四十四年進士登科錄》，第 20 頁。

〔註 455〕〔明〕沈鯉：《亦玉堂稿》卷一〇《明中議大夫通政使司右通政元澤韓公墓誌銘》，《景印文淵閣四庫全書》第 1288 冊，第 341～344 頁。

〔註 456〕《嘉靖四十四年進士登科錄》，第 20 頁。

						誌銘》載：「公諱體明……少奇穎，讀書尤深研博極……領嘉靖乙卯薦書，乙丑第進士……歿……其年萬曆辛卯，其月夏五，距生嘉靖癸未，得六十有九年」〔註457〕。可知，魏體明生於嘉靖癸未即嘉靖二年（1523），則嘉靖四十四年（1565）中進士當為四十三。
97	王用汲	隆慶二年	41	35	6	《隆慶二年進士登科錄》載王用汲中式年齡為「三十五」〔註458〕。按，「三十五」當為「四十一」之誤。據隆慶二年榜眼黃鳳翔所撰《資善大夫南京刑部尚書恭質王公墓誌銘》載：「公卒萬曆癸巳十一月初九日也……距其生嘉靖戊子十月十日，享壽六十有六。公諱用汲……嘉靖戊午以詩經領鄉薦……舉隆慶戊辰第進士」〔註459〕。可知，王用汲生於嘉靖戊子即嘉靖七年（1528），則隆慶二年（1568）登進士當為四十一。
98	許應逵	隆慶二年	33	30	3	《隆慶二年進士登科錄》載許應逵中式年齡為「三十」〔註460〕。按，「三十」當為「三十三」之誤。據萬曆二十年進士陳懿典所撰《中大夫整飭昌平兵備山西按察使司按察使鴻川許公行狀》載：「公姓許氏，諱應逵，浙之嘉興人……公幼而穎慧……十六成諸生，二十六而舉於鄉，三十三而成進士，時隆慶戊辰也」〔註461〕。
99	曹銧	隆慶二年	48	38	10	詳見明代南直隸虛報中式年齡考證表
100	殷濡	隆慶二年	55	42	13	同上
101	王一誠	隆慶二年	55	43	12	同上
102	陸從平	隆慶二年	34	28	6	同上

〔註457〕〔明〕葉向高：《蒼霞草》卷一八《四川布政使瀛江魏公墓誌銘》，《四庫禁燬書叢刊》集部第124冊，第473～474頁。

〔註458〕《隆慶二年進士登科錄》，《明代登科錄彙編》第17冊，第8943頁。

〔註459〕〔明〕黃鳳翔：《田亭草》卷一二《資善大夫南京刑部尚書恭質王公墓誌銘》，《四庫禁燬書叢刊》集部第44冊，第539頁。

〔註460〕《隆慶二年進士登科錄》，《明代登科錄彙編》第17冊，第8862頁。

〔註461〕〔明〕陳懿典：《陳學士先生初集》卷一六《中大夫整飭昌平兵備山西按察使司按察使鴻川許公行狀》，《四庫禁燬書叢刊》集部第79冊，第270～271頁。

103	張道明	隆慶二年	33	32	1	《隆慶二年進士登科錄》載張道明中式年齡為「三十二」〔註462〕。按，「三十二」當為「三十三」之誤。據隆慶二年進士帥機所撰《中憲大夫太守張公暨配鄒恭人合葬墓誌銘》載：「君諱道明……十二入順天府庠……甲子領薦於順天……戊辰登進士……君生於嘉靖丙申八月十七日巳時，卒於萬曆庚寅八月廿三日」〔註463〕。可知，張道明生於嘉靖丙申即嘉靖十五年（1536），則隆慶二年（1568）中進士當為三十三。
104	李尚思	隆慶二年	31	30	1	《隆慶二年進士登科錄》載李尚思中式年齡為「三十」〔註464〕。按，「三十」當為「三十一」之誤。據隆萬間著名文人薛岡所撰《通議大夫吏部右侍郎贈兵部尚書李公墓表》載：「公名尚思，字從學，河東曲沃人……拔永陵戊午鄉試第一，成昭陵戊辰進士……生嘉靖戊戌八月四日，卒萬曆甲寅六月二十又三日，享壽七十又七」〔註465〕。可知，李尚思生於嘉靖戊戌即嘉靖十七年（1538），則隆慶二年（1568）中進士當為三十一。
105	周易	隆慶二年	52	45	7	《隆慶二年進士登科錄》載周易中式年齡為「四十五」〔註466〕。按，「四十五」當為「五十二」之誤。據隆慶二年進士于慎行所撰《明故奉政大夫直潁安慶府同知秀津周公墓誌銘》載：「公諱易，字尚占，其先湖廣崇陽人……諱文彬者，舉永樂癸卯省試，仕為鎮平教諭……過臨清，卜居焉……公生而岐嶷……嘉靖庚子舉山東省試……成進士……公生正德丁丑九月二十九日，卒萬曆戊寅七月二十二日，享年六十二歲」〔註467〕。可知，周易生於正德丁丑即正德十二年（1517），則隆慶二年（1568）中進士當為五十二。

〔註462〕《隆慶二年進士登科錄》，《明代登科錄彙編》第17冊，第9001頁。

〔註463〕〔明〕帥機：《陽秋館集》卷三《中憲大夫太守張公暨配鄒恭人合葬墓誌銘》，《四庫禁燬書叢刊》集部第139冊，第257～259頁。

〔註464〕《隆慶二年進士登科錄》，《明代登科錄彙編》第17冊，第8908頁。

〔註465〕〔明〕薛岡：《天爵堂文集》卷一一《通議大夫吏部右侍郎贈兵部尚書李公墓表》，《四庫未收書輯刊》第6輯第25冊，第574～576頁。

〔註466〕《隆慶二年進士登科錄》，《明代登科錄彙編》第17冊，第8943頁。

〔註467〕〔明〕于慎行：《穀城山館文集》卷一七《明故奉政大夫直潁安慶府同知秀津周公墓誌銘》，《四庫全書存目叢書》集部第147冊，第533～535頁。

106	黃金色	隆慶二年	36	33	3	《隆慶二年進士登科錄》載黃金色中式年齡為「三十三」〔註 468〕。按，「三十三」當為「三十六」之誤。據萬曆十七年狀元黃金色所撰《參議黃公傳》載：「公諱金色……世居休寧……年十三入山寺讀書，歲辛亥，督學方山薛公拔公高等，補郡學弟子員隆慶丁卯舉浙江鄉試，戊辰成進士……萬曆戊申……閉目端坐而終，年七十有六」〔註 469〕。可知，萬曆戊申即萬曆三十六年（1608）黃金色卒，「年七十有六」，其應生於嘉靖十二年（1533），則隆慶二年（1568）中進士當為三十六。
107	詹洪基	隆慶二年	40	34	6	《隆慶二年進士登科錄》載詹洪基中式年齡為「三十四」〔註 470〕。按，「三十四」當為「四十」之誤。據萬曆閣臣葉向高所撰《奉政大夫雲南按察司僉事祀鄉賢星巘詹公偕配林宜人合葬墓誌銘》載：「公舉孝廉在嘉靖乙卯，其成進士以隆慶戊辰……公諱洪基，字子震……公生於嘉靖己丑年十月十七日，卒於萬曆丁亥年六月初三日」〔註 471〕。可知，詹洪基生於嘉靖己丑即嘉靖八年（1529），則隆慶二年（1568）中進士當為四十。
108	林一材	隆慶五年	39	32	7	《隆慶五年進士登科錄》載林一材中式年齡為「三十二」〔註 472〕。按，「三十二」當為「三十九」之誤。據萬曆十七年進士蔡獻臣所撰《山西參政祀鄉賢林玉吾暨配封宜人九十六壽慈安葉氏墓誌銘》載：「吾同大參林玉吾先生者……年三十九而登第……先生諱一材……年二十一就試各督學，朱鎮山公拔置第二，補弟子員……隆慶丁卯、辛未則舉閩闈，捷南宮」〔註 473〕。
109	張會宗	隆慶五年	36	30	6	《隆慶五年進士登科錄》載張會宗中式年齡為「三十」〔註 474〕。按，「三十」當為

〔註 468〕《隆慶二年進士登科錄》，《明代登科錄彙編》第 17 冊，第 8958 頁。

〔註 469〕〔明〕焦竑：《焦氏澹園續集》卷十《參議黃公傳》，《續修四庫全書》集部第 1364 冊，第 656～659 頁。

〔註 470〕《隆慶二年進士登科錄》，《明代登科錄彙編》第 17 冊，第 8996 頁。

〔註 471〕〔明〕葉向高：《蒼霞續草》卷一二《奉政大夫雲南按察司僉事祀鄉賢星巘詹公偕配林宜人合葬墓誌銘》，《四庫禁燬書叢刊》集部第 125 冊，第 144～145 頁。

〔註 472〕《隆慶五年進士登科錄》，第 11 頁。

〔註 473〕〔明〕蔡獻臣：《清白堂稿》卷一四《山西參政祀鄉賢林玉吾暨配封宜人九十六壽慈安葉氏墓誌銘》，《四庫未收書輯刊》第 6 輯第 22 冊，第 428～429 頁。

〔註 474〕《隆慶五年進士登科錄》，第 96 頁。

						「三十六」之誤。據隆慶二年進士黃鳳翔所撰《中憲大夫雲南按察司副使澄江張公墓誌銘》載：「觀察大夫澄江張公歿且葬矣……然習觀察公者，宜莫如余。蓋嘉靖戊申歲，御史按泉，試諸生，有聖童張九鼎者……遂錄置郡庠充博士弟子……自是試有司，輒弗偶……乃航海入粵，易其名曰『會宗』，寓籍於潮之海澄……遂為其邑庠弟子。隆慶丁卯試督學第一，其秋薦於粵第二……越辛未遂成進士……公生嘉靖丙申十月二十一日，卒萬曆己亥七月二十四日，享年六十有四」〔註475〕。可知，張會宗生於嘉靖丙申即十五年（1536），則隆慶五年（1571）中進士當為三十六。
110	周應中	隆慶五年	32	27	5	《隆慶五年進士登科錄》載周應中中式年齡為「二十七」〔註476〕。按，「二十七」當為「三十二」之誤。據萬曆二十九年進士劉宗周所撰《光祿寺少卿周宇寧先生行狀》載：「先生諱應中，字正甫，宇寧其別號也……先世出宋相益公……入國朝，再徙會稽，從戍籍也……先生生而岐嶷……長，勵志讀書，至忘寢食。屢應童子試，不售。而家貧，無繼晷資度，讀書無成，兩父強之改業，時年已二十餘矣……棄其家，北上京師，落魄日久，得給事少京兆府中，治簡牘。少京兆邢公見先生氣貌，異之……即試以文，亟加稱賞，立進為館師，以其子受業焉。竟以邢公得占籍順天，補博士弟子員……隆慶庚午舉順天鄉試，明年辛未舉進士，時先生年三十二」〔註477〕。
111	盛訥	隆慶五年	39	31	8	《隆慶五年進士登科錄》載盛訥中式年齡為「三十一」〔註478〕。按，「三十一」當為「三十九」之誤。據隆慶二年進士王家屏所撰《嘉議大夫吏部右侍郎兼翰林院侍讀學士贈禮部尚書盛公神道碑》載：「公諱訥……其先鳳陽定遠人。祖瑄以靖難功升府軍衛指揮同知，永樂二年徙潼關衛家焉……公生娟秀聰穎……十四補衛學弟子員……以弱冠舉壬子省試……前後幾二十年以辛未成進士……公生嘉靖癸巳七月

〔註475〕〔明〕黃鳳翔：《田亭草》卷一五《中憲大夫雲南按察司副使澄江張公墓誌銘》，《四庫禁燬書叢刊》集部第44冊，第603～604頁。

〔註476〕《隆慶五年進士登科錄》，第96頁。

〔註477〕〔明〕劉宗周：《劉蕺山集》卷一四《光祿寺少卿周宇寧先生行狀》，《景印文淵閣四庫全書》第1294冊，第567頁。

〔註478〕《隆慶五年進士登科錄》，第11頁。

						十八日，距卒，得壽六十有三」〔註479〕。可知，盛訥生於嘉靖癸巳即嘉靖十二年（1533），則隆慶五年（1571）中進士當為三十九。
112	趙參魯	隆慶五年	35	31	4	《隆慶五年進士登科錄》載趙參魯中式年齡為「三十一」〔註480〕。按，「三十一」當為「三十五」之誤。據萬曆十一年進士葉向高所撰《光祿大夫太子太保南京刑部尚書贈少保心堂趙公偕配一品夫人徐氏合葬墓誌銘》載：「公諱參魯……十六補弟子員，二十二舉於鄉，隆慶辛未舉進士……公生於嘉靖丁酉十二月十七日，得年七十三」〔註481〕。可知，趙參魯生於嘉靖丁酉即嘉靖十六年（1537），則隆慶五年（1571）中進士當為三十五。
113	翟廷楠	隆慶五年	41	35	6	《隆慶五年進士登科錄》載翟廷楠中式年齡為「三十五」〔註482〕。按，「三十五」當為「四十一」之誤。據隆慶二年進士王家屏所撰《大理評事翟公墓誌銘》載：「公諱廷楠……世為雲中渾源人……公甫十三充學宮弟子員……隆慶乙卯遂以麟經魁於鄉，辛未登進士……公卒之日，為萬曆辛巳十月三日，距生嘉靖辛卯八月廿四日，享年五十有一」〔註483〕。可知，翟廷楠生於嘉靖辛卯即嘉靖十年（1531），則隆慶五年（1571）中進士當為四十一。
114	葛登名	隆慶五年	41	32	9	《隆慶五年進士登科錄》載葛登名中式年齡為「三十二」〔註484〕。按，「三十二」當為「四十一」之誤。據隆慶五年進士王祖嫡所撰《明中順大夫袁州府知府葛公暨配安人于氏合葬墓誌銘》載：「君諱登名，字道行，宛之泌陽人……君生有異兆，長而秀穎，嗜學不倦……隆慶丁卯舉鄉書，辛未成進士……還家月餘，竟不起，萬曆

〔註479〕〔明〕王家屏：《復宿山房集》卷二二《嘉議大夫吏部右侍郎兼翰林院侍讀學士贈禮部尚書盛公神道碑》，《明別集叢刊》第三輯第66冊，第533～535頁。

〔註480〕《隆慶五年進士登科錄》，第12頁。

〔註481〕〔明〕葉向高：《蒼霞續草》卷一一《光祿大夫太子太保南京刑部尚書贈少保心堂趙公偕配一品夫人徐氏合葬墓誌銘》，《四庫禁燬書叢刊》集部第125冊，第114～117頁。

〔註482〕《隆慶五年進士登科錄》，第65頁。

〔註483〕〔明〕王家屏：《復宿山房集》卷二五《大理評事翟公墓誌銘》，《明別集叢刊》第三輯第66冊，第578～579頁。

〔註484〕《隆慶五年進士登科錄》，第31頁。

						乙酉七月二十一日也，距生嘉靖辛卯十二月十七日，僅五十有五」〔註 485〕。可知，葛登名生於嘉靖辛卯即嘉靖十年（1531），則隆慶五年（1571）中進士當為四十一。
115	蕭崇業	隆慶五年	37	34	3	《隆慶五年進士登科錄》載蕭崇業中式年齡為「三十四」〔註 486〕。按，「三十四」當為「三十七」之誤。據隆慶五年進士王祖嫡所撰《蕭中丞傳》載：「公諱崇業……其先應天府上元人，有諱九成者……戍雲南臨安衛，遂家焉。四傳而為頤菴公，配戎氏，嘉靖乙未三月三十日生公……十四為郡諸生，試輒高等，弱冠食餼廩，聲稱籍甚。嘉靖辛酉舉鄉試第二，隆慶辛未成進士」〔註 487〕。可知，蕭崇業生於嘉靖乙未即嘉靖十四年（1535），則隆慶五年（1571）中進士當為三十七。
116	管志道	隆慶五年	36	32	4	詳見明代南直隸虛報中式年齡進士考證表
117	趙用賢	隆慶五年	37	32	6	同上
118	侯堯封	隆慶五年	57	41	16	同上
119	陳夢庚	萬曆二年	35	32	3	同上
120	韓國禎	萬曆二年	40	333	7	同上
121	馬貫	萬曆二年	36	31	5	同上
122	朱熙洽	萬曆二年	51	41	10	同上
123	朱正色	萬曆二年	36	31	5	《萬曆二年進士登科錄》載朱正色中式年齡為「三十一」〔註 488〕。按，「三十一」當為「三十六」之誤。據萬曆二年進士趙南星所撰《明正議大夫巡撫寧夏都察院右副都御史朱公墓誌銘》載：「公名正色……其先山西榆次人，永樂中有名伯瞻者，遷南和……公生而夙慧，十二補邑諸生……萬曆癸酉舉於鄉，甲戌成進士……公生於

〔註 485〕〔明〕王祖嫡：《師竹堂集》卷二三《明中順大夫袁州府知府葛公暨配安人于氏合葬墓誌銘》，《四庫未收書輯刊》第五輯第 23 冊，第 256～257 頁。

〔註 486〕《隆慶五年進士登科錄》，第 83 頁。

〔註 487〕〔明〕王祖嫡：《師竹堂集》卷一九《蕭中丞傳》，《四庫未收書輯刊》第 5 輯第 23 冊，第 217 頁。

〔註 488〕《萬曆二年進士登科錄》，第 59 頁。

						嘉靖己亥正月二十九日，得年六十有八」〔註 489〕。可知，朱正色生於嘉靖己亥即嘉靖十八年（1539），則萬曆二年（1574）中進士當為三十六。
124	徐待	萬曆二年	43	36	7	《萬曆二年進士登科錄》載徐待中式年齡為「三十六」〔註 490〕。按，「三十六」當為「四十三」之誤。據萬曆閣臣沈一貫所撰《江西按察僉事徐子器墓誌銘》載：「公諱待，字子器……弱冠補弟子員，庚午舉於鄉，甲戌第進士……卒，時萬曆丁亥也，年五十六」〔註 491〕。可知，萬曆丁亥即萬曆十五年（1587）徐待卒，「年五十六」，其應生於嘉靖十一年（1532），則萬曆二年（1574）中進士當為四十三。
125	支大綸	萬曆二年	41	32	9	《萬曆二年進士登科錄》載支大綸中式年齡為「三十二」〔註 492〕。按，「三十二」當為「四十一」之誤。據萬曆二十八年貢士劉世教所撰《支華平先生行狀》載：「（公）先祖有諱茂者生立，正統甲子舉浙江鄉試，仕至翰林孔目……立生高，亦以貢，諭興濟；高生祿，貢於廷，為第一，授寧國……寧國復贅嘉善，嘉善之有支氏，實自茲始。先生為寧國季子，名大綸……八歲能屬文……甲子舉浙江鄉試……甲戌成進士……先生生嘉靖甲午四月朔，卒萬曆甲辰四月二十有一日，得年七十有一」〔註 493〕。可知，支大綸生於嘉靖甲午即嘉靖十三年（1534），則萬曆二年（1574）中進士當為四十一。
126	陳與郊	萬曆二年	31	29	2	《萬曆二年進士登科錄》載陳與郊中式年齡為「二十九」〔註 494〕。按，「二十九」當為「三十一」之誤。據隆慶二年進士李維禎所撰《太常少卿陳公墓誌銘》載：「公名與郊……十六為郡諸生……二十有四以春秋舉於鄉……會試擄第四人，出王文肅公之門……卒萬曆庚戌十二月四日也，距生嘉靖甲辰二月二十有三日，年

〔註 489〕〔明〕趙南星：《趙忠毅公詩文集》卷一四《明正議大夫巡撫寧夏都察院右副都御史朱公墓誌銘》，《四庫禁燬書叢刊》集部第 68 冊，第 407～408 頁。

〔註 490〕《萬曆二年進士登科錄》，第 64 頁。

〔註 491〕〔明〕沈一貫：《喙鳴詩文集》卷一五《江西按察僉事徐子器墓誌銘》，《四庫禁燬書叢刊》集部第 176 冊，第 257～258 頁。

〔註 492〕《萬曆二年進士登科錄》，第 72 頁。

〔註 493〕〔明〕劉世教：《研寶齋遺稿》卷十《支華平先生行狀》，《四庫未收書輯刊》第 6 輯第 25 冊，第 291～294 頁。

〔註 494〕《萬曆二年進士登科錄》，第 45 頁。

						六十有七」〔註495〕。可知，陳與郊生於嘉靖甲辰即嘉靖二十三年（1544），則萬曆二年（1574）中進士當為三十一。
127	王之麟	萬曆五年	43	32	11	詳見明代南直隸虛報中式年齡進士考證表
128	徐三重	萬曆五年	31	29	2	同上
129	俞霑	萬曆五年	42	33	9	同上
130	李應祥	萬曆五年	36	28	8	同上
131	王世揚	萬曆五年	34	30	4	《萬曆五年進士登科錄》載王世揚中式年齡為「三十」〔註496〕。按，「三十」當為「三十四」之誤。據萬曆二十年進士沈漼所撰《太子少保兵部尚書贈太子太保廣平王公世揚傳》載：「王公諱世揚……先世家山右，六世祖貴徙居廣平，遂為其郡人……公垂髫補博士弟子員……年三十三領鄉書，明年成進士」〔註497〕。
132	諸大圭	萬曆五年	52	43	9	《萬曆五年進士登科錄》載諸大圭中式年齡為「四十三」〔註498〕。按，「四十三」當為「五十二」之誤。據嘉靖三十八年進士王世懋所撰《明承德郎工部營繕司主事曙海諸公墓誌銘》載：「諸先生者，諱大圭……其先本朱姓也。勝國時祖彥明避兵鳳陽，已，徙居揚州，已，又徙餘姚，遂為餘姚人……先生生而穎秀……當茂齡發解天下……進士舉第二甲……先生生於嘉靖丙戌十一月某日，卒於萬曆癸未四月二十四日，享年五十有八」〔註499〕。可知，諸大圭生於嘉靖丙戌即嘉靖五年（1526），則萬曆五年（1577）中進士當為五十二。

〔註495〕〔明〕李維禎：《大泌山房集》卷七八《太常少卿陳公墓誌銘》，《四庫全書存目叢書》集部第152冊，第351～353頁。

〔註496〕《萬曆五年進士登科錄》，第43頁。

〔註497〕〔明〕焦竑：《國朝獻徵錄》卷三九《太子少保兵部尚書贈太子太保廣平王公世揚傳》，《續修四庫全書》史部第527冊，第131頁。

〔註498〕《萬曆五年進士登科錄》，第19頁。

〔註499〕〔明〕王世懋：《王奉常集》卷一九《明承德郎工部營繕司主事曙海諸公墓誌銘》，《四庫全書存目叢書》集部第133冊，第406～407頁。

133	凌登瀛	萬曆五年	34	30	4	《萬曆五年進士登科錄》載凌登瀛中式年齡為「三十」〔註500〕。按，「三十」當為「三十四」之誤。據隆慶五年進士王祖嫡所撰《明禮科給事中二洲凌仲君墓誌銘》載：「凌之先汴人，扈宋南渡，遂為錢塘人……君生有異質，年十五試，大司徒畢公督學奇其文，補弟子員……隆慶庚午與兄登名同舉於鄉，而君列第一……萬曆丁丑……賜同進士出身……君諱登瀛……生於嘉靖甲辰四月十一日，卒於萬曆丁亥五月日，僅四十四歲」〔註501〕。可知，凌登瀛生於嘉靖甲辰即嘉靖二十三年（1544），則萬曆五年（1577）中進士當為三十四。
134	詹事講	萬曆五年	39	32	7	《萬曆五年進士登科錄》載詹事講中式年齡為「三十二」〔註502〕。按，「三十二」當為「三十九」之誤。據隆慶五年進士董裕所撰《明故南北直隸提學御史養貞詹公行狀》載：「詹公諱事講……先世為玉山望族，趙宋時徙樂安……公自幼岐嶷……隆慶庚午以禮經領鄉薦，丁丑舉進士……公生嘉靖己亥十一月二十有四日，距卒之日，享年五十有五」〔註503〕。可知，詹事講生於嘉靖己亥即嘉靖十八年（1539），則萬曆五年（1577）中進士當為三十九。
135	陸汴	萬曆八年	36	30	6	詳見明代南直隸虛報中式年齡進士考證表
136	鄒龍光	萬曆八年	37	33	4	同上
137	張恒	萬曆八年	30	26	4	同上
138	李獻可	萬曆十一年	43	31	12	《萬曆十一年進士登科錄》載李獻可中式年齡為「三十一」〔註504〕。按，「三十一」當為「四十三」之誤。據萬曆十一年進士王道顯所撰《皇明禮科都都給事中松汀李公墓誌銘》載：「公十五補博士弟子……隆慶丁卯領鄉薦，屢對公車輒報罷……壬午

〔註500〕《萬曆五年進士登科錄》，第40頁。

〔註501〕〔明〕王祖嫡：《師竹堂集》卷二二《明禮科給事中二洲凌仲君墓誌銘》，《四庫未收書輯刊》第5輯第23冊，第247～248頁。

〔註502〕《萬曆五年進士登科錄》，第45頁。

〔註503〕〔明〕董裕：《董司寇文集》卷九《明故南北直隸提學御史養貞詹公行狀》，《四庫未收書輯刊》第5輯第22冊，第651～653頁。

〔註504〕《萬曆十一年進士登科錄》，第29頁。

						北上，朝夕攻『沉船破甑』之計，次年遂成進士……公諱獻可……生嘉靖辛丑九月初三日，卒萬曆二十九年十月初六日，享年六十有一」〔註 505〕。可知，李獻可生於嘉靖辛丑即嘉靖二十年（1541），則萬曆十一年（1583）中進士當為四十三。
139	樊玉衡	萬曆十一年	35	27	8	《萬曆十一年進士登科錄》載樊玉衡中式年齡為「二十七」〔註 506〕。按，「二十七」當為「三十五」之誤。據明末清初著名文人鄒漪所撰《樊太常傳》載：「公諱玉衡，字欽之，湖廣黃岡人也。萬曆癸未成進士，授廣信府推官……天啟癸亥以太常少卿致仕。踰年卒，得年七十有六」〔註 507〕。可知，天啟癸亥即天啟三年樊玉衡致仕，「踰年卒，得年七十有六」，也即天啟四年（1624）樊玉衡卒，「得年七十有六」，其應生於嘉靖二十八年（1549），則萬曆十一年（1583）中進士當為三十五。
140	劉應秋	萬曆十一年	36	35	1	《萬曆十一年進士登科錄》載劉應秋中式年齡為「三十五」〔註 508〕。按，「三十五」當為「三十六」之誤。按，「三十五」當為「三十六」之誤。據萬曆十一年進士郭正域所撰《國子監祭酒劉公墓碑》：「公諱應秋，字士和……諸生時有聲，累都試，冠其邑諸生。壬午舉江西鄉試第一人，癸未舉進士第三人……士和生嘉靖戊申十二月二十三日，卒萬曆庚子十月七日，壽五十三」〔註 509〕。可知，劉應秋生於嘉靖戊申即嘉靖二十七年（1548），則萬曆十一年（1583）中進士當為三十六。
141	史記勳	萬曆十一年	32	30	2	《萬曆十一年進士登科錄》載史記勳中式年齡為「三十」〔註 510〕。按，「三十」當為「三十二」之誤。據萬曆二年進士孫鑛所撰《中憲大夫河南彰德府知府史公墓誌銘》載：「史公諱記勳，字稽叔，周史佚後也……至處士德，始居餘姚……考，垣樞公銓，全椒知縣……母太恭人……以嘉靖壬子五月三十日生公。公早慧……丙寅，

〔註 505〕何丙仲、吳鶴立編纂：《廈門墓誌銘匯粹》，廈門：廈門大學出版社，2011 年，第 52～55 頁。

〔註 506〕《萬曆十一年進士登科錄》，第 82 頁。

〔註 507〕〔清〕鄒漪：《啟禎野乘》卷四《樊太常傳》，第 3224 頁。

〔註 508〕《萬曆十一年進士登科錄》，第 8 頁。

〔註 509〕〔明〕郭正域：《合併黃離草》卷二六《國子監祭酒劉公墓碑》，《四庫禁燬書叢刊》集部第 14 冊，第 442～443 頁。

〔註 510〕《萬曆十一年進士登科錄》，第 10 頁。

						補邑庠生……萬曆己卯中浙省鄉試，癸未登進士」〔註511〕。可知，史記勳生於嘉靖壬子即嘉靖三十一年（1552），則萬曆十一年（1583）中進士當為三十二。
142	林熙春	萬曆十一年	32	27	5	《萬曆十一年進士登科錄》載林熙春中式年齡為「二十七」〔註512〕。按，「二十七」當為「三十二」之誤。據萬曆三十五年進士韓日纘所撰《通議大夫戶部左侍郎仰晉林公行狀》載：「公諱熙春……海陽龍溪里人也……甫為博士弟子，遂以壬午登賢書，癸未成進士……公生於嘉靖壬子七月三十日，卒於崇禎甲子……享年八十」〔註513〕。可知，林熙春生於嘉靖壬子即嘉靖三十一年（1552），則萬曆十一年（1583）中進士當為三十二。
143	方應選	萬曆十一年	39	33	6	詳見南直隸虛報中式年齡進士考證表
144	程文	萬曆十一年	43	34	9	同上
145	錢一本	萬曆十一年	38	31	7	「陳文」誤考錢一本中式年齡，詳見南直隸虛報中式年齡進士考證表
146	岳元聲	萬曆十一年	22	22	0	「陳文」據《明人傳記資料索引》認為岳元聲生於嘉靖三十六年（1557），中進士當為二十七，屬誤考。據天啟二年進士徐石麒所撰《明故正議大夫資治尹南京兵部左侍郎贈資善大夫南京兵部尚書岳公暨配施淑人合葬墓誌銘》載：「公諱元聲……弱冠為諸生，下筆言語妙天下，年二十一舉萬曆壬午鄉試，明年成進士」〔註514〕。由此可證，《萬曆十一年進士登科錄》載嶽元聲中式年齡為「二十二」〔註515〕，應無誤。

〔註511〕〔明〕孫鑛：《月峰先生居業次編》卷五《中憲大夫河南彰德府知府史公墓誌銘》，《四庫禁燬書叢刊》集部第126冊，第290頁。

〔註512〕《萬曆十一年進士登科錄》，第65頁。

〔註513〕〔明〕韓日纘：《韓文恪集》卷一八《通議大夫戶部左侍郎仰晉林公行狀》，《四庫禁燬書叢刊補編》第70冊，第411～416頁。

〔註514〕〔明〕徐石麒：《可經堂集》卷六《明故正議大夫資治尹南京兵部左侍郎贈資善大夫南京兵部尚書岳公暨配施淑人合葬墓誌銘》，《四庫禁燬書叢刊》集部第72冊，第174～175頁。

〔註515〕《萬曆十一年間登科錄》，第49頁。

147	蔡增譽	萬曆二十六年	35	28	7	《萬曆二十六年進士登科錄》載蔡增譽中式年齡為「二十八」〔註516〕。按，「二十八」當為「三十五」之誤。據萬曆十三年貢士黃居中所撰《明故中大夫江右行省參知情符蔡公誄》載：「萬曆壬子秋七月，江右行省參知蔡公齎捧北上，行次方城之葉縣，冒暑中惡，暴殞於車，春秋四十有九。嗚呼哀哉。公世家晉江之龜湖裏，高、曾以下皆力田不仕。至公始用經術顯，第戊戌進士」〔註517〕。情符蔡公即指蔡增譽（號情符）〔註518〕，可知，萬曆壬子即萬曆四十年（1612）蔡增譽卒，「春秋四十有九」，其應生於嘉靖四十三年（1564），則萬曆二十六年（1598）中進士當為三十五。
148	袁業泗	萬曆二十六年	35	28	7	《萬曆二十六年進士登科錄》載袁業泗中式年齡為「二十八」〔註519〕。按，「二十八」當為「三十五」之誤。據明末清初著名詩人施閏章所撰《鴻臚卿袁公家傳》載：「袁業泗，宜春人……萬曆戊戌進士……崇禎甲申三月，聞京師陷，痛憤成疾，八月終於家，享年八十一」〔註520〕。可知，崇禎甲申即崇禎十七年（1644）袁業泗卒，「享年八十一」，其應生於嘉靖四十三年（1564），則萬曆二十六年（1598）中進士當為三十五。
149	張邦紀	萬曆二十六年	26	24	2	《萬曆二十六年進士登科錄》載張邦紀中式年齡為「二十四」〔註521〕。按，「二十四」當為「二十六」之誤。據天啟二年進士黃道周所撰《張文慤公墓誌》載：「先生自萬曆戊戌成進士，出安福劉文節之門……先生諱邦紀，字完樸，其先宜興人，始祖旺，從文皇帝定鼎北平，占籍燕山衛……先生卒於崇禎己巳十有一月朔，距生於萬曆癸酉九月朔，享年五十有七」〔註522〕。可知，張邦紀生於萬曆癸酉即萬曆元年（1573），則萬曆二十六年（1598）中進士當為二十六。

〔註516〕《萬曆二十六年進士登科錄》，上海圖書館藏本。
〔註517〕〔明〕黃居中：《千頃齋初集》卷二六《明故中大夫江右行省參知情符蔡公誄》，《續修四庫全書》集部第1363冊，第728頁。
〔註518〕《萬曆二十六年進士履歷便覽》，第16頁。
〔註519〕《萬曆二十六年進士登科錄》，上海圖書館藏本。
〔註520〕〔清〕施閏章：《學餘堂文集》卷一六《鴻臚卿袁公家傳》，《景印文淵閣四庫全書》第1313冊，第197～198頁。
〔註521〕《萬曆二十六年進士登科錄》，上海圖書館藏本。
〔註522〕〔明〕黃道周：《黃石齋先生文集》卷一二《張文慤墓誌》，《續修四庫全書》集部第1384冊，第282～283頁。

150	亓詩教	萬曆二十六年	28	25	3	《萬曆二十六年進士登科錄》載亓詩教中式年齡為「二十五」〔註 523〕。按，「二十五」當為「二十八」之誤。據萬曆四十一年進士孔貞時所撰《明贈徵仕郎禮科給事中隱山亓公暨贈程孺人合葬墓誌銘》載：「諫議亓君之父為隱山贈公……公諱三顧……年三十祈嗣泰山，越二年，始舉諫議……歲甲午，（諫議公）補弟子員……迨丁酉舉鄉書，戊戌成進士……贈公生嘉靖庚子十二月十九日，歿萬曆庚寅某月某日，得年五十有一……子三，長詩教，即諫議君也」〔註 524〕。可知，亓詩教之父亓三顧生於嘉靖庚子即嘉靖十九年（1540），年三十二也即隆慶五年（1571）始生亓詩教，則萬曆二十六年（1598）亓詩教中進士當為二十八。
151	董應舉	萬曆二十六年	42	30	12	《萬曆二十六年進士登科錄》載董應舉中式年齡為「三十」〔註 525〕。按，「三十」當為「四十二」之誤。據崇禎十二年貢士曾異撰所撰《丙子春為董崇相先生八十壽》載：「時今上避殿修省，公萬曆戊戌進士也」〔註 526〕。由「今上避殿修省」可知，「丙子春」指崇禎丙子即崇禎九年（1636）〔註 527〕，該年董應舉（字崇相）壽八十，其應生於嘉靖三十六年（1557），則萬曆二十六年（1598）中進士當為四十二。
152	韋石麟	萬曆二十六年	32	22	10	《萬曆二十六年進士登科錄》載韋石麟中式年齡為「二十二」〔註 528〕。按，「二十二」當為「三十二」之誤。據同科進士黃汝亨所撰《贈承德郎戶部山西司主事韋公暨配貞節周太安人行狀》載：「公諱體亨……黃岡人，以子石麟貴，贈承德郎戶部主事……戊戌，民部（韋石麟）成進士……又三年，以戶部主事上其事於朝，略曰：『臣父體亨，娶臣母周（太安人），生臣五歲，臣父下世，時臣母年二十有五，臣甫五齡……臣母今年吾十有五』……安人生於嘉靖丁未五月三日，卒於萬曆壬子四月

〔註 523〕《萬曆二十六年進士登科錄》，上海圖書館藏本。

〔註 524〕〔明〕孔貞時：《在魯齋文集》卷四《明贈徵仕郎禮科給事中隱山亓公暨贈程孺人合葬墓誌銘》，《四庫禁燬書叢刊》集部第 16 冊，第 163～164 頁。

〔註 525〕《萬曆二十六年進士登科錄》，上海圖書館藏本。

〔註 526〕〔明〕曾異撰：《紡授堂詩集》卷五《丙子春為董崇相先生八十壽》，《四庫禁燬書叢刊》集部第 163 冊，第 430 頁。

〔註 527〕崇禎八年，農民起義軍攻破鳳陽，焚毀皇陵，崇禎帝下罪己詔，避殿修省。

〔註 528〕《萬曆二十六年進士登科錄》，上海圖書館藏本。

						七日，得年六十有六」〔註 529〕。綜上可知，安人生於嘉靖丁未即嘉靖二十六年（1547），由「臣母年二十有五，臣甫五齡」可知，安人生下韋石麟時年二十一歲，則韋石麟應生於隆慶元年（1567），那麼萬曆二十六年（1598）其中進士時當為三十二。
153	徐大望	萬曆二十六年	55	36	19	詳見明代南直隸虛報中式年齡進士考證表
154	毛堪	萬曆二十六年	31	27	4	同上
155	何棟如	萬曆二十六年	27	23	4	同上
156	劉濟	萬曆二十六年	48	30	18	同上
157	王世仁	萬曆二十九年	45	35	10	同上
158	張所望	萬曆二十九年	46	36	10	同上
159	趙士諤	萬曆二十九年	41	34	7	同上
160	朱萬春	萬曆二十九年	35	27	8	同上
161	吳汝顯	萬曆三十二年	43	34	9	同上
162	錢龍錫	萬曆三十五年	29	26	3	同上
163	陸獻明	萬曆三十五年	43	28	15	同上
164	薛敷政	萬曆三十五年	56	41	15	同上
165	劉有源	萬曆三十五年	40	32	8	同上
166	張瑞圖	萬曆三十五年	38	32	6	《萬曆三十五年進士登科錄》載張瑞圖中式年齡為「三十二」〔註 530〕。按，「三十二」當為「三十八」之誤。據萬曆二十三年進士林欲楫所撰《皇明賜進士及第特進光祿大夫左柱國少師兼太子太師吏部尚書中極殿大學士特贈太傅文隱張公暨元配

〔註 529〕〔明〕黃汝亨：《寓林集》卷一七《贈承德郎戶部山西司主事韋公暨配貞節周太安人行狀》，《四庫禁燬書叢刊》集部第 42 冊，第 392～393 頁。

〔註 530〕《萬曆三十五年進士登科錄》，《明代科舉錄彙編》第 9 冊，第 210 頁。

						累封一品夫人王氏合葬墓誌銘》載：「公諱瑞圖……世居郡南之湖中……公少時而倜儻，負奇氣，爰自萬曆丁未唱臚雲見，從容玉局，則已隆公輔之望……公生於隆慶庚午二月初六日辰時，薨於崇禎辛巳（崇禎十四年，1641 年）三月二十日寅時，享年七十有二」〔註 531〕。可知，張瑞圖生於隆慶庚午即隆慶四年（1570），則萬曆三十五年（1607）中進士當為三十八。
167	洪時蕃	萬曆三十五年	38	26	12	《萬曆三十五年進士登科錄》載洪時蕃中式年齡為「二十六」〔註 532〕。按，「二十六」當為「三十八」之誤。據萬曆二十三年進士林欲楫所撰《明賜進士奉政大夫浙江臬憲震陽洪先生墓誌銘》載：「先生諱時蕃……其先桐鄉人也。始祖仁燧公蒞漳州守，遂家漳之龍溪……公生而穎敏……十四入庠……未幾而領鄉薦，五試公車而丁未成進士……卒天啟丁卯八月初十日，生隆慶庚午四月初六日，享年五十有七」〔註 533〕。可知，洪時蕃生於隆慶庚午即隆慶四年（1570），則萬曆三十五年（1607）中進士當為三十八。
168	黃士俊	萬曆三十五年	39	26	13	《萬曆三十五年進士登科錄》載黃士俊中式年齡為「二十六」〔註 534〕。按，「二十六」當為「三十九」之誤。據《小腆紀傳》卷六三《黃士俊傳》載：「黃士俊，順德人，萬曆丁未廷試第一，授編修，歷官禮部尚書……廣州之再破也，士俊年八十二矣」〔註 535〕。引文「廣州之再破也」指順治七年（1650），清軍尚可喜攻破廣州，「士俊年八十二」，其應生於隆慶三年（1569 年），則萬曆三十五年（1607）中進士應為三十九。
169	徐從治	萬曆三十五年	36	26	10	《萬曆三十五年進士登科錄》載徐從治中式年齡為「二十六」〔註 536〕。按，「二十六」當為「三十六」之誤。據萬曆三十八年探花錢謙益所撰《都察院右副都御史巡撫山東贈資善大夫兵部尚書徐公墓誌銘》載：「公姓徐氏，其先處仁，以尚書從宋南

〔註 531〕黃江華：《明大學士張瑞圖及夫人墓誌銘淺析》，《福建文博》2010 年第 4 期。
〔註 532〕《萬曆三十五年進士登科錄》，《明代科舉錄彙編》第 9 冊，第 313 頁。
〔註 533〕〔明〕林欲楫：《明賜進士奉政大夫浙江臬憲震陽洪先生墓誌銘》，福建省漳州市圖書館藏拓本。
〔註 534〕《萬曆三十五年進士登科錄》，《明代科舉錄彙編》第 9 冊，第 209 頁。
〔註 535〕〔清〕徐鼒：《小腆紀傳》卷六三《黃士俊傳》，北京：中華書局，1958 年，第 715～716 頁。
〔註 536〕《萬曆三十五年進士登科錄》，《明代科舉錄彙編》第 9 冊，第 209 頁。

						渡，僑居姚江……占籍海鹽，今為嘉興海鹽人也。公諱從治……萬曆癸卯領鄉薦，丁未舉進士……公歿時六十有一」〔註 537〕。《崇禎實錄》卷五「崇禎五年夏四月癸未」又載：「孔有德攻萊城西南隅，徐從治傷炮，卒。從治，海鹽人，奉詔駐青州，以萊城危機，特入居守……不幸遇害」〔註 538〕。綜上可知，徐從治卒於崇禎五年（1632），「年六十有一」，其應生於隆慶六年（1572），則萬曆三十五年（1607）中進士當為三十六。另需指出的是，「陳文」據《明人傳記資料索引》認為徐從治應生於萬曆二年（1574），屬誤考。
170	徐日久	萬曆三十八年	37	37	0	《萬曆三十八年進士登科錄》載徐日久中式年齡為「三十七」〔註 539〕。據徐日久自撰《真率先生學譜》載其生於萬曆二年（1574），則萬曆三十八年（1607）中進士當為三十七，可知《進士登科錄》所載徐日久的官年與其實際中式年齡一致。而「陳文」據私刻的《萬曆三十八年庚戌科序齒錄》載徐日久生於「庚辰（萬曆八年，1580）九月二十一日」〔註 540〕，認為徐日久官年為三十一歲，實際中式年齡為三十七歲，當屬少報中式年齡者，顯誤。
171	史孔吉	萬曆三十八年	38	25	13	詳見明代南直隸虛報中式年齡進士考證表

〔註 537〕〔清〕錢謙益：《錢牧齋初學集》卷五一《都察院右副都御史巡撫山東贈資善大夫兵部尚書徐公墓誌銘》，第 1302～1307 頁。

〔註 538〕《崇禎實錄》卷五「崇禎五年夏四月癸未」，臺北：臺灣「中研院史語所」1962 年校印本，第 155 頁。

〔註 539〕《萬曆三十八年進士登科錄》，臺北傅斯年圖書館藏本。

〔註 540〕《萬曆三十八年庚戌科序齒錄》，《明代登科錄彙編》第 21 冊，第 11833 頁。

由表 6 可知，上述進士少報中式年齡在 1～19 歲之間，其中少報 1 歲者有 20 人，分別是景泰五年進士孫賢、徐溥、蔣紱、謝士元；天順四年進士汪貴，八年進士唐仁、呂昇；成化八年進士楊一清，十四年進士楊廷和，二十三年進士董傑；弘治三年進士王綸，六年進士沈燾；正德六年進士孫承恩；嘉靖二年進士章袞，十一年進士白悅，十七年進士喬世寧，三十八年進士樓如山；隆慶二年進士張道明、李尚思；萬曆十一年進士劉應秋；少報 19 歲者僅 1 人，即萬曆二十六年進士徐大望。

郭培貴對《明代科舉中的官年現象研究》一文進一步作了量化研究〔註 541〕，茲謹簡化引用如下：

時　間	所考進士人數	考出少報年齡總數	所考進士平均少報年齡
洪武四年～嘉靖三十五年	799	350	0.44
嘉靖四十一年～隆慶五年	180	327	1.82
萬曆五年～崇禎十六年	229	1323	5.78
總計	1208	2000	1.66

由上表可知，明代進士平均少報年齡為 1.66 歲。事實上，正如上文所述，這個說法還可進一步討論，一是存在漏考及誤考少報中式年齡進士；二是「陳文」所考察的萬曆十四年、二十年、二十三年，天啟二年，崇禎七年、十年、十三年、十六年共 8 科私刻的《同年錄》《履歷便覽》所載進士年齡，因其並非官方檔案，其所載並非「官年」，故「陳文」考察的萬曆十四年至崇禎十六年共 8 科少報中式年齡進士數及少報中式年齡，自然也就不能將其作為考察明代「官年」現象的依據。筆者在「陳文」研究的基礎上，結合《明代進士登科錄中的「官年」現象統計一覽表》補正表，重新對明代進士平均少報中式年齡進行考察，茲謹列表顯示如下：

明代進士平均少報中式年齡統計表

時　間	所考進士人數	考出少報中式年齡總數	所考進士平均少報中式年齡
洪武四年～嘉靖三十五年	1107	648	0.58

〔註 541〕詳見郭培貴：《明代解元考中進士的比例、年齡與空間分布》，《清華大學學報》2012 年第 5 期。

嘉靖三十八年～隆慶五年	235	612	2.60
萬曆二年～萬曆三十八年	194	1078	5.51
總計	1536	2338	1.52

由上表可知，通過對《登科錄》所載明代1536名進士中式年齡進行考證，確認其少報中式年齡共2338歲，則明代進士平均少報中式年齡為1.52歲；而官方檔案《登科錄》記載明代南直隸進士的平均中式年齡為33.37歲，則明代南直隸進士實際平均中式年齡應為34.89歲。此外，郭培貴通過對宣德五年至萬曆三十二年共44科《進士登科錄》所載12661名進士中式年齡的統計，得知其平均中式年齡為32.77歲〔註542〕，因其平均少報年齡為1.52歲，則明代進士實際平均中式年齡應為34.29歲。對比可知，明代南直隸進士實際平均中式年齡高出全國進士0.60歲。

二、明代南直隸進士中式年齡的影響

進士登第時為了日後仕途能有長遠發展，以少報年齡增加自己的優勢，是明代科舉中出現「官年」現象的重要原因。庶吉士是明代內閣輔臣最重要也是來源最廣泛的功名群體，一般都是從新科二、三甲進士中選拔，但也有年齡限制，年齡偏大者不具備參選資格。一般而言，進入仕途年齡越年輕，仕宦時間也就越長，發揮的政治影響也就越久。筆者擬從考選庶吉士、仕宦時間、最高任官三個方面進行考察，具體談一下南直隸進士中式年齡的影響。

（一）考選庶吉士

弘治六年，大學士徐溥奏言，此前考選庶吉士「或限年歲」但「無定制」〔註543〕，因此中式年齡對考選庶吉士的影響具有很大的隨機性。如天順四年進士王徽，時年33歲，「選庶吉士，試《春雨》詩。公仿柏梁體，頃刻賦百餘韻，李文達、王忠肅相顧，喜得人，會詔限年以選，公不與，兩公甚惜之」〔註544〕，這是因為恰巧限年而不得選庶吉士的顯例；而嘉靖十四年四月，內閣輔臣李時又奏准「今科進士不必限年」考選庶吉士〔註545〕，故該科進士駱

〔註542〕郭培貴：《明代解元考中進士的比例、年齡與空間分布》，《清華大學學報》2012年第5期。

〔註543〕《明孝宗實錄》卷七四「弘治六年四月甲辰」，第1388頁。

〔註544〕〔明〕儲巏：《柴墟文集》卷九《陝西布政使司左參議致仕進階中順大夫竦齋王公墓誌銘》，《四庫全書存目叢書》集部第42冊，第489頁。

〔註545〕《明世宗實錄》卷一七四「嘉靖十四年四月丁酉」，第3779頁。

文盛以 40 歲高齡仍舊得選；嘉靖四十四年，工部左給事中張岳奏准考選庶吉士應「限年四十以內」〔註 546〕，迄明末，這一規定成為考選庶吉士年齡條件的定制。這一規定成為誘發少報中式年齡進士大量增加的主因，那麼，少報中式年齡者是否達到了減年的目的呢？筆者據有關明代《登科錄》和傳記、墓誌銘、行狀等文獻，對嘉靖四十四年後南直隸進士少報中式年齡對考選庶吉士的影響進行考察，茲謹列表如下：

明代南直隸進士中式年齡與考選庶吉士資格對照表〔註 547〕

序號	姓　名	科　次	實年	官年	是否有資格考選庶吉士	是否考選為庶吉士
1	歸有光	嘉靖四十四年	60	48	否	否
2	王圻	嘉靖四十四年	36	32	是	否
3	查鐸	嘉靖四十四年	50	40	是	否
4	王鑑	嘉靖四十四年	46	38	是	否
5	周子義	嘉靖四十四年	37	32	是	是
6	游應乾	嘉靖四十四年	35	31	是	否
7	宋堯武	隆慶二年	37	29	是	否
8	林景暘	隆慶二年	39	34	是	是
9	陸從平	隆慶二年	34	28	是	否
10	曹銑	隆慶二年	48	38	是	否
11	韓世能	隆慶二年	41	33	是	是
12	湯聘尹	隆慶二年	41	34	是	否
13	殷濡	隆慶二年	55	42	否	否
14	蔣以忠	隆慶二年	36	32	是	否
15	劉倬	隆慶二年	35	30	是	否
16	王一誠	隆慶二年	55	43	否	否
17	顧九思	隆慶五年	40	34	是	否
18	管志道	隆慶五年	36	32	是	否
19	趙用賢	隆慶五年	37	32	是	是

〔註 546〕《吏部職掌》文選三《求賢・考庶吉士》，《四庫全書存目叢書》史部第 258 冊，第 39 頁。

〔註 547〕上述南直隸進士官年、實年的考證，詳見本章《明代南直隸虛報中式年齡進士考證表》。

20	丁元復	隆慶五年	47	35	是	否
21	侯堯封	隆慶五年	57	41	否	否
22	蕭良幹	隆慶五年	38	34	是	否
23	錢岱	隆慶五年	31	28	是	否
24	陳大科	隆慶五年	38	34	是	否
25	王之麟	萬曆五年	43	32	是	否
26	徐三重	萬曆五年	31	29	是	否
27	張鼎思	萬曆五年	35	28	是	是
28	黃鍾	萬曆五年	38	32	是	否
29	顧雲程	萬曆五年	37	31	是	否
30	俞霑	萬曆五年	42	33	是	否
31	吳達可	萬曆五年	37	30	是	否
32	李應祥	萬曆五年	36	28	是	否
33	李國士	萬曆五年	44	33	是	否
34	方應選	萬曆十一年	39	33	是	否
35	程文	萬曆十一年	43	34	是	否
36	時偕行	萬曆十一年	36	29	是	否
37	徐應聘	萬曆十一年	30	26	是	是
38	錢一本	萬曆十一年	38	31	是	否
39	潘士藻	萬曆十一年	47	34	是	否
40	邵庶	萬曆十一年	38	29	是	是
41	張應揚	萬曆十一年	34	27	是	否
42	阮以鼎	萬曆二十六年	39	26	是	否
43	歸子顧	萬曆二十六年	40	31	是	否
44	畢懋康	萬曆二十六年	28	21	是	否
45	劉光復	萬曆二十六年	33	27	是	否
46	瞿汝說	萬曆二十九年	37	33	是	否
47	王世仁	萬曆二十九年	45	35	是	否
48	徐待聘	萬曆二十九年	47	36	是	否
49	汪起風	萬曆二十九年	30	26	是	否
50	張所望	萬曆二十九年	46	36	是	否
51	張國維	萬曆二十九年	36	30	是	否
52	顧大章	萬曆三十五年	32	27	是	否
53	陸獻明	萬曆三十五年	43	28	是	否

54	錢龍錫	萬曆三十五年	29	25	是	是
55	薛敷政	萬曆三十五年	56	41	否	否
56	左光斗	萬曆三十五年	33	25	是	否
57	劉有源	萬曆三十五年	40	32	是	否

由表 8 可知，嘉靖四十四年後共有 52 名南直隸進士減年從而具備考選庶吉士的資格，最終僅有 8 人成為庶吉士，占統計進士數的 15%；其中具有代表性的是隆慶二年進士韓世能，實年 41 歲，按制不符合考選庶吉士的年齡條件，但因其減年 8 歲，官年為 33 歲，從而具備資格而考選為庶吉士。共有 5 人儘管減年入試，因所報官年仍在 40 歲以上，與制不符，故仍舊不具備考選庶吉士的資格。由上可知，年齡條件是考選庶吉士必須具備的基本資格之一，但不是唯一的條件，除此之外，還須具備其他條件。

（二）仕宦時間

明代南直隸進士仕宦時間是多久呢？據筆者統計，明代南直隸進士實際中式年齡為 35.16 歲，而明代文官按制致仕者，京官 70 歲，外官 65 歲，主動請求致仕者可不限年齡〔註 548〕。以此計，則明代南直隸進士仕宦時間大致在 30～35 歲之間。但是仕宦時間因人而異，筆者利用《明實錄》和相關傳記、墓誌銘、行狀等文獻，對 130 名可考察的南直隸進士仕宦時間進行統計，具體情況詳見下表：

明代南直隸可考察進士仕宦時間統計表〔註 549〕

序號	姓名	科次	中式年齡	致仕年齡	仕宦時間	序號	姓名	科次	中式年齡	致仕年齡	仕宦時間
1	陳祚	永樂九年	30	66	36	8	程宗	景泰二年	26	64	38
2	謝佑	正統元年	26	56	30	9	龔謙	景泰二年	29	43	14
3	周賢	正統四年	33	53	20	10	周清	景泰二年	34	47	13
4	沈訥	正統七年	29	46	17	11	唐瑜	景泰二年	29	70	41
5	葉盛	正統十年	26	55	29	12	孔鏞	景泰五年	28	63	35
6	夏寅	正統十三年	26	66	40	13	朱貞	天順元年	37	62	25
7	張鎣	正統十三年	26	72	46	14	宋瑛	天順元年	38	45	7

〔註 548〕白鋼主編：《中國政治制度史》，天津：天津人民出版社，2012 年，第 782 頁。
〔註 549〕有的進士在任期間去世，其卒年和致仕年齡一致，故二者合併為一。

15	張翥	天順元年	28	60	32	38	徐聯	弘治九年	38	57	19
16	王徽	天順四年	33	63	17〔註 550〕	39	唐錦	弘治九年	22	43	21
17	沈海	成化二年	40	57	17	40	朱應登	弘治十二年	23	40	17
18	李傑	成化二年	24	64	40	41	葛嵩	弘治十二年	52	60	8
19	張誥	成化二年	34	66	32	42	葉相	弘治十五年	28	70	42
20	李蕙	成化五年	32	61	29	43	張萱	弘治十五年	44	62	20
21	奚昊	成化五年	23	36	13	44	陸深	弘治十八年	29	68	39
22	張稷	成化八年	36	49	13	45	景暘	正德三年	36	49	13
23	蕭奎	成化八年	44	53	9	46	周金	正德三年	36	73	37
24	賀元忠	成化八年	34	54	20	47	張紘	正德三年	40	64	24
25	王鏊	成化十一年	26	59	33	48	王以旂	正德六年	26	68	42
26	吳愈	成化十一年	33	62	29	49	孫承恩	正德六年	31	71	40
27	王倬	成化十四年	32	72	40	50	沈霽	正德六年	51	68	17
28	龔弘	成化十四年	28	71	43	51	端廷赦	正德十六年	29	60	31
29	王敞	成化十七年	29	59	30	52	徐階	嘉靖二年	21	66	45
30	唐禎	成化二十三年	30	53	23	53	史際	嘉靖十一年	38	62	24
31	吳甃	成化二十三年	36	48	9〔註 551〕	54	董子儀	嘉靖十七年	37	47	10
32	錢福	弘治三年	30	37	7	55	陸樹聲	嘉靖二十年	33	57	24
33	叚敏	弘治三年	31	55	24	56	殷邁	嘉靖二十年	30	65	12
34	吳一鵬	弘治六年	34	70	36	57	李春芳	嘉靖二十六年	38	62	24
35	陳策	弘治六年	26	66	40	58	楊成	嘉靖三十五年	36	70	34
36	顧清	弘治六年	34	69	35	59	韓邦憲	嘉靖三十八年	19	35	16
37	顧璘	弘治九年	21	70	42〔註 552〕	60	查鐸	嘉靖四十四年	50	72	22

〔註 550〕天順四年進士王徽雖然年 63 歲致仕，但此前尚有 13 年賦閒在家，故其仕宦時間應為 17 年，詳見儲巏：《柴墟文集》卷九《陜西布政使司左參議致仕進階中順大夫辣齋王公墓誌銘》，《四庫全書存目叢書》集部第 42 冊，第 489 頁。

〔註 551〕吳甃 36 歲中進士，48 歲卒，為母守孝 3 年，為官僅八九年，詳見吳寬：《家藏集》卷七六《明故兵部武庫清吏司郎中吳君墓碣銘》，《景印文淵閣四庫全書》第 1255 冊，第 774 頁。

〔註 552〕顧璘自 21 歲進入仕途，至 70 歲卒，除嘉靖九年至嘉靖十六年的 7 年間致仕家居外，剩餘 42 年俱在外任官，詳見文徵明：《甫田集》卷三二《故資善大夫南京刑部尚書顧公墓誌銘》，《景印文淵閣四庫全書》第 1273 冊，第 264～267 頁。

61	林景暘	隆慶二年	39	53	14	92	劉纓	成化十四年	37	71	34
62	曹銑	隆慶二年	48	60	12	93	談詔	成化十七年	31	49	18
63	方應選	萬曆十一年	39	54	15	94	趙寬	成化十七年	25	49	24
64	董其昌	萬曆十七年	35	80	18〔註 553〕	95	張鼐	成化二十三年	49	60	11
65	錢龍錫	萬曆二十九年	29	51	22	96	文森	成化二十三年	26	55	29
66	陳鎰	永樂十年	24	65	41	97	張安甫	弘治三年	37	49	12
67	倪謙	正統四年	25	45	20	98	張琮	弘治三年	28	67	39
68	張瑄	正統七年	26	71	45	99	靳貴	弘治三年	27	54	27
69	朱驥	正統七年	26	46	20	100	邢珣	弘治六年	32	62	30
70	徐瑄	正統十年	34	63	29	101	李儀	弘治六年	34	51	17
71	沈琮	正統十三年	29	56	27	102	高濟	弘治六年	39	44	5
72	童軒	景泰二年	27	73	46	103	杭濟	弘治六年	42	66	24
73	周輿	景泰二年	39	42	3	104	許立	弘治十二年	51	63	12
74	陳僎	景泰二年	30	45	15	105	淩相	弘治十二年	25	58	33
75	吳琛	景泰二年	27	51	24	106	黃宏	弘治十五年	33	50	17
76	金紳	景泰五年	21	49	28	107	朱嘉會	弘治十五年	23	37	14
77	趙博	景泰五年	36	46	10	108	郁侃	弘治十五年	38	58	20
78	浦鏞	景泰五年	36	58	22	109	張鷗	弘治十八年	30	39	9
79	徐溥	景泰五年	27	71	44	110	吳山	正德三年	39	73	34
80	沉鐘	天順四年	25	57	32	111	羅輅	正德三年	22	49	27
81	張悅	天順四年	35	74	39	112	蘇恩	正德三年	26	46	20
82	徐恪	成化二年	36	68	32	113	楊璨	正德六年	48	65	17
83	楊理	成化二年	35	60	25	114	富好禮	正德十六年	36	56	20
84	張弼	成化二年	42	60	18	115	潘恩	嘉靖二年	28	67	39
85	張文	成化二年	41	56	15	116	黃正色	嘉靖八年	29	70	41
86	吳寬	成化八年	38	70	32	117	馬從謙	嘉靖十四年	41	58	17
87	孫衍	成化十四年	36	59	23	118	張習	嘉靖二十年	36	48	12
88	高敞	成化八年	32	57	25	119	何良傅	嘉靖二十年	33	47	14
89	文林	成化八年	28	55	17	120	彭應麟	嘉靖二十三年	45	59	14
90	吳洪	成化十一年	28	63	35	121	趙與治	嘉靖三十二年	34	48	14
91	陳璚	成化十四年	39	66	27	122	錢藻	嘉靖三十八年	29	65	36

〔註 553〕詳見吳耀明：《董其昌的生平和家世述論》，華東師範大學碩士學位論文，2010 年，第 17～20 頁。

123	王天爵	嘉靖三十八年	44	65	11	127	顧九思	隆慶五年	40	61	21
124	顧養謙	嘉靖四十四年	29	60	31	128	姜士昌	萬曆八年	20	46	26
125	王鑑	嘉靖四十四年	46	70	24	129	殷廷樞	萬曆十七年	34	53	19
126	陸從平	隆慶二年	35	65	30	130	徐光啟	萬曆三十二年	43	63	20

首先，由上表可知，130 名南直隸進士中式年齡在 30 歲以下者共有 57 名，其中仕宦時間在 30 年以上者共 31 名，占統計總數的 56%；仕宦時間在 40 年以上者共 17 名，占該年齡段統計總數的 31%。當然，也存在中式年齡小，但仕宦時間卻並不算太長的情況。如正統七年進士沈訥，29 歲中進士，但仕宦時間總共不過 17 年，究其原因，緣於早逝〔註 554〕。再如成化五年進士奚昊，23 歲中進士，但仕宦時間共 13 年，究其原因，也緣於早逝〔註 555〕。又如嘉靖三十八年進士韓邦憲，19 歲中進士，35 歲病逝，仕宦時間才 16 年〔註 556〕。此外，還有因身體有疾致使仕宦時間少的情況，如嘉靖二十年進士殷邁，「辛丑成進士，授戶部主事，乞南改驗封，滿考，晉文選郎中，出為江西參議，乞休，不允。已，擢貴州督學副使，上疏請致仕。丁卯，穆皇帝改元，用薦者言以原官召公視學兩浙，甫至，輒引疾，疏格於監司，不果上。歷升江西參政、按察使，四川右布政，遞進遞上辭。久之，晉南太僕卿，請告還。癸酉，今上在御，復就家起公，南太常卿，尋升禮部右侍郎。丙子，南大司成缺僉議，非公不可，強起公視職。居數月，復稱疾，疏一再上，允致仕。公自筮仕，歷郎署、藩臬至卿貳，更四十年。計其在官之日，僅十之三」〔註 557〕，這是身體有疾病而仕宦時間短的顯例。

其次，中式年齡在 31～40 歲間共有 56 名，其中仕宦時間在 40 年以上者僅 3 名，占該年齡段統計總數的 5.36%；仕宦時間在 30 年以上者僅有 15 名，占該年齡段統計總數的 26.79%；這些都是正常情況下仕宦時間長的情況，但其數量已明顯低於中式年齡 30 歲以下的進士。仕宦時間在 20 年以上者共有 17 名，占該年齡段統計總數的 30.36%；仕宦時間在 10 年以上者共有 15 名，

〔註 554〕〔明〕鄭文康：《平橋稿》卷一三《中順大夫福建提刑按察副使沈君墓誌銘》，《景印文淵閣四庫全書》第 1246 冊，第 630 頁。

〔註 555〕〔明〕焦竑：《國朝獻徵錄》卷四七《刑部郎中奚君昊墓誌銘》，《續修四庫全書》史部第 527 冊，第 482 頁。

〔註 556〕〔明〕童佩：《童子鳴集》卷六《故中順大夫衢州府知府湖南韓公行狀》，《四庫全書存目叢書》集部第 142 冊，第 447～451 頁。

〔註 557〕〔明〕焦竑：《國朝獻徵錄》卷七四《嘉議大夫南京禮部右侍郎管國子監祭酒事白野殷公墓誌銘》，《續修四庫全書》史部第 529 冊，第 121～122 頁。

占該年齡段統計總數的 26.19%。該年齡段進士仕宦時間短的原因不同。如成化二十三年進士吳鋆，36 歲中進士，48 歲去世，仕宦時間僅為 9 年〔註 558〕。再如弘治六年進士高濟，39 歲中進士，44 歲去世，仕宦時間僅為 5 年〔註 559〕。此外，還有以其他因素而導致仕宦時間短的情況。如天順元年進士宋瑛，宋瑛中式年齡為 38 歲，由於侍奉母親，故 45 歲自陳乞致仕，仕宦時間僅七年〔註 560〕。隆慶二年進士林景暘，39 歲中進士，53 歲時，父親去世，他隨即致仕〔註 561〕，仕宦時間為 14 年。萬曆十七年進士董其昌，35 歲中進士，在入仕萬曆朝的 31 年中，因屢辭官職不赴任，其真正任官的生涯不過十年；天啟、崇禎間雖再度被起用，也不過 8 年時間，其原因主要在於「憂讒畏譏」〔註 562〕。

最後，41 歲至 51 歲中進士者共 17 名，仕宦時間在 30 年以上者無一人；仕宦時間在 20 年以上者僅 5 名，占該年齡段統計進士總數的 38%；仕宦時間在 10 年以上者 7 名，占該年齡段統計進士總數的 62%。由此可見，該年齡段進士的仕宦時間與上述兩個年齡段進士的仕宦時間相差甚遠。

由上可知，中式年齡與仕宦時間在一定程度上確實存在正關聯，表現為中式年齡越小，則仕宦時間越長；中式年齡越大，仕宦時間越短。但因早逝、身體有疾或其他因素，即便中式年齡小，但仕宦時間卻不算太長，其個人發揮的政治影響力自然也不長，著實令人惋惜。

（三）最高任官

官方檔案《進士登科錄》中刊載的中式年齡是明代進士選官的重要依據之一，緣此，筆者以現存建文二年至萬曆三十八年共 57 科《進士登科錄》刊載的 2432 名南直隸進士為例〔註 563〕，占明代南直隸進士總數的 63.4%，庶可對其中式年齡與其最高任官之間的關係進行考察。明代文官分九品十八級，筆者

〔註 558〕吳寬：《家藏集》卷七六《明故兵部武庫清吏司郎中吳君墓碣銘》，《景印文淵閣四庫全書》第 1255 冊，第 774 頁。

〔註 559〕〔明〕程敏政：《篁墩文集》卷四八《明故奉訓大夫工部屯田員外郎高君墓誌銘》，《景印文淵閣四庫全書》第 1253 冊，第 163～164 頁。

〔註 560〕〔明〕王偁：《思軒文集》卷一九《工部主事致仕宋君墓誌銘》，《續修四庫全書》集部第 1329 冊，第 622～623 頁。

〔註 561〕〔明〕申時行：《賜閒堂集》卷二七《中大夫南京太僕寺卿林公墓誌銘》，《四庫全書存目叢書》集部第 134 冊，第 565～567 頁。

〔註 562〕吳耀明：《董其昌的生平和家世述論》，華東師範大學碩士學位論文，2010 年，第 17～20 頁。

〔註 563〕因《洪武四年進士登科錄》闕載該科南直隸進士魏益、秦亨的中式年齡信息，故不以該《錄》為據。

將正一品至從三品視作高級官員，正四品至從六品視作中級官員，正七品至從九品視作低級官員。茲謹將統計的基本情況列表顯示如下：

明代南直隸進士不同年齡段最高任官品級統計表〔註 564〕

中式年齡段〔註 565〕	從一品進士數	正二品進士數	從二品進士數	正三品進士數	從三品進士數	正四品進士數	從四品進士數	正五品進士數	從五品進士數	正六品進士數	從六品進士數	正七品進士數	從七品進士數	正八品進士數	總數
17～30 歲	9	49	41	96	69	177	38	102	45	58	8	95	18	3	808
31～40 歲	5	33	42	79	119	321	65	204	50	136	4	232	44	13	1347
41～55 歲	1	-	5	9	16	60	12	57	15	45	1	44	8	4	277

上表呈現出以下特點：

首先，三個年齡段的南直隸進士仕至高級官員者隨年齡大小呈現出鮮明特徵，即中式年齡越年輕，仕途發展越有優勢。如 17～30 歲年齡段的南直隸進士仕至從一品者共有 9 人，在三個年齡段中仕至從一品進士數中人數最多；值得注意的是，31～40 歲年齡段的南直隸進士人數最多，是上一年齡段南直隸進士人數的 1.67 倍，但該年齡段的南直隸進士仕至從一品者共有 5 人，低於 17～30 歲年齡段南直隸進士仕至從一品者 4 人；而 41～55 歲年齡段的南直隸進士仕至從一品者僅有 1 人。此外，現存《進士登科錄》中刊載的 17～30 歲的南直隸進士共有 808 名，最高任官為高級官員者共有 264 人，占該年齡段南直隸進士總數的 32.67%；《進士登科錄》刊載的 31～40 歲的南直隸進士共有 1347 人，最高任官為高級官員者共有 278 人，占該年齡段南直隸進士總數的 20.64%，低於 17～30 歲年齡段的南直隸進士仕至高級官員者占比 2.03 個百分點；《進士登科錄》刊載的 41～55 歲的南直隸進士共有 277 人，最高任官為高級官員者共有 31 人，占該年齡段南直隸進士總數的 11.19%，低於 17～30 歲年齡段的南直隸進士仕至高級官員者占比 21.48 個百分點，低於 31～40 歲年齡段的南直隸進士仕至高級官員者占比 9.45 個百分點。這也表明，中式年齡的年輕化，是其仕途發展的一大優勢。

〔註 564〕本表數據係據現存明代《進士登科錄》以及有關明代南直隸進士各種傳記、墓誌銘和行狀逐一考證確認而得。

〔註 565〕在《進士登科錄》中刊載的南直隸進士中式年齡最小者為 17 歲，最大者為 55 歲。

其次，三個年齡段的南直隸進士仕至中級官員者在各自年齡段中占比最多。17～30 歲年齡段的南直隸進士仕至中級官員者共有 428 人，占該年齡段南直隸進士總數的 52.97%；31～40 歲年齡段的南直隸進士仕至中級官員者共有 780 人，占該年齡段南直隸進士總數的 57.91%；41～55 歲年齡段的南直隸進士仕至中級官員者共有 190 人，占該年齡段南直隸進士總數的 68.59%。這說明，影響仕途發展的因素是多元的，是各種因素綜合作用的結果，年齡並非是其中唯一起作用的因素。

第三，17～30 歲年齡段的南直隸進士仕至低級官員者在該年齡段南直隸進士中所佔比重最少，共 116 人，占比為 14.36%；其次是 41～55 歲年齡段的南直隸進士，共 56 人，占比為 20.22%；而 31～40 歲年齡段的南直隸進士仕至低級官員者所佔比重最多共 289 人，占比為 21.46%。這既說明中式年齡的年輕化是其仕途發展的優勢，但並非意味著是唯一優勢。

綜上分析，南直隸進士的中式年齡確實與其仕途的發展存在一定程度的正關聯，如中式年齡越年輕，仕至高級官員者所佔比重就越大，尤其是三個不同年齡段的南直隸進士仕至從一品官員者的數量，就是明顯例證。與此同時，我們也應該認識到，中式年齡年輕化只是仕途發展的一個有利因素，而非唯一起作用的因素，如 41～55 歲中式年齡段的南直隸進士，雖然在年齡上不具備任何優勢，但還是有仕至從一品官員者，即萬曆三十二年進士徐光啟，其進士及第時中式年齡為 43 歲〔註 566〕，但仕至太子太保、禮部尚書兼文淵閣大學士〔註 567〕，入閣參與機務，這就是憑藉其他因素促成仕途發展的典型例證。

第二節　明代南直隸進士的家庭出身與社會流動

明代科舉規定，應試者須按制向有司如實填報自己的家庭狀況，這項內容反映在《登科錄》中就是「進士家狀」。例如，明代南直隸松江府華亭縣進士，後任內閣首輔的徐階，高中嘉靖二年探花，《嘉靖二年進士登科錄》詳細記載了他的家庭狀況：「徐階，貫直隸松江府華亭縣民籍……曾祖賢；祖禮；父黼，縣丞；前母林氏、錢氏，母顧氏；具慶下；兄隆，弟陳、陟；聘陳氏」〔註 568〕。

〔註 566〕《萬曆三十二年進士登科》，上海圖書館藏本。

〔註 567〕〔清〕談遷：《國榷》卷九二「思宗崇禎六年」，北京：中華書局，1958 年，第 5617 頁。

〔註 568〕《嘉靖二年進士登科錄》，第 7 頁。

由此可知，「進士家狀」包含了進士的姓名、現籍地、戶類、上三代直系親屬的名諱及履歷、母姓、祖父母及父母存世的情況、兄弟名、妻姓等情況。其中，上三代直系親屬的履歷及其所反映的社會流動是家庭狀況中最重要的內容。

一、明代南直隸進士上三代直系親屬的履歷

洪武三年初開科舉時，就要求報考科舉的考生向州縣衙門提供的信息中必須包含上三代直系親屬的履歷〔註569〕，洪武十七年頒布的《科舉成式》，規定應試者也必須向當地有司提供包含上三代履歷信息的文字材料〔註570〕，禮部刊刻的官方檔案《登科錄》中所記載的進士上三代直系親屬姓名及履歷就源於此。還需指出的是，考生自報的上三代直系親屬履歷應是其直系親屬在其登第前所獲得的由朝廷授予的現有或最終的功名、官號或捐銜。當然，有的考生在向禮部填報上三代履歷信息時，也會填報自己曾祖母、祖母、伯祖和伯父、叔父的履歷，如景泰二年南直隸進士陳傑，該科《登科錄》在記載其上三代直系親屬履歷的同時，也載有其「曾祖母唐氏，封太夫人；伯祖濟，右春坊右贊善；祖母楊氏，贈夫人」的內容〔註571〕；又如該科南直隸進士陳僎，《景泰二年進士登科錄》在記載其上三代直系親屬履歷的同時，也載有其「曾祖母徐氏，贈夫人；祖母高氏，贈夫人；伯鎰，資德大夫正治上卿都察院左都御史」的內容〔註572〕；再如該科南直隸進士吳琛，《景泰二年進士登科錄》在記載其上三代直系親屬履歷的同時，也載有其「叔思議，虎賁左衛倉副使」的內容〔註573〕；當然，這樣填報是不符合朝廷規定的填報格式的，如果要增添填報內容，事先應向朝廷說明情況，經許可後，方許填報。如正統十年南直隸進士金愷，「念先曾祖母張孺人撫哺之恩，於《登科錄》特乞書寫『祖母張氏』以報之，蓋異典也」〔註574〕。查《正統十年進士登科錄》所載金愷的上三代直系親屬履歷，果然載有「祖母張氏」的內容〔註575〕。天順後，《登科錄》中的上三代直系親屬名諱及履歷的書寫格式日益規範化，上述情況在《登科錄》中就罕見了。

〔註569〕〔明〕王世貞：《弇山堂別集》卷八一《科試考一》，第1540～1541頁。
〔註570〕萬曆《明會典》卷七七《科舉．鄉試》，第450頁。
〔註571〕《景泰二年進士登科錄》，第10頁。
〔註572〕《景泰二年進士登科錄》，第21頁。
〔註573〕《景泰二年進士登科錄》，第28頁。
〔註574〕〔明〕陸簡：《龍皋文稿》卷一五《奉政大夫南京戶部郎中陸公事狀》，《四庫全書存目叢書》集部第39冊，第340頁。
〔註575〕《正統十年進士登科錄》，第20頁。

當然，由於刊刻過程中的失誤及進士漏報和其他因素，官方檔案《登科錄》所載進士上三代直系親屬履歷也存在史實訛誤之處。最典型的莫過於臺北學生書局據國立中央圖書館藏本於 1969 年影印出版的《建文二年殿試登科錄》，該《錄》所載 110 名進士上三代直系親屬的履歷皆為無任何功名、官號和捐銜〔註 576〕，經筆者考證，這與歷史事實嚴重不符。如《建文二年殿試登科錄》載：「胡靖，舊名廣，貫江西吉安府吉水縣儒籍……曾祖鼎亨，祖彌高，父子祺」〔註 577〕。其實，胡靖上三代直系親屬姓名及履歷在《登科錄》中正確的寫法應為「曾祖鼎亨；祖彌高；父子祺，知府」〔註 578〕。又如，《建文二年殿試登科錄》載：「王艮，貫江西吉安府吉水縣民籍……曾祖孟，祖與耕，父其尹」〔註 579〕。其實，王艮上三代直系親屬姓名及履歷在《登科錄》中的正確寫法應為「曾祖孟，贈萬安縣尹；祖與耕，元承務郎，永新州同知；父其尹」〔註 580〕。再如，《建文二年殿試登科錄》載：「金幼孜，貫江西臨江府新淦縣民籍……曾祖德明，祖仲卿，父守正」〔註 581〕。其實，金幼孜上三代直系親屬姓名及履歷在《登科錄》中正確的寫法應為「曾祖德明；祖仲卿；父守正，訓導」〔註 582〕。此外，該科進士胡濙上三代直系親屬履歷在《登科錄》中的寫法也是錯誤的〔註 583〕。綜上論證，確認《建文二年殿試登科錄》不具備作

〔註 576〕《建文二年殿試登科錄》，《明代登科錄彙編》第 1 冊，第 11～68 頁。

〔註 577〕《建文二年殿試登科錄》，《明代登科錄彙編》第 1 冊，第 11 頁。

〔註 578〕《明太祖實錄》卷一〇六「洪武九年六月戊子」，第 1769～1770 頁；〔明〕楊士奇：《東里集》卷一二《故文淵閣大學士兼左春坊大學士贈榮祿大夫少師禮部尚書諡文穆胡公神道碑銘》，《景印文淵閣四庫全書》第 1238 冊，第 140～142 頁；嘉靖《延平府志》卷七《官師志》，《天一閣藏明代方志選刊》第 39 冊，第 145 頁；乾隆《延平府志》卷二二《職官》，《中國地方志集成·福建府縣志輯》第 37 冊，第 405 頁。

〔註 579〕《建文二年殿試登科錄》，《明代登科錄彙編》第 1 冊，第 12 頁。

〔註 580〕〔明〕解縉：《文毅集》卷一二《翰林院修撰王欽止先生墓表》，《景印文淵閣四庫全書》1236 冊，第 770～772 頁；《明一統志》卷五六《吉安府》，《景印文淵閣四庫全書》第 473 冊，第 150 頁；同治《永新縣志》卷九《職官志》，《中國方志叢書·華中地方》第 254 號，第 708 頁。

〔註 581〕《建文二年殿試登科錄》，《明代登科錄彙編》第 1 冊，第 15 頁。

〔註 582〕〔明〕楊榮：《文敏集》卷一七《故資善大夫太子少保禮部尚書兼武英殿大學士贈榮祿大夫諡文靖金公神道碑銘》，《景印文淵閣四庫全書》第 1240 冊，第 275 頁；隆慶《臨江府志》卷五《官師》，《天一閣藏明代方志選刊》第 47 冊，上海：上海書店 1962 年影印隆慶刊本，第 13 頁；同治《臨江府志》卷九《官師志》，臺北：成文出版社 1970 年影印同治刊本，第 113 頁。

〔註 583〕具體論證詳見下文《明代南直隸進士上三代直系親屬履歷考證表》。

為考察該科進士家庭出身及社會流動的史料價值。

除官方檔案《登科錄》外，私刻的《履歷便覽》《同年錄》《序齒錄》等科舉文獻也記載了該科進士的家庭出身，從而成為考察明代進士社會流動的重要參考文獻。但由於編纂及傳抄過程中的失誤及其他因素，也不可避免地存在諸多史實訛誤之處，其中最典型的莫過於臺灣學生書局 1969 年影印出版的《萬曆二十年壬辰科進士履歷便覽》〔註 584〕，除極個別進士外，其餘所載進士上三代直系親屬履歷皆為無任何功名、官號和捐銜的平民，也與歷史事實不符。如《萬曆二十年進士履歷便覽》載該科進士姚文蔚上三代直系親屬「曾祖福；祖鉞；父良弼」俱為純平民〔註 585〕，顯誤。經考證，姚文蔚上三代直系親屬履歷應為「曾祖福，壽官；祖鉞，封承德郎南京刑部主事；父良弼，按察司副使」〔註 586〕。又如，《萬曆二十年進士履歷便覽》載潘士達上三代直系親屬「曾祖釴；祖雲；父秉純」俱為純平民〔註 587〕，亦誤。經考證，潘士達上三代直系親屬名諱及履歷應為「曾祖釴；祖雲，州同知；父秉純，生員」〔註 588〕。再如，《萬曆二十年進士履歷便覽》載孫如遊上三代直系親屬「曾祖燧；祖墀；父鏊」俱為純平民，也誤。經考證，孫如遊上三代直系親屬名諱及履歷應為「曾祖燧，都察院右副都御史贈禮部尚書謚忠烈；祖墀，尚寶司卿；父鏊，上林苑監署丞」〔註 589〕。此外，《萬曆二十年進士履歷便覽》對顧天埈、楊繼禮上三代家庭出身的記載也都是不正確的〔註 590〕。結論應是：《萬曆二十年進士履歷便覽》也不具備作為考察該科進士上三代家庭出身及社會流動的參考資料。

由於現存科舉文獻的不完整及闕載，目前已經不可能對明代南直隸進士上三代直系親屬的履歷逐一進行考察和瞭解，只能通過存世的《登科錄》《履歷便覽》《同年錄》《序齒錄》及各種明代文集、人物傳記、墓誌銘、行狀等載有進士上三代履歷信息的文獻，對明代南直隸進士的上三代家庭出身及社會

〔註 584〕《萬曆二十年進士履歷便覽》，《明代登科錄彙編》第 21 冊。按，《明代登科錄彙編》收錄時，誤題為《萬曆二十七年進士履歷便覽》，徑改之。

〔註 585〕《萬曆二十年進士履歷便覽》，《明代登科錄彙編》第 21 冊，第 11556 頁。

〔註 586〕《嘉靖十四年進士登科錄》，第 27 頁；〔明〕黃汝亨：《寓林集》卷一七《中順大夫南京太僕寺少卿姚公行狀》，《續修四庫全書》第 1369 冊，第 260 頁。

〔註 587〕《萬曆二十年進士履歷便覽》，《明代登科錄彙編》第 21 冊，第 11560 頁。

〔註 588〕〔明〕湯顯祖：《玉茗堂全集》卷一三《明大中大夫江西右參政完樸潘公墓誌銘》，《續修四庫全書》集部第 1362 冊，第 503 頁。

〔註 589〕〔明〕周之夔：《棄草文集》卷六《光祿大夫太子太保禮部尚書文淵閣大學士鑑湖孫公神道碑》，《四庫禁燬書叢刊》集部第 112 冊，第 693 頁。

〔註 590〕詳見附錄 2《明代南直隸進士上三代直系親屬履歷考證表》。

流動進行考察。通過逐一考證確認，共有 2825 名南直隸進士上三代直系親屬的履歷可在上述文獻中找到相關記載〔註 591〕，占明代南直隸進士的 73.72%，通過樣本分析，庶幾可瞭解明代南直隸進士上三代家庭出身的大致情況。

二、明代南直隸進士的社會流動

為便於全面分析明代南直隸進士的社會流動，本文把明代南直隸進士上三代家庭出身情況分為九種情況。其中，「上三代直系親屬無任何功名、官號和捐銜的進士數及占比」，反映的是出身於純平民家庭的南直隸進士數量及其在該科南直隸進士中所佔比例，同時也反映出出身於非純平民家庭的南直隸進士數量及其所佔比例；上三代直系親屬有獲得學校、科舉功名和榮譽性職銜的家庭，已與純平民家庭有所區別，在某種程度上會對其子孫中式產生影響，獲得學校功名和科舉功名的家庭，除在服飾方面與平民不同外，還享有徭役優免權及入仕做官的資格，獲得榮譽性職銜的家庭，除在地方社會中享有聲望和地位外，也享有實際的優惠，如徭役優免，因此將其劃分為「上三代直系親屬中僅有功名和榮譽性職銜的進士數及占比」，反映的是出身於上三代直系親屬中僅有學校功名、科舉功名和榮譽性職銜家庭的南直隸進士數量及其在該科南直隸進士中所佔比例；在各類官號中，只有實職官才擁有相應的實際職權，因此「上三代直系親屬中有任實職官進士數及占比」，反映的是出身於上三代直系親屬有任實職官家庭的南直隸進士數量及其在該科南直隸進士中所佔比例；「上三代直系親屬中有任從七品以上官進士數及占比」，反映的是出身於中上層官員家庭的南直隸進士數量及其在該科南直隸進士中所佔比例；而「上三代直系親屬中有任從五品以上官進士數及占比」，反映的是出身於上層官員家庭的南直隸進士數量及其在該科南直隸進士中所佔比例；考慮到曾祖、祖、父對其子孫中式與否產生的影響不同，在此基礎上，進而劃分為「父任從七品以上官」、「父或祖有任從五品以上官」和「父任從五品以上官」三種情況。出身於教官家庭的士子，從小受擔任教官的父親的教誨，教官雖無行政權力但有時可對其子中式與否產生直接影響，因此「父任教官進士數及占比」，反映的是出身於教官家庭的南直隸進士數量及其在該科南直隸進士中所佔比例。茲謹將對以上九種情況的明代南直隸進士上三代家庭狀況的統計列表顯示如下：

〔註 591〕詳見本文附錄 2《明代南直隸進士上三代直系親屬履歷考證表》。

明代南直隸進士上三代家庭出身狀況統計表〔註 592〕

序號	科次	實際統計進士總數	上三代直系親屬無任何功名、官號和捐銜〔註 593〕的進士數及占比		上三代直系親屬中僅有功名和榮譽性職銜〔註 594〕的進士數及占比		上三代直系親屬中有任實職官進士數及占比		上三代直系親屬中有任從七品以上官進士數及占比		父任從七品以上官進士數及所佔比		上三代直系親屬中有任從五品以上官進士數及占比		父或祖有任從五品以上官進士數及占比		父任從五品以上官進士數及占比		父任教官進士數及占比	
1	洪武四年	2	2	100	0	0	0	0	0	0	0	0	0	0	0	0	0	0	0	0
2	建文二年	1	0	0	0	0	1	100	1	100	0	0	1	100	0	0	0	0	0	0
3	永樂九年	8	6	75	0	0	2	25	2	25	0	0	1	12.50	0	0	0	0	0	0
4	永樂十年	18	17	94.44	0	0	1	5.56	0	0	0	0	0	0	0	0	0	0	0	0
5	永樂十三年	2	2	100	0	0	0	0	0	0	0	0	0	0	0	0	0	0	0	0
6	宣德五年	12	4	33.33	0	0	8	66.67	6	50	2	16.67	5	41.67	2	16.67	1	8.33	1	8.33
7	宣德八年	9	8	88.89	1	100	0	0	0	0	0	0	0	0	0	0	0	0	0	0
8	正統元年	15	13	86.67	1	6.67	0	0	0	0	0	0	0	0	0	0	0	0	1	6.67
9	正統四年	16	16	100	0	0	0	0	0	0	0	0	0	0	0	0	0	0	0	0

〔註 592〕該表數據希據現存明代《進士登科錄》《履歷便覽》《同年錄》《序齒錄》和明代南直隸進士傳記、墓誌銘、行狀逐一考證確認而得。

〔註 593〕「功名」包括進士、舉人（又稱貢士）、監生（又稱國子生，包括舉人監生、歲貢監生、恩貢監生、選貢監生、蔭敘監生、例監生等）、歲貢（又稱貢生）、生員（又稱庠生、廩生、增廣生）；官號包括各種流內、流外實職官和各種散官、贈官、封官、壽官、儒官、省祭官、聽選官、儀賓等非實職官；捐銜包括義官、援例冠帶、旌表義民。

〔註 594〕包括學校功名生員、監生和科舉功名貢士（舉人）、進士以及散官、封官、贈官、壽官（也稱恩例冠帶、遇例冠帶）、義官、旌表義民、旌表孝子、儒官、冠帶官、冠帶儒士等。

10	正統七年	13	7	53.85	0	0	5	38.46	4	30.77	3	23.08	0	0	0	0	0	0	0	0
11	正統十年	29	25	86.21	0	0	4	13.79	2	6.90	1	3.45	1	3.45	1	3.45	1	3.45	2	6.90
12	正統十三年	31	19	61.29	1	3.23	11	35.48	8	25.81	3	9.68	5	16.13	4	12.90	3	9.68	1	3.23
13	景泰二年	36	20	55.56	3	8.33	13	36.11	11	30.56	7	19.44	4	11.11	4	11.11	1	2.78	0	0
14	景泰五年	57	28	49.12	1	1.75	26	45.61	14	24.56	8	14.04	8	14.04	6	8.77	5	8.77	3	5.26
15	天順元年	40	23	57.50	1	2.5	16	40	12	30	6	15	6	15	5	12.50	3	7.50	3	7.50
16	天順四年	27	18	66.67	1	3.7	8	29.63	5	18.52	4	14.81	2	7.41	1	3.70	1	3.70	2	7.41
17	天順八年	23	18	78.26	0	0	5	21.74	3	13.04	1	4.35	1	4.35	0	0	0	0	1	4.35
18	成化二年	55	40	71.43	0	0	13	21.43	7	12.50	4	7.14	4	7.14	3	5.36	3	5.36	4	7.14
19	成化五年	45	28	62.22	2	4.44	15	33.33	9	20	6	13.33	5	11.11	4	8.89	3	6.67	2	4.44
20	成化八年	41	27	65.85	2	4.88	12	29.27	5	12.20	3	7.32	4	9.76	3	7.32	3	7.32	2	4.88
21	成化十一年	50	19	38	9	18	22	44	11	22	7	14	4	8	4	8	3	6	5	10
22	成化十四年	52	34	65.38	3	5.77	15	28.85	8	15.38	5	9.62	7	13.46	7	13.46	5	9.62	1	1.92
23	成化十七年	46	26	56.52	4	8.70	15	32.61	8	17.39	6	13.04	4	8.70	4	8.70	4	8.70	1	2.17
24	成化二十年	9	6	66.67	0	0	3	33.33	3	33.33	2	22.22	2	22.22	2	22.22	2	22.22	0	0
25	成化二十三年	61	32	52.46	3	4.92	25	40.98	13	21.31	7	11.48	9	14.75	7	11.48	3	4.92	2	3.28
26	弘治三年	43	18	41.86	5	11.63	20	46.51	11	25.58	9	20.93	4	9.30	4	9.30	3	6.98	4	9.30
27	弘治六年	48	28	58.33	7	14.58	12	25	4	8.33	2	4.17	4	8.33	3	6.25	2	4.17	2	4.17
28	弘治九年	72	26	36.11	20	27.78	26	36.11	20	27.78	18	28	15	20.83	14	19.44	12	16.67	0	0
29	弘治十二年	48	23	47.92	9	18.75	15	31.25	12	25	10	20.83	5	10.42	4	8.33	4	8.33	0	0
30	弘治十五年	45	22	48.89	5	11.11	16	35.56	11	24.44	5	11.11	4	8.89	2	4.44	2	4.44	2	4.44
31	弘治十八年	53	17	32.08	14	26.42	22	41.51	15	28.30	11	20.75	8	15.09	7	13.21	7	13.21	4	7.55
32	正德三年	62	21	33.87	17	27.42	23	37.10	15	24.19	12	19.35	16	25.81	15	24.19	11	17.74	3	4.84

33	正德六年	56	23	41.07	12	21.43	21	37.5	17	30.36	10	17.86	11	19.64	9	16.07	5	8.93	1	1.79
34	正德九年	8	4	50	0	0	4	50	3	37.5	3	37.5	0	0	0	0	0	0	1	12.5
35	正德十二年	55	16	29.09	13	23.64	26	47.27	17	30.91	8	14.55	11	20	9	16.36	5	9.09	3	5.45
36	正德十六年	48	20	41.67	13	27.08	15	31.25	13	27.08	4	8.33	8	16.67	6	12.5	2	4.17	1	2.08
37	嘉靖二年	69	29	42.03	18	26.09	22	31.88	16	23.19	12	17.39	8	11.59	8	11.59	7	10.14	3	4.35
38	嘉靖五年	6	2	33.33	0	0	4	66.67	3	50	3	50	1	16.67	1	16.67	0	0	0	0
39	嘉靖八年	56	19	33.93	20	35.71	17	30.36	9	16.07	3	5.36	4	7.14	3	5.36	3	5.36	1	1.79
40	嘉靖十一年	44	14	31.82	11	25	19	43.18	15	34.09	7	15.91	9	20.45	8	18.18	4	9.09	1	2.27
41	嘉靖十四年	40	12	30	12	30	16	40	8	20	4	10	4	10	4	10	1	2.5	3	7.5
42	嘉靖十七年	36	14	38.89	10	27.78	12	33.33	6	16.67	5	13.89	5	13.89	5	13.89	4	11.11	1	2.78
43	嘉靖二十年	46	20	43.48	13	28.26	13	28.26	7	15.22	6	13.04	4	8.70	4	8.70	3	6.52	3	6.52
44	嘉靖二十三年	49	26	53.06	10	20.41	13	26.53	11	22.45	5	10.20	7	14.29	6	12.24	3	6.12	2	4.08
45	嘉靖二十六年	48	21	43.75	8	16.67	19	39.58	10	20.83	5	10.42	3	6.25	2	4.17	1	2.08	1	2.08
46	嘉靖二十九年	42	16	38.10	8	19.05	18	42.86	14	33.33	10	23.81	7	16.67	6	14.29	4	9.52	0	0
47	嘉靖三十二年	61	35	57.38	7	11.48	19	31.15	15	24.59	9	14.75	5	8.20	5	8.20	3	4.92	0	0
48	嘉靖三十五年	36	12	33.33	15	41.67	9	25	6	17.14	4	11.43	4	11.43	4	11.43	3	8.57	1	2.86
49	嘉靖三十八年	48	27	56.28	6	12.5	15	31.25	12	25	9	18.75	6	12.50	5	10.42	4	8.33	1	2.08
50	嘉靖四十一年	34	16	47.06	5	14.71	13	38.24	8	23.53	5	14.71	5	14.71	4	11.76	4	11.76	0	0
51	嘉靖四十四年	61	23	37.70	11	18.03	27	44.26	17	27.87	10	16.67	8	13.11	8	13.11	7	11.48	0	0
52	隆慶二年	61	24	39.34	14	22.95	23	37.70	16	26.23	10	16.39	10	16.39	9	14.75	7	11.48	1	1.64
53	隆慶五年	69	31	44.92	13	18.84	25	36.23	19	27.54	12	17.39	8	11.59	8	11.59	7	10.14	2	2.90
54	萬曆二年	52	25	48.08	7	13.46	20	38.46	15	28.85	11	21.15	8	15.38	7	13.46	4	7.69	2	3.85
55	萬曆五年	46	19	41.30	10	21.74	17	36.96	11	23.91	7	15.22	7	15.22	7	15.22	6	13.04	0	0

56	萬曆八年	44	17	38.64	10	22.73	15	34.09	13	29.55	3	6.82	10	22.73	9	20.45	3	6.82	2	4.55
57	萬曆十一年	46	23	50	7	15.22	16	34.78	9	19.57	4	8.70	7	15.22	5	10.87	3	6.52	0	0
58	萬曆十四年	50	12	24	13	26	24	48	17	34	10	20	10	20	8	16	6	12	2	4
59	萬曆十七年	41	8	19.51	12	29.27	21	51.22	18	43.90	11	26.83	11	26.83	10	24.39	8	19.51	0	0
60	萬曆二十年	4	2	50	1	25	1	25	1	25	0	0	1	25	1	25	0	0	0	0
61	萬曆二十三年	35	12	34.29	11	31.43	12	34.29	9	25.71	5	14.29	6	17.14	5	14.29	5	14.29	1	2.86
62	萬曆二十六年	43	17	39.53	14	32.56	12	27.91	11	25.58	8	18.60	6	13.95	6	13.95	4	9.30	1	2.33
63	萬曆二十九年	47	14	30.43	14	30.43	18	38.30	14	30.43	8	17.02	10	21.28	9	19.15	4	8.51	0	0
64	萬曆三十二年	55	16	29.09	10	18.18	29	52.73	24	43.64	10	18.18	11	20	7	12.73	2	3.64	1	1.82
65	萬曆三十五年	49	13	33.33	11	22.45	23	46.94	16	32.65	9	18.37	8	16.33	7	14.29	3	6.12	1	2.04
66	萬曆三十八年	45	11	24.24	10	22.22	23	51.11	18	40	9	20	12	26.67	11	24.24	4	8.89	2	4.44
67	萬曆四十一年	4	2	50	1	25	1	25	1	25	0	0	1	25	0	0	0	0	0	0
68	萬曆四十四年	1	1	100	0	0	1	100	1	100	1	100	1	100	1	100	1	100	0	0
69	萬曆四十七年	1	1	100	0	0	1	100	1	100	0	0	0	0	0	0	0	0	0	0
70	天啟二年	6	0	0	0	0	6	100	6	100	3	50	4	66.67	4	66.67	3	50	0	0
71	天啟五年	1	0	0	0	0	1	100	1	100	1	100	1	100	0	0	0	0	0	0
72	崇禎元年	1	0	0	1	100	0	0	0	0	0	0	0	0	0	0	0	0	0	0
73	崇禎四年	76	22	28.95	26	34.21	28	36.84	25	32.89	11	14.47	14	18.42	11	14.47	5	6.58	2	2.63
74	崇禎七年	44	10	22.73	14	31.82	19	43.18	14	31.82	9	20.45	9	20.45	7	15.91	3	6.82	2	4.55
75	崇禎十年	49	10	20.41	20	40.82	19	38.78	15	30.61	5	10.20	6	12.24	3	6.12	3	6.12	0	0
76	崇禎十三年	42	8	19.05	15	35.71	17	40.48	13	30.95	6	14.29	9	21.43	8	19.05	4	9.52	1	2.38
77	崇禎十六年	1	0	0	0	0	1	100	1	100	0	0	0	0	0	0	0	0	0	0
各項總計及占比		2825	1240	43.89	535	18.94	1029	36.42	716	25.35	417	14.76	409	14.48	346	12.25	230	8.14	89	3.15

由上表所示統計數據，我們可以得出以下結論：

首先，明代南直隸進士出身於「上三代直系親屬中無任何功名、官號和捐銜」也即純平民家庭的南直隸進士共 1240 名，占南直隸進士樣本統計數的 43.89%，高於明代進士出身於上三代直系親屬俱為純平民家庭者 0.75 個百分點〔註 595〕。從縱向考察而論，洪武四年至宣德八年出身於上三代直系親屬俱為純平民家庭的南直隸進士共 39 名，占該期南直隸進士樣本統計數的 74.07%；正統元年至天順八年出身於上三代直系親屬俱為純平民家庭的南直隸進士共 187 名，占該期南直隸進士統計數的 64.93%，比上一時期下降了 9.14 個百分點；成化二年至弘治十八年出身於上三代直系親屬俱為純平民家庭的南直隸進士共 346 名，占該期南直隸進士統計數的 51.80%，比上一時期下降了 13.13 個百分點；正德三年至隆慶五年出身於上三代直系親屬俱為純平民家庭的南直隸進士共 425 名，占該期南直隸進士統計數的 40.94%，比上一時期下降了 10.14 個百分點；萬曆二年至崇禎十六年出身於上三代直系親屬俱為純平民家庭的南直隸進士共 243 名，占該期南直隸進士統計數的 31.08%，比上一時期下降了 9.86 個百分點。由此可見，自洪武四年至崇禎十六年，明代南直隸進士出身於上三代俱為純平民家庭者呈現出直線下降的趨勢。其中，尤以成化二年至弘治十八年間降幅最大，高達 13.13 個百分點。這反映出該期在社會穩定、經濟繁榮和教育、科舉持續發展的情況下，官員和功名之家憑藉其政治、經濟、教育文化和科舉氛圍等資源優勢，不斷擴大對其子孫科舉中式的影響，應是造成該期出身於純平民家庭的南直隸進士所佔比例大幅度下降的主要原因。

其次，南直隸純平民進士所佔比例自明初至明末呈直線下降趨勢，尚不能全面反映明代南直隸進士社會流動的真實狀況。「上三代直系親屬有任實職官」的南直隸進士所佔比例為 36.42%，與之相對應，「上三代直系親屬中無人任實職官」的南直隸進士所佔比例應為 63.58%，這比明代南直隸出身於純平民家庭的進士所佔比例高出 19.69 個百分點。另據筆者統計，明代嘉靖二十六年至隆慶五年間 9 科 3114 名進士中出身於「上三代直系親屬無任何功名、官號和虛銜」者有 1282 名，占同期統計進士總數的 41.17%；〔註 596〕萬曆二年

〔註 595〕明代出身於「上三代純平民家庭」的進士，占統計進士總數的 43.14%，詳見郭培貴：《明代進士群體社會流動的再探討》，未刊稿。

〔註 596〕該數係據嘉靖二十六年、二十九年、三十二年、三十五年、三十八年、四十一年、四十四年，隆慶二年、五年《進士登科錄》考證確認統計而得。

至崇禎十年間 9 科 2788 名進士中出身於「上三代直系親屬無任何功名、官號和虛銜」者有 897 名，占同期統計進士總數的 32.17%，〔註 597〕比上期降低了 9 個百分點。這說明隆慶以後南直隸進士的社會流動速度不僅與全國進士一樣明顯放緩，而且出自上三代俱為純平民家庭者的比例低於全國同期進士 1.09 個百分點，也就是說其社會流動放緩的速度要超過全國的平均水平。上述變化的出現，應是由以下原因而造成。

一是隨著官學教育和科舉的不斷發展，明中葉後進士上三代直系親屬中擁有生員、歲貢生、監生、貢士（舉人）乃至進士等功名而無實職官的人數越來越多〔註 598〕；二是隨著明代官員封贈制度和捐納制度的實施，明中葉後進士上三代直系親屬中獲得封贈官號和捐銜的人數也越來越多。筆者據上表所示相關數據統計，南直隸出身於「上三代直系親屬僅有功名和榮譽性職銜而無實職官」家庭的進士所佔比例，洪武四年至宣德八年為 1.85%，正統元年至天順八年為 2.78%，成化二年至弘治十八年為 12.43%，正德三年至隆慶五年為 22.93%，萬曆二年至崇禎十六年為 26.37%。自明初至明年出自該類家庭的南直隸進士數量及占比呈直線上升趨勢。三是官宦家庭對其子弟科舉中式的影響在明中葉以後明顯加強。如本文統計的南直隸出身於「上三代直系親屬中有任實職官」家庭的進士所佔比例，洪武四年至宣德八年為 12.96%，正統元年至天順八年為 30.90%，成化二年至弘治十八年為 34.58%，正德三年至隆慶五年為 36.03%，萬曆二年至崇禎十六年為 41.58%。自明初至明年出自該類家庭的南直隸進士數量及占比也呈直線上升趨勢。基於以上三點，結論應是：明代南直隸出身於「上三代無任何功名、官號和捐銜」家庭的進士所佔比例持續下降，主要是由於出身於「上三代直系親屬僅有功名和榮譽性職銜而無實職官」和「上三代直系親屬中有任實職官」家庭的南直隸進士數不斷增多及所佔比例不斷上升引起的。

其三，出身於「上三代直系親屬中有任實職官」家庭的南直隸進士，其親屬任職品級越高，則出自該類家庭的進士所佔比例越低。如上表所示統計數據，自明初至明末，明代出身於「上三代直系親屬有任實職官」家庭的南直隸進士所佔比例為 36.42%，出身於「上三代直系親屬有任從七品以上實職官」

〔註 597〕該數係據萬曆二年、五年、八年、十一年、二十九年、三十五年《進士登科錄》及崇禎四年、十年《進士履歷便覽》考證確認統計而得。

〔註 598〕需指出的是，明代南直隸進士存在上三代直系親屬中擁有進士功名而未入仕者，出身於該類家庭的南直隸進士就計入該類。

家庭的南直隸進士所佔比例為 25.35%，出身於「上三代直系親屬有任從五品以上實職官」家庭的南直隸進士所佔比例為 14.48%；與之相對應，也就是說明代 85.52%的南直隸進士出身於「上三代直系親屬無任從五品以上實職官」的家庭，74.65%的南直隸進士出身於「上三代直系親屬無任從七品以上實職官」的家庭，63.58%的南直隸進士出身於「上三代直系親屬無任實職官」的家庭。基於以上考察，結論應是：明代南直隸進士上三代家庭成員所任實職官品級越高，該類進士社會流動速度越快。

其四，上三代直系親屬中，對子孫中式所起的影響從大到小依次為父親、祖、曾祖。如上表所示統計數據，明代出身於「父任從七品以上實職官」家庭的南直隸進士共 417 人，占出身於「上三代直系親屬有任從七品以上實職官」家庭的南直隸進士總數的 58.24%；出身於「父任從五品以上實職官」家庭的南直隸進士共 230 人，占出身於「上三代直系親屬有任從五品以上實職官」家庭的南直隸進士總數的 56.23%，而出身於「祖任從五品以上實職官」家庭的南直隸進士占比為 28.36%，出身於「曾祖任從五品以上實職官」家庭的南直隸進士占比為 15.40%。由此可見，父親對其子孫中式所起的影響是最大的，其次是祖父，曾祖所起的影響最小。

其五，自明初至明末，明代出身於「父任教官」家庭的南直隸進士占南直隸進士統計數的 3.15%。從縱向考察而論，洪武四年至宣德八年占比為 1.85%，正統元年至天順八年為 4.51%，成化二年至弘治十八年降為 4.34%，正德三年至隆慶五年降為 2.79%，萬曆二年至崇禎十六年為降 2.04%。由此可見，成化後，出自該類家庭的南直隸進士數量及占比呈直線下降趨勢，這說明明中葉後，隨著學校教育的發展以及官宦家庭對其子孫中式影響的不斷加強，「父任教官」家庭對其子孫中式的優勢不斷減少。

其六，出身於「上三代直系親屬中有任從七品以上實職官」家庭的南直隸進士占出身於「上三代直系親屬有任實職官」家庭的南直隸進士的比例為 69.58%，而出身於「上三代直系親屬中有任從五品以上實職官」家庭的南直隸進士所佔比例僅為 39.75%，說明這 1029 名「上三代直系親屬有任實職官」的南直隸進士中絕大部分都出自中下級官員家庭，且有相當部分「上三代直系親屬有任實職官」的南直隸進士在其中進士時，其曾任官的曾祖或祖父或父親已經致仕或亡故。以上皆說明官宦家庭對其子弟科舉中式的影響並非主要憑藉政治特權，而主要是依其家庭有利的經濟、教育文化條件和科舉氛圍並最終通過子孫自身綜合實力實現的。因此，儘管明中葉後南直隸進士的社會流動明顯放緩，但因為出自官宦之家的南直隸進士仍主要是靠科舉保持家庭聲望和社會地位，也即主要依靠自身綜合實力在激烈的科舉競爭考試中脫穎而出，且「接近 80%的明代進士完全與進士家族無緣，接近 90%的進士出身於上四代無一進士的家族」〔註 599〕。故而科舉制度仍被時人認為「二百年來，法度之至公至慎者，獨此一途耳！」〔註 600〕，也即最為公正的制度。

第三節　明代南直隸進士家族

明代南直隸共有 321 個進士家族，呈現出既分布廣泛又相對集中的地域分布特點，這是由各地科舉實力不均衡及家族內部傳經等綜合因素所致；明代南直隸進士家族在政治上的影響大約持續在三十年至一百七十年之間。

一、明代南直隸進士家族總數及其地域分布

所謂「進士家族」，有學者將其定義為「五代直系親屬內有兩名以上進士的家族」即為進士家族，並指出「也即五代之內不一定每代都出進士，但至少應有兩名以上的進士」〔註 601〕。筆者以為此定義有內在合理性，本文即以其作為確認南直隸進士家族的統計標準。明代南直隸共有 14 府、4 直隸州、17 屬州、97 縣，進士家族分散於各地，只有確認了南直隸各府州縣的進士家族數，才能確認南直隸擁有的進士家族總數。進士家族是由五代直系親屬內至少考出兩名以上的進士組成，因此，關於南直隸進士家族屬地的確認，本文以現籍地為確認標準。如現籍地為南直隸蘇州，即確認為蘇州進士家族；為常州，即確認為常州進士家族。一般而言，出自同一進士家族的進士，其現籍地都是相同的，但也存在個別出自同一進士家族的進士，其現籍地不同的情況，如常州府白氏進士家族，《天順元年進士登科錄》《嘉靖十一年進士登科錄》《嘉靖二十九年進士登科錄》《碑錄》載：白昂為「直隸常州府武進縣民籍」，中應天鄉試，登天順元年進士；昂子圻為「常州府武進縣官籍」，中應天鄉試，登成化二十年進士；圻子悅為「錦衣衛官籍」，中順天鄉試，登嘉靖十一年進士；

〔註 599〕郭培貴：《明代進士家族相關問題考論》，《求是學刊》2015 第 6 期，第 144～149 頁。

〔註 600〕〔明〕謝肇淛：《五雜俎》卷一七《事部二》，上海：上海書店出版社，2001 年，第 287 頁。

〔註 601〕郭培貴：《明代進士家族相關問題考論》，《求是學刊》2015 年第 6 期，第 144 頁。

悅子啟常為「錦衣衛官籍」，以「武進縣學附學生」中應天鄉試，登嘉靖二十九年進士；啟常孫貽忠、貽清，皆為「直隸常州府武進縣民籍」，中應天鄉試，分別登萬曆四十一年、四十七年進士。由此可知，白氏進士家族為五代斷代進士家族，至第三代白悅時，不僅現籍地已由「直隸常州府武進縣」變更為「北京錦衣衛」，此類進士家族的屬地應如何確定呢？因進士家族的延續取決於五代直系親屬內下一代能否考中進士，所以對此類進士家族屬地的確認以下一代進士的現籍地為準。啟常孫貽忠、貽清的現籍地為直隸常州府武進縣，緣此，由白昂、白圻、白悅、白啟常、白貽忠、白貽清構成的進士家族應算作南直隸常州府進士家族。

（一）明代南直隸進士家族總數

依據上述兩個確認標準，本文以現存明代《登科錄》《同年錄》《序齒錄》《履歷便覽》《類姓登科考》等科舉文獻以及各種明代南直隸進士傳記、墓誌銘、行狀和明清各地方志的相關記載，對明代南直隸進士家族的總數進行了全面的考證確認，茲謹把南直隸進士家族逐一列表顯示於下：

明代南直隸進士家族統計表

鳳陽府進士家族						
1. 盱眙縣陳道家族〔註 602〕						
代　數	姓　名	現籍地	科　次	親屬關係	規　模	進士數
第一代	陳道	直隸鳳陽府盱眙縣	天順八年	大章父	二代	2
第二代	陳大章	直隸鳳陽府盱眙縣	成化二十年	道子		
2. 定遠縣張瑾家族〔註 603〕						
第一代	張謹	直隸鳳陽府定遠縣	天順八年	永泰父	三代	3
第二代	張永泰	直隸鳳陽府定遠縣	正德三年	謹子		
第三代	張國維	直隸鳳陽府定遠縣	嘉靖二年	永泰子		
3. 定遠縣楊時秀家族〔註 604〕						
第一代	楊時秀	直隸鳳陽府定遠縣	嘉靖十四年	應聘祖	二代斷代	2
第三代	楊應聘	直隸鳳陽府定遠縣	萬曆十一年	時秀孫		

〔註 602〕《類姓登科考》，第 403 頁。

〔註 603〕《天順八年進士登科錄》，第 16 頁；《正德三年進士登科錄》，《明代科舉錄彙編》第 4 冊，第 187 頁；《嘉靖二年進士登科錄》，第 313 頁。

〔註 604〕《嘉靖十四年進士登科錄》，第 42 頁；《萬曆十一年進士登科錄》，第 46 頁。

4. 臨淮縣顧佐家族〔註 605〕						
第一代	顧佐	直隸鳳陽府臨淮縣	成化五年	承芳祖	二代	2
第二代	顧承芳	直隸鳳陽府臨淮縣	嘉靖十四年	佐孫		
5. 潁川衛張鶴鳴家族〔註 606〕						
第一代	張鶴鳴	河南潁川衛	萬曆二十年	鶴騰兄	一代	2
第一代	張鶴騰	河南潁川衛	萬曆二十三年	鶴鳴弟		
6. 潁川衛寧中立家族〔註 607〕						
第一代	寧中立	河南潁川衛	萬曆十一年	予慶祖	二代斷代	2
第三代	寧予慶	河南潁川衛	崇禎七年	中立孫		
7. 泗州戚傑家族〔註 608〕						
第一代	戚傑	直隸鳳陽府泗州	嘉靖四十四年	伸父	二代	2
第二代	戚伸	直隸鳳陽府泗州	崇禎元年	傑子		
總計：鳳陽府共 7 個進士家族，其中一代進士家族 1 個，二代進士家族 5 個，三代進士家族 1 個						
寧國府進士家族						
1. 涇縣王達家族〔註 609〕						
第一代	王達	直隸寧國府涇縣	成化二年	廷幹祖	二代斷代	2
第三代	王廷幹	直隸寧國府涇縣	嘉靖十一年	達孫		
2. 涇縣董傑家族〔註 610〕						
第一代	董傑	直隸寧國府涇縣	成化二十三年	玷祖	二代斷代	2
第三代	董玷	南直寧國府涇縣	嘉靖十一年	傑孫		
3. 涇縣蕭瑞家族〔註 611〕						
第一代	蕭瑞	直隸寧國府涇縣	正德三年	彥祖	二代斷代	3
第三代	蕭彥	直隸寧國府涇縣	隆慶五年	瑞孫		
第三代	蕭雍	直隸寧國府涇縣	萬曆十一年	瑞孫		

〔註 605〕《成化五年進士登科錄》，第 64 頁；《嘉靖十四年進士登科錄》，第 41 頁。
〔註 606〕乾隆《阜陽縣志》卷一二《人物》，乾隆刊本。
〔註 607〕《萬曆十一年進士登科錄》，第 38 頁；《崇禎七年進士履歷便覽》，第 14 頁。
〔註 608〕《類姓登科考》，第 703 頁。
〔註 609〕《成化二年進士登科錄》，第 76 頁；《嘉靖十一年進士登科錄》，第 31 頁。
〔註 610〕《成化二十三年進士登科錄》，第 19 頁；《嘉靖十一年進士登科錄》，第 64 頁。
〔註 611〕《正德三年進士登科錄》，《明代科舉錄彙編》第 4 冊，第 133 頁；《隆慶五年進士登科錄》，第 32 頁；《萬曆十一年進士登科錄》，第 34 頁。

4. 宣城縣梅守相家族〔註 612〕						
第一代	梅守相	直隸寧國府宣城縣	萬曆十四年	守峻、守和兄	一代	3
第一代	梅守峻	直隸寧國府宣城縣	萬曆十七年	守相弟		
第一代	梅守和	直隸寧國府宣城縣	萬曆二十六年	守相弟		
5. 寧國縣屠羲英家族〔註 613〕						
第一代	屠羲英	直隸寧國府寧國縣	嘉靖三十五年	玄極父	二代	2
第二代	屠玄極	直隸寧國府寧國縣	萬曆三十五年	羲英子		
6. 宣城縣沈懋學家族〔註 614〕						
第一代	沈懋學	直隸寧國府宣城縣	萬曆五年	有則父	二代	2
第二代	沈有則	直隸寧國府宣城縣	萬曆三十八年	懋學子		
7. 宣城縣殷登瀛家族〔註 615〕						
第一代	殷登瀛	直隸寧國府宣城縣	嘉靖四十一年	之輅父	二代	2
第二代	殷之輅	直隸寧國府宣城縣	萬曆四十一年	登瀛子		
8. 宣城縣詹沂家族〔註 616〕						
第一代	詹沂	直隸寧國府宣城縣	隆慶五年	應鵬父	二代	2
第二代	詹應鵬	直隸寧國府宣城縣	萬曆四十四年	沂子		
9. 宣城縣唐汝登家族〔註 617〕						
第一代	唐汝迪	直隸寧國府宣城縣	嘉靖三十五年	一澄父	二代	2
第二代	唐一澄	直隸寧國府宣城縣	天啟五年	汝迪子		
10. 宣城縣孫濬家族〔註 618〕						
第一代	孫濬	直隸寧國府宣城縣	嘉靖二十九年	日紹曾祖	二代斷代	2
第四代	孫日紹	直隸寧國府宣城縣	崇禎元年	濬曾孫		
總計：寧國府共 10 個進士家族，其中一代進士家族 1 個，二代進士家族 9 個						

〔註 612〕《萬曆十四年進士同年總錄》，《明代登科錄彙編》第 20 冊，第 11044 頁；《萬曆二十六年進士履歷便覽》，第 8 頁；《類姓登科考》，第 395 頁。

〔註 613〕《嘉靖三十五年進士登科錄》，第 20 頁；《萬曆三十五年進士登科錄》，《明代科舉錄彙編》第 9 冊，第 317 頁。

〔註 614〕《萬曆五年進士登科錄》，第 8 頁；《萬曆三十八年進士登科錄》，臺北「史語所」傅斯年圖書館，第 50 頁。

〔註 615〕《類姓登科考》，第 417 頁。

〔註 616〕《類姓登科考》，第 587 頁。

〔註 617〕《類姓登科考》，第 477 頁。

〔註 618〕《類姓登科考》，第 423 頁。

安慶府進士家族						
1. 桐城縣盛汝謙家族〔註 619〕						
第一代	盛汝謙	直隸安慶府桐城縣	嘉靖二十年	世承、世翼父	二代	3
第二代	盛世承	直隸安慶府桐城縣	萬曆五年	汝謙子		
第二代	盛世翼	直隸安慶府桐城縣	萬曆十四年	汝謙子		
2. 懷寧縣吳宗周家族〔註 620〕						
第一代	吳宗周	直隸安慶府懷寧縣	嘉靖三十五年	岳秀父	二代	2
第二代	吳岳秀	直隸安慶府懷寧縣	萬曆八年	宗周子		
3. 桐城縣吳一介家族〔註 621〕						
第一代	吳一介	直隸安慶府桐城縣	嘉靖三十五年	應賓父	二代	2
第二代	吳應賓	直隸安慶府桐城縣	萬曆十四年	一介子		
4. 桐城縣何如寵家族〔註 622〕						
第一代	何如寵	南直安慶府桐城縣	萬曆二十六年	如申弟	一代	2
第一代	何如申	直隸安慶府桐城縣	萬曆二十六年	如寵兄		
5. 桐城縣阮鶚家族〔註 623〕						
第一代	阮鶚	直隸安慶府桐城縣	嘉靖二十三年	自華父	四代	4
第二代	阮自華	直隸安慶府桐城縣	萬曆二十六年	鶚子		
第三代	阮以鼎	直隸安慶府桐城縣	萬曆二十六年	鶚孫		
第四代	阮大鋮	直隸安慶府桐城縣	萬曆四十四年	鶚曾孫		
6. 桐城縣戴完家族〔註 624〕						
第一代	戴完	直隸安慶府桐城縣	嘉靖二十三年	耆顯祖	二代斷代	2
第三代	戴耆顯	直隸安慶府桐城縣	萬曆三十二年	完孫		

〔註 619〕《嘉靖二十年進士登科錄》，第 75 頁；《萬曆五年進士登科錄》，第 11 頁；《萬曆十四年進士同年總錄》，《明代登科錄彙編》第 20 冊，第 10912 頁。

〔註 620〕《嘉靖三十五年進士登科錄》，第 59 頁；《萬曆八年進士登科錄》，《明代登科錄彙編》第 19 冊，第 10270 頁。

〔註 621〕《嘉靖三十五年進士登科錄》，第 15 頁；《萬曆十四年進士同年總錄》，《明代登科錄彙編》第 20 冊，第 11072 頁。

〔註 622〕《萬曆二十六年進士履歷便覽》，第 9 頁；《類姓登科考》，第 455 頁。

〔註 623〕《嘉靖二十三年進士登科錄》，第 13 頁；《萬曆二十六年進士履歷便覽》，第 9 頁；《類姓登科考》，第 624 頁。

〔註 624〕《嘉靖二十三年進士登科錄》，第 9 頁；《萬曆三十二年進士登科錄》，上海圖書館藏本。

7. 桐城縣方大鎮家族〔註 625〕						
第一代	方大鎮	直隸安慶府桐城縣	萬曆十七年	大鉉兄	三代	4
第一代	方大鉉	直隸安慶府桐城縣	萬曆四十一年	大鎮弟		
第二代	方孔炤	直隸安慶府桐城縣	萬曆四十四年	大鎮子		
第三代	方以智	直隸安慶府桐城縣	崇禎十三年	孔炤子		
8. 桐城縣姚之蘭家族〔註 626〕						
第一代	姚之蘭	直隸安慶府桐城縣	萬曆二十九年	孫棨、孫棐父	三代	4
第二代	姚孫棨	直隸安慶府桐城縣	萬曆四十七年	之蘭子		
第二代	姚孫棐	直隸安慶府桐城縣	崇禎十三年	之蘭子		
第三代	姚文然	直隸安慶府桐城縣	崇禎十六年	孫棐子		
9. 桐城縣倪應眷家族〔註 627〕						
第一代	倪應眷	直隸安慶府桐城縣	萬曆三十五年	嘉善父	二代	2
第二代	倪嘉善	直隸安慶府桐城縣	天啟二年	應眷子		
10. 桐城縣方大美家族〔註 628〕						
第一代	方大美	南直安慶府桐城縣	萬曆十四年	拱乾父	二代	2
第二代	方拱乾	南直安慶府桐城縣	崇禎元年	大美子		
11. 懷寧縣劉尚志家族〔註 629〕						
第一代	劉尚志	直隸安慶府懷寧縣	隆慶五年	若宜父	二代	2
第二代	劉若宜	直隸安慶府懷寧縣	崇禎十年	尚志子		
12. 桐城縣葉燦家族〔註 630〕						
第一代	葉燦	南直安慶府桐城縣民籍	萬曆四十一年	士瑛父	二代	2
第二代	葉士瑛	南直安慶府桐城縣民籍	崇禎七年	燦子		
13. 桐城縣馬孟禎家族〔註 631〕						
第一代	馬孟禎	南直安慶府桐城縣民籍	萬曆二十六年	之瑛祖	二代斷代	2
第三代	馬之瑛	南直安慶府桐城縣民籍	崇禎十三年	孟禎孫		
總計：安慶府共有 13 個進士家族，其中一代進士家族有 1 個，二代進士家族有 9 個，三代進士家族有 2 個，四代進士家族有 1 個						

〔註 625〕《類姓登科考》，第 472 頁。
〔註 626〕《類姓登科考》，第 439～440 頁。
〔註 627〕《類姓登科考》，第 394 頁。
〔註 628〕《類姓登科考》，第 472 頁。
〔註 629〕《隆慶五年進士登科錄》，第 43 頁；《崇禎十年進士履歷便覽》，第 4 頁。
〔註 630〕《崇禎七年進士履歷便覽》，第 3～4 頁；《類姓登科考》，第 707 頁。
〔註 631〕《類姓登科考》，第 636 頁。

揚州府進士家族						
1. 揚州衛俞俊家族〔註 632〕						
第一代	俞俊	直隸揚州衛	成化二年	敦父	二代	2
第二代	俞敦	直隸揚州衛	正德六年	俊子		
2. 江都縣高銓家族〔註 633〕						
第一代	高銓	直隸揚州府江都縣	成化五年	淪父	二代	2
第二代	高淪	直隸揚州府江都縣	正德十二年	銓子		
3. 泰州徐蕃家族〔註 634〕						
第一代	徐蕃	直隸揚州府泰州	弘治六年	嵩父	二代	2
第二代	徐嵩	直隸揚州府泰州	正德十六年	蕃子		
4. 寶應縣朱應登家族〔註 635〕						
第一代	朱應登	直隸揚州府高郵州寶應縣	弘治十二年	曰藩父	二代	2
第二代	朱曰藩	直隸揚州府高郵州寶應縣	嘉靖二十三年	應登子		
5. 江都縣葉觀家族〔註 636〕						
第一代	葉觀	直隸揚州府江都縣	正德十二年	桺中父	二代	2
第二代	葉桺中	直隸揚州府江都縣	隆慶二年	觀子		
6. 通州陳堯家族〔註 637〕						
第一代	陳堯	直隸揚州府通州	嘉靖十四年	大科父	二代	2
第二代	陳大科	直隸揚州府通州	隆慶五年	堯子		
7. 泰州守禦千戶所陳汲家族〔註 638〕						
第一代	陳汲	直隸泰州守禦千戶所	嘉靖三十五年	應芳父	二代	2
第二代	陳應芳	直隸泰州守禦千戶所	萬曆二年	汲子		

〔註 632〕《成化二年進士登科錄》，第 17 頁；《正德六年進士登科錄》，第 90 頁。

〔註 633〕《成化五年進士登科錄》，第 45 頁；《正德十二年進士登科錄》，第 28 頁。

〔註 634〕《弘治六年進士登科錄》，第 17 頁；《正德十六年進士登科錄》，《明代登科錄彙編》第 6 冊，第 3017 頁。

〔註 635〕《弘治十二年進士登科錄》，上海圖書館藏本；《嘉靖二十三年進士登科錄》，第 58 頁。

〔註 636〕《正德十二年進士登科錄》，第 19 頁；《隆慶二年進士登科錄》，《明代登科錄彙編》第 17 冊，第 9003 頁。

〔註 637〕《嘉靖十四年進士登科錄》，第 18 頁；《隆慶五年進士登科錄》，第 35 頁。

〔註 638〕《嘉靖三十五年進士登科錄》，第 21 頁；《萬曆二年進士登科錄》，第 59 頁。

8. 興化縣李春芳家族〔註 639〕						
第一代	李春芳	直隸揚州府興化縣	嘉靖二十六年	思誠祖	三代斷代	5
第三代	李思誠	直隸揚州府興化縣	萬曆二十六年	春芳孫		
第四代	李嗣京	直隸揚州府興化縣	崇禎元年	春芳曾孫		
第三代	李清	直隸揚州府興化縣	崇禎四年	思誠孫		
第四代	李長倩	直隸揚州府興化縣	崇禎七年	春芳曾孫		
9. 泰興縣張穗家族〔註 640〕						
第一代	張穗	直隸揚州府泰興縣	正德九年	京元曾祖	二代斷代	2
第四代	張京元	直隸揚州府泰興縣	萬曆三十二年	穗曾孫		
10. 興化縣解學龍家族〔註 641〕						
第一代	解學龍	直隸揚州府興化縣	萬曆四十一年	學夔、學尹兄	一代	3
第一代	解學夔	直隸揚州府興化縣	天啟二年	學龍弟		
第一代	解學尹	直隸揚州府興化縣	崇禎元年	學龍弟		
11. 通州顧養謙家族〔註 642〕						
第一代	顧養謙	直隸揚州府通州	嘉靖十四年	國寶祖	二代	2
第二代	顧國寶	直隸揚州府通州	天啟二年	養謙孫		
12. 江都縣閻士選家族〔註 643〕						
第一代	閻士選	直隸揚州府江都縣	萬曆八年	汝梅父	二代	2
第二代	閻汝梅	直隸揚州府江都縣	崇禎四年	士選子		
13. 泰州宮繼蘭家族〔註 644〕						
第一代	宮繼蘭	直隸揚州府泰州	崇禎十年	偉鏐	二代	2
第二代	宮偉鏐	直隸揚州府泰州	崇禎十六年	繼蘭子		
總計：揚州府共有 13 個進士家族，其中一代進士家族有 1 個，二代進士家族有 11 個，三代進士家族有 1 個						

〔註 639〕《萬曆二十六家進士履歷便覽》，第 7 頁；《崇禎四年進士履歷便覽》，第 9 頁；《崇禎七年進士履歷便覽》，第 7 頁；《類姓登科考》，第 612 頁；康熙《興化縣志》卷八《人物》，康熙刊本。

〔註 640〕《萬曆三十二年進士登科錄》，上海圖書館藏本。

〔註 641〕《類姓登科考》，第 622 頁。

〔註 642〕《類姓登科考》，第 659 頁。

〔註 643〕《類姓登科考》，第 587 頁。

〔註 644〕《類姓登科考》，第 346 頁。

松江府進士家族						
1. 華亭縣錢溥家族〔註 645〕						
第一代	錢溥	直隸松江府華亭縣	正統四年	博兄	二代斷代	3
第二代	錢博	直隸松江府華亭縣	正統十年	溥弟		
第三代	錢啟宏	直隸松江府華亭縣	弘治六年	溥孫		
2. 上海縣張衡家族〔註 646〕						
第一代	張衡	直隸松江府上海縣	永樂十三年	谷祖	二代斷代	2
第三代	張谷	直隸松江府上海縣	成化十一年	衡孫		
3. 華亭縣王祐家族〔註 647〕						
第一代	王祐	直隸松江府華亭縣	景泰二年	屏父	二代	2
第二代	王屏	南直松江府華亭縣	成化十四年	祐子		
4. 華亭縣侯方家族〔註 648〕						
第一代	侯方	直隸松江府華亭縣	成化五年	直兄	一代	2
第一代	侯直	直隸松江府華亭縣	成化十七年	方弟		
5. 華亭縣吳玘家族〔註 649〕						
第一代	吳玘	直隸松江府華亭縣	景泰五年	鳳鳴父	二代	2
第二代	吳鳳鳴	直隸松江府華亭縣	成化十七年	玘子		
6. 華亭縣張弼家族〔註 650〕						
第一代	張弼	直隸松江府華亭縣	成化二年	弘宜、弘至父	二代	3
第二代	張弘宜	直隸松江府華亭縣	成化十七年	弼子		
第二代	張弘至	直隸松江府華亭縣	弘治九年	弼子		
7. 華亭縣周輿家族〔註 651〕						
第一代	周輿	直隸松江府華亭縣	景泰二年	佩父	二代	2
第二代	周佩	直隸松江府華亭縣	弘治三年	輿子		

〔註 645〕《正統四年進士登科錄》，第 8 頁；《正統十年進士登科錄》，第 9 頁；《弘治六年進士登科錄》，第 13 頁。

〔註 646〕《成化十一年進士登科錄》，第 61 頁。

〔註 647〕《景泰二年進士登科錄》，第 9 頁；《成化十四年進士登科錄》，第 54 頁。

〔註 648〕《成化五年進士登科錄》，第 20 頁；《成化十七年進士登科錄》，第 31 頁。

〔註 649〕《景泰五年進士登科錄》，第 76 頁；《成化十七年進士登科錄》，第 37 頁。

〔註 650〕《成化二年進士登科錄》，第 11 頁；《成化十七年進士登科錄》，第 44 頁；《弘治九年進士登科錄》，《明代登科錄彙編》第 4 冊，第 1946 頁。

〔註 651〕《景泰二年進士登科錄》，第 8 頁；《弘治三年進士登科錄》，第 25 頁。

8. 上海縣董綸家族〔註 652〕						
第一代	董綸	直隸松江府上海縣	天順八年	忱父	三代	4
第二代	董忱	直隸松江府上海縣	弘治九年	綸子		
第二代	董恬	直隸松江府上海縣	弘治九年	綸子		
第三代	董傳策	直隸松江府上海縣	嘉靖二十九年	綸孫		
9. 上海縣張黼家族〔註 653〕						
第一代	張黼	直隸松江府上海縣	成化二十三年	鳴鳳父	二代	2
第二代	張鳴鳳	直隸松江府上海縣	弘治九年	黼子		
10. 上海縣王霽家族〔註 654〕						
第一代	王霽	直隸松江府上海縣	天順四年	泰父	二代	2
第二代	王泰	直隸松江府上海縣	弘治十二年	霽子		
11. 華亭縣陶永淳家族〔註 655〕						
第一代	陶永淳	直隸松江府華亭縣	成化二年	驥父	二代	2
第二代	陶驥	直隸松江府華亭縣	弘治十八年	永淳子		
12. 上海縣戴春家族〔註 656〕						
第一代	戴春	直隸松江府上海縣	天順八年	恩祖	二代	2
第三代	戴恩	直隸松江府上海縣	正德六年	春孫		
13. 華亭縣孫衍家族〔註 657〕						
第一代	孫衍	直隸松江府華亭縣	成化十四年	承恩父	二代	2
第二代	孫承恩	直隸松江府華亭縣	正德六年	衍子		
14. 華亭縣楊璨家族〔註 658〕						
第一代	楊璨	直隸松江府華亭縣	正德六年	秉義父	二代	2
第二代	楊秉義	直隸松江府華亭縣	正德九年	璨子		

〔註 652〕《天順八年進士登科錄》，第 34 頁；《弘治九年進士登科錄》，《明代登科錄彙編》第 4 冊，第 1882、1901 頁；弘治《上海縣志》九《科貢表》，弘治刊本；《嘉靖二十九年進士登科錄》，第 53 頁。

〔註 653〕《成化二十三年進士登科錄》，第 51 頁；《弘治九年進士登科錄》，《明代登科錄彙編》第 4 冊，第 1934 頁。

〔註 654〕《天順四年進士登科錄》，第 43 頁；《弘治十二年進士登科錄》，上海圖書館藏本。

〔註 655〕《成化二年進士登科錄》，第 95 頁；《弘治十八年進士登科錄》，《明代登科錄彙編》第 5 冊，第 2503 頁。

〔註 656〕《天順八年進士登科錄》，第 8 頁；《正德六年進士登科錄》，第 23 頁。

〔註 657〕《成化十四年進士登科錄》，第 13 頁；《正德六年進士登科錄》，第 31 頁。

〔註 658〕〔明〕徐階：《世經堂集》卷一五《明故文林郎故吏科都給事中致仕麟山楊公墓誌銘》，《四庫全書存目叢書》集部第 79 冊，第 677 頁。

15. 華亭縣顧中立家族〔註 659〕						
第一代	顧中立	直隸松江府華亭縣	嘉靖五年	中孚兄	一代	2
第一代	顧中孚	直隸松江府華亭縣	嘉靖五年	中立弟		
16. 華亭縣包鼎家族〔註 660〕						
第一代	包鼎	浙江嘉興府嘉興縣	成化十四年	鼐兄	三代斷代	5
第一代	包鼐	浙江嘉興府嘉興縣	成化十四年	鼎弟		
第三代	包節	直隸松江府華亭縣	嘉靖十一年	鼎孫		
第三代	包孝	直隸松江府華亭縣	嘉靖十四年	鼎孫		
第六代	包爾庚	直隸松江府華亭縣	崇禎十年	孝曾孫		
17. 華亭縣曹鼐家族〔註 661〕						
第一代	曹鼐	直隸松江府華亭縣	成化二年	嗣榮祖	二代斷代	2
第三代	曹嗣榮	直隸松江府華亭縣	嘉靖十四年	鼐孫		
18. 上海縣唐懽家族〔註 662〕						
第一代	唐懽	直隸松江府上海縣	弘治十五年	志大祖	二代斷代	2
第三代	唐志大	直隸松江府上海縣	嘉靖二十年	懽孫		
19. 華亭縣楊瑋家族〔註 663〕						
第一代	楊瑋	直隸松江府華亭縣	弘治九年	允繩祖	二代斷代	2
第三代	楊允繩	直隸松江府華亭縣	嘉靖二十三年	瑋孫		
20. 華亭縣徐階家族〔註 664〕						
第一代	徐階	直隸松江府華亭縣	嘉靖二年	陟兄	一代	2
第一代	徐陟	直隸松江府華亭縣	嘉靖二十六年	階弟		
21. 華亭縣朱瑄家族〔註 665〕						
第一代	朱瑄	直隸松江府華亭縣	正統十三年	大韶曾祖	二代斷代	2
第四代	朱大韶	直隸松江府華亭縣	嘉靖二十六年	瑄曾孫		

〔註 659〕〔明〕徐階：《世經堂集》卷一七《明故廣西參議左山顧公墓誌銘》，《四庫全書存目叢書》集部第 79 冊，第 740～743 頁。

〔註 660〕《成化十四年進士登科錄》，第 33、81 頁；《嘉靖十一年進士登科錄》，第 56 頁；《嘉靖十四年進士登科錄》，第 57 頁；《崇禎十年進士履歷便覽》，第 6 頁。

〔註 661〕《成化二年進士登科錄》，第 56 頁；《嘉靖十四年進士登科錄》，第 30 頁。

〔註 662〕《弘治十五年進士登科錄》，第 28 頁；《嘉靖二十年進士登科錄》，第 33 頁。

〔註 663〕《弘治九年進士登科錄》，《明代登科錄彙編》第 4 冊，第 1986 頁；《嘉靖二十三年進士登科錄》，第 83 頁。

〔註 664〕《嘉靖二年進士登科錄》，第 8 頁；《嘉靖二十六年進士登科錄》，第 15 頁。

〔註 665〕《正統十三年進士登科錄》，第 41 頁；《嘉靖二十六年進士登科錄》，第 75 頁。

22. 華亭縣袁愷家族〔註 666〕						
第一代	袁凱	直隸松江府華亭縣	景泰二年	世榮曾祖	二代斷代	2
第四代	袁世榮	直隸松江府華亭縣	嘉靖二十九年	凱曾孫		
23. 上海縣潘恩家族〔註 667〕						
第一代	潘恩	直隸松江府上海縣	嘉靖二年	允端父	二代	3
第二代	潘允端	直隸松江府上海縣	嘉靖四十一年	恩子		
第二代	潘允哲	直隸松江府上海縣	嘉靖四十四年	恩子		
24. 華亭縣林樹聲家族〔註 668〕						
第一代	林樹聲	直隸松江府華亭縣	嘉靖二十年	樹德兄	二代	4
第一代	林樹德	直隸松江府華亭縣	嘉靖四十四年	樹聲弟		
第二代	陸彥章	直隸松江府華亭縣	萬曆十七年	樹聲子		
第二代	陸彥禎	直隸松江府華亭縣	萬曆二十三年	樹德子		
25. 華亭縣陸從大家族〔註 669〕						
第一代	陸從大	直隸松江府華亭縣	嘉靖二十年	從平兄	一代	2
第一代	陸從平	直隸松江府華亭縣	隆慶二年	從大弟		
26. 上海縣唐自化家族〔註 670〕						
第一代	唐自化	直隸松江府上海縣	嘉靖三十二年	本堯父	二代	2
第二代	唐本堯	直隸松江府上海縣	隆慶五年	自化子		
27. 華亭縣馮恩家族〔註 671〕						
第一代	馮恩	直隸松江府華亭縣	嘉靖五年	時可父	二代	2
第二代	馮時可	直隸松江府華亭縣	隆慶五年	恩子		
28. 上海縣朱豹家族〔註 672〕						
第一代	朱豹	直隸松江府上海縣	正德十二年	家法祖	二代	2
第三代	朱家法	直隸松江府上海縣	萬曆二十年	豹孫		

〔註 666〕《景泰二年進士登科錄》，第 11 頁；《嘉靖二十九年進士登科錄》，第 55 頁。

〔註 667〕《嘉靖二年進士登科錄》，第 14 頁；《嘉靖四十一年進士登科錄》，第 9 頁；《嘉靖四十四年進士登科錄》，第 45 頁。

〔註 668〕《嘉靖二十年進士登科錄》，第 10 頁；《嘉靖四十四年進士登科錄》，第 57 頁。

〔註 669〕《嘉靖二十年進士登科錄》，第 68 頁；《隆慶二年進士登科錄》，《明代登科錄彙編》第 17 冊，第 8995 頁。

〔註 670〕《嘉靖三十二年進士登科錄》，第 42 頁；《隆慶五年進士登科錄》，第 75 頁。

〔註 671〕《隆慶五年進士登科錄》，第 80 頁。

〔註 672〕《類姓登科考》，第 373 頁。

29. 華亭縣范惟一家族〔註 673〕						
第一代	范惟一	直隸松江府華亭縣	嘉靖二十年	惟丕兄	二代	2
第一代	范惟丕	直隸松江府華亭縣	嘉靖三十八年	惟一弟		
第二代	范允臨	直隸松江府華亭縣	萬曆二十三年	惟丕子		
30. 華亭縣徐三重家族〔註 674〕						
第一代	徐三重	直隸松江府華亭縣	萬曆五年	禎稷父	二代	2
第二代	徐禎稷	直隸松江府華亭縣	萬曆二十九年	三重子		
31. 華亭縣袁福徵家族〔註 675〕						
第一代	袁福徵	直隸松江府華亭縣	嘉靖二十三年	思明祖	二代	2
第三代	袁思明	直隸松江府華亭縣	萬曆三十五年	福徵孫		
32. 上海縣喬木家族〔註 676〕						
第一代	喬木	直隸松江府上海縣	隆慶二年	拱璧祖	二代	2
第三代	喬拱璧	直隸松江府上海縣	萬曆三十五年	木孫		
33. 上海縣喬時敏家族〔註 677〕						
第一代	喬時敏	直隸松江府上海縣	萬曆三十八年	時英兄	一代	2
第一代	喬時英	直隸松江府上海縣	萬曆四十一年	時敏弟		
34. 華亭縣王庭梅家族〔註 678〕						
第一代	王庭梅	直隸松江府華亭縣	萬曆四十一年	庭柏兄	一代	2
第一代	王庭栢	直隸松江府華亭縣	萬曆四十七年	庭梅弟		
35. 華亭縣林喬林家族〔註 679〕						
第一代	林喬林	直隸松江府華亭縣	萬曆四十四年	麟徵父	二代	2
第二代	杜麟徵	直隸松江府華亭縣	崇禎四年	喬林子		
36. 青浦縣陳所聞家族〔註 680〕						
第一代	陳所聞	直隸松江府青浦縣	萬曆四十七年	子龍父	二代	2
第二代	陳子龍	直隸松江府青浦縣	崇禎十年	所聞子		

〔註 673〕《類姓登科考》，第 648 頁。

〔註 674〕《萬曆五年進士登科錄》，第 63 頁；《萬曆二十九年進士登科錄》，《明代科舉錄彙編》第 9 冊，第 38 頁。

〔註 675〕《嘉靖二十三年進士登科錄》，第 25 頁；《萬曆三十五年進士登科錄》，《明代科舉錄彙編》第 9 冊，第 218 頁。

〔註 676〕《萬曆三十五年進士登科錄》，《明代科舉錄彙編》第 9 冊，第 291 頁。

〔註 677〕《類姓登科考》，第 437 頁。

〔註 678〕光緒《重修華亭縣志》卷一八《人物》，光緒刊本。

〔註 679〕《類姓登科考》，第 621 頁。

〔註 680〕《類姓登科考》，第 413 頁。

37. 華亭縣章憲文家族〔註 681〕						
第一代	章憲文	直隸松江府華亭縣	萬曆十四年	曠祖	二代	2
第三代	章曠	直隸松江府華亭縣	崇禎十年	憲文孫		
38. 華亭縣朱大韶家族〔註 682〕						
第一代	朱大韶	直隸松江府華亭縣	嘉靖二十六年	積祖	二代	2
第三代	朱積	直隸松江府華亭縣	崇禎十六年	大韶孫		
39. 華亭縣張承憲家族〔註 683〕						
第一代	張承憲	直隸松江府華亭縣	嘉靖二十三年	豣之曾祖	二代	2
第四代	張豣之	直隸松江府華亭縣	崇禎十六年	承憲曾孫		
40. 華亭縣陸萬鍾家族〔註 684〕						
第一代	陸萬鍾	直隸松江府華亭縣	嘉靖四十四年	亮輔祖	二代	2
第三代	陸亮輔	直隸松江府華亭縣	崇禎十六年	萬鍾孫		
41. 華亭縣楊繼禮家族〔註 685〕						
第一代	楊繼禮	直隸松江府華亭縣	萬曆二十年	汝成父	二代	2
第二代	楊汝成	直隸松江府華亭縣	天啟五年	繼禮子		
總計：松江府共有 41 個進士家族，其中一代進士家族有 6 個，二代進士家族有 33 個，三代進士家族有 2 個						
鎮江府進士家族						
1. 金壇縣王臯家族〔註 686〕						
第一代	王臯	直隸鎮江府金壇縣	正德十二年	樵父	三代	3
第二代	王樵	直隸鎮江府金壇縣	嘉靖二十六年	臯子		
第三代	王肯堂	直隸鎮江府金壇縣	萬曆十七年	臯孫、樵子		
2. 鎮江衛曹儆家族〔註 687〕						
第一代	曹儆	直隸鎮江衛	弘治十八年	慎父	二代	2
第二代	曹慎	直隸鎮江衛	嘉靖四十四年	儆子		

〔註 681〕《崇禎十年進士履歷便覽》，第 6 頁。
〔註 682〕《類姓登科考》，第 347 頁。
〔註 683〕乾隆《金山縣志》卷九《人物志》，乾隆刊本。
〔註 684〕《類姓登科考》，第 688 頁。
〔註 685〕《類姓登科考》，第 465 頁。
〔註 686〕《萬曆十七年進士履歷便覽》，第 8 頁。
〔註 687〕《嘉靖四十四年進士登科錄》，第 62 頁。

3. 丹陽縣姜寶家族〔註 688〕						
第一代	姜寶	直隸鎮江府丹陽縣	嘉靖三十二年	士昌父	二代	2
第二代	姜士昌	直隸鎮江府丹陽縣	萬曆八年	寶子		
4. 金壇縣於湛家族〔註 689〕						
第一代	於湛	直隸鎮江府金壇縣	正德六年	文熙、孔兼祖	三代斷代	4
第三代	於文熙	直隸鎮江府金壇縣	萬曆八年	湛孫		
第三代	於孔兼	直隸鎮江府金壇縣	萬曆八年	湛孫		
第四代	於玉立	直隸鎮江府金壇縣	萬曆十一年	湛曾孫		
5. 丹陽縣眭燁家族〔註 690〕						
第一代	眭燁	直隸鎮江府丹陽縣	嘉靖八年	石祖	二代斷代	2
第三代	眭石	直隸鎮江府丹陽縣	萬曆二十九年	燁孫		
6. 丹徒縣茅盤家族〔註 691〕						
第一代	茅盤	南直鎮江府丹徒縣	嘉靖十一年	崇修祖	二代斷代	2
第三代	茅崇修	南直鎮江府丹徒縣	萬曆四十七年	盤孫		
7. 金壇縣周泰峙家族〔註 692〕						
第一代	周泰峙	直隸鎮江府金壇縣	萬曆三十五年	維持兄	二代	2
第一代	周維持	直隸鎮江府金壇縣	萬曆四十七年	泰峙弟		
第二代	周鑣	直隸鎮江府金壇縣	崇禎元年	泰峙子		
8. 金壇縣史弼家族〔註 693〕						
第一代	史弼	直隸鎮江府金壇縣	萬曆二十年	纘烈	二代	2
第二代	史纘烈	直隸鎮江府金壇縣	天啟二年	弼子		
9. 金壇縣王都家族〔註 694〕						
第一代	王都	直隸鎮江府金壇縣	天啟二年	敬錫父	二代	2
第二代	王敬錫	直隸鎮江府金壇縣	天啟五年	都子		

〔註 688〕《萬曆八年進士登科錄》,《明代登科錄彙編》第 19 冊，第 10244 頁。
〔註 689〕《萬曆八年進士登科錄》,《明代登科錄彙編》第 19 冊，第 10247、10355 頁；《萬曆十一年進士登科錄》，第 19 頁。
〔註 690〕《萬曆二十九年進士登科錄》,《明代科舉錄彙編》第 9 冊，第 45 頁。
〔註 691〕《類姓登科考》，第 440 頁。
〔註 692〕《類姓登科考》，第 570 頁。
〔註 693〕《類姓登科考》，第 594 頁。
〔註 694〕《類姓登科考》，第 500 頁。

10. 丹陽縣賀邦泰家族〔註 695〕						
第一代	賀邦泰	直隸鎮江府丹陽縣	嘉靖三十八年	烺祖，王盛、儒修曾祖	三代斷代	4
第三代	賀烺	直隸鎮江府丹陽縣	萬曆三十八年	邦泰孫、王盛父		
第四代	賀王盛	直隸鎮江府丹陽縣	崇禎元年	烺子		
第四代	賀儒修	直隸鎮江府丹陽縣	崇禎四年	邦泰曾孫		
11. 金壇縣曹大章家族〔註 696〕						
第一代	曹大章	直隸鎮江府金壇縣	嘉靖三十二年	宗璠祖	二代斷代	2
第三代	曹宗璠	直隸鎮江府金壇縣	崇禎四年	大章孫		
12. 金壇縣周銓家族〔註 697〕						
第一代	周銓	直隸鎮江府金壇縣	崇禎十年	鍾兄	一代	2
第一代	周鍾	直隸鎮江府金壇縣	崇禎十六年	銓弟		
總計：鎮江府共有 12 個進士家族，其中一代進士家族有 1 個，二代進士家族有 8 個，三代進士家族有 3 個						
淮安府進士家族						
1. 山陽縣沈翼家族〔註 698〕						
第一代	沈翼	直隸淮安府山陽縣	宣德五年	珤父	二代	2
第二代	沈珤	直隸淮安府山陽縣	天順元年	翼子		
2. 山陽縣史敏家族〔註 699〕						
第一代	史敏	直隸淮安衛	正統十年	效父	二代	2
第二代	史效	直隸淮安府山陽縣	成化十四年	敏子		
3. 大河衛尹珍家族〔註 700〕						
第一代	尹珍	直隸大河衛	成化十一年	京父	二代	2
第二代	尹京	直隸大河衛	正德六年	珍子		

〔註 695〕《類姓登科考》，第 671 頁。
〔註 696〕《崇禎四年進士履歷便覽》，第 8 頁。
〔註 697〕《類姓登科考》，第 571 頁。
〔註 698〕《天順元年進士登科錄》，《明代登科錄彙編》第 2 冊，第 597 頁。
〔註 699〕《成化十四年進士登科錄》，第 73 頁。
〔註 700〕《正德六年進士登科錄》，第 38 頁。

4. 沐陽縣胡璉家族〔註 701〕						
第一代	胡璉	直隸淮安府沐陽縣	弘治十八年	效才父	三代	3
第二代	胡效才	直隸淮安府沐陽縣	正德十二年	璉子		
第三代	胡應嘉	直隸淮安府沐陽縣	嘉靖三十五年	璉孫		
5. 沐陽縣仲昌家族〔註 702〕						
第一代	仲昌	直隸淮安府沐陽縣	永樂二年	選曾祖	二代斷代	2
第四代	仲選	直隸淮安府沐陽縣	正德十六年	昌曾孫		
6. 鹽城縣夏雷家族〔註 703〕						
第一代	夏雷	直隸淮安府鹽城縣	嘉靖五年	應星父	二代	2
第二代	夏應星	直隸淮安府鹽城縣	萬曆二年	雷子		
7. 山陽縣劉一臨家族〔註 704〕						
第一代	劉一臨	直隸淮安府山陽縣	萬曆十七年	自竑父	二代	2
第二代	劉自竑	直隸淮安府山陽縣	崇禎七年	一臨子		
總計：淮安府共有 7 個進士家族，其中二代進士家族有 6 個，三代進士家族有 1 個						
太平府進士家族						
1. 當塗縣謝孚家族〔註 705〕						
第一代	謝孚	直隸太平府當塗縣	永樂四年	騫父	三代	3
第二代	謝騫	直隸太平府當塗縣	正統十三年	孚子		
第三代	謝理	直隸太平府當塗縣	成化八年	騫子		
2. 蕪湖縣李贇家族〔註 706〕						
第一代	李贇	直隸太平府蕪湖縣	成化二十年	貢兄	一代	2
第一代	李貢	直隸太平府蕪湖縣	成化二十年	贇弟		
3. 當塗縣端宏家族〔註 707〕						
第一代	端宏	直隸太平府當塗縣	天順元年	廷赦父	二代	2
第二代	端廷赦	直隸太平府當塗縣	正德十六年	宏子		

〔註 701〕《嘉靖三十五年進士登科錄》，第 43 頁。
〔註 702〕《正德十六年進士登科錄》，《明代登科錄彙編》第 6 冊，第 3167 頁。
〔註 703〕《萬曆二年進士登科錄》，第 30 頁。
〔註 704〕《崇禎七年進士履歷便覽》，第 8 頁。
〔註 705〕《成化八年進士登科錄》，《明代登科錄彙編》第 3 冊，第 1153 頁。
〔註 706〕《類姓登科考》，第 599 頁。
〔註 707〕《正德十六年進士登科錄》，《明代登科錄彙編》第 6 冊，第 3144 頁。

4. 當塗縣邢珣家族〔註 708〕						
第一代	邢珣	直隸太平府當塗縣	弘治六年	址父	二代	2
第二代	邢址	直隸太平府當塗縣	嘉靖十一年	珣子		
5. 當塗縣祝鑾家族〔註 709〕						
第一代	祝鑾	直隸太平府當塗縣	正德三年	可仕祖	二代斷代	2
第三代	祝可仕	直隸太平府當塗縣	萬曆三十八年	鑾孫		
總計：太平府共有 5 個進士家族，其中一代進士家族有 1 個，二代進士家族有 3 個，三代進士家族有 1 個						
應天府進士家族						
1. 句容縣曹景家族〔註 710〕						
第一代	曹景	應天府句容縣	景泰二年	瀾父	二代	2
第二代	曹瀾	應天府句容縣	成化十一年	景子		
2. 江寧縣莊澈家族〔註 711〕						
第一代	莊澈	應天府江寧縣	天順元年	溥兄	一代	2
第一代	莊溥	應天府江寧縣	成化二十年	澈弟		
3. 上元縣倪謙家族〔註 712〕						
第一代	倪謙	應天府上元縣	正統四年	岳、阜父	二代	3
第二代	倪岳	萬全都司開平衛	天順八年	謙子		
第二代	倪阜	應天府上元縣	成化二十三年	謙子		
4. 上元縣李昊家族〔註 713〕						
第一代	李昊	應天府上元縣	成化五年	熙父	二代	2
第二代	李熙	應天府上元縣	弘治九年	昊子		
5. 上元縣金紳家族〔註 714〕						
第一代	金紳	應天府上元縣	景泰五年	麒壽父	二代	2
第二代	金麒壽	應天府上元縣	弘治九年	紳子		

〔註 708〕《嘉靖十一年進士登科錄》，第 50 頁。
〔註 709〕《萬曆三十八年進士登科錄》，臺北「史語所」傅斯年圖書館藏本，第 16 頁。
〔註 710〕《成化十一年進士登科錄》，第 37 頁。
〔註 711〕《類姓登科考》，第 473 頁。
〔註 712〕《天順八年進士登科錄》，第 9 頁；《成化二十三年進士登科錄》，第 18 頁。
〔註 713〕《弘治九年進士登科錄》，《明代登科錄彙編》第 4 冊，第 1955 頁。
〔註 714〕《弘治九年進士登科錄》，《明代登科錄彙編》第 4 冊，第 2007 頁。

6. 上元縣凌文家族〔註 715〕						
第一代	凌文	應天府上元縣	天順元年	雲翰父	二代	2
第二代	凌雲翰	應天府上元縣	弘治十五年	文子		
7. 南京錦衣衛王徽家族〔註 716〕						
第一代	王徽	南京錦衣衛	天順四年	韋父	二代	2
第二代	王韋	南京錦衣衛	弘治十八年	徽子		
8. 上元縣金冕家族〔註 717〕						
第一代	金冕	應天府上元縣	弘治三年	清父	二代	2
第二代	金清	應天府上元縣	嘉靖八年	冕子		
9. 上元縣童文家族〔註 718〕						
第一代	童文	應天府上元縣	永樂十三年	楷祖	二代斷代	2
第三代	童楷	應天府上元縣	正德九年	文孫		
10. 溧陽縣史後家族〔註 719〕						
第一代	史後	應天府溧陽縣	弘治九年	際父	二代	2
第二代	史際	應天府溧陽縣	嘉靖十一年	後子		
11. 上元縣伊乘家族〔註 720〕						
第一代	伊乘	應天府上元縣	成化十四年	敏生祖	三代斷代	3
第三代	伊敏生	應天府上元縣	嘉靖十一年	乘孫		
第四代	伊在庭	應天府上元縣	嘉靖四十四年	乘曾孫，敏生子		
12. 溧陽縣馬性魯家族〔註 721〕						
第一代	馬性魯	應天府溧陽縣	正德六年	一龍父	二代	2
第二代	馬一龍	應天府溧陽縣	嘉靖二十六年	性魯子		
13. 南京錦衣衛王鑾家族〔註 722〕						
第一代	王鑾	南京錦衣衛	正德六年	可大父	二代	2
第二代	王可大	南京錦衣衛	嘉靖三十二年	鑾子		

〔註 715〕《弘治十五年進士登科錄》，第 56 頁。
〔註 716〕《弘治十八年進士登科錄》，《明代登科錄彙編》第 5 冊，第 2514 頁。
〔註 717〕《嘉靖八年進士登科錄》，第 75 頁。
〔註 718〕康熙《上元縣志》卷六《選舉志》，康熙刊本。
〔註 719〕《嘉靖十一年進士登科錄》，第 87 頁。
〔註 720〕《嘉靖十一年進士登科錄》，第 74 頁；《嘉靖四十四年進士登科錄》，第 63 頁。
〔註 721〕《嘉靖二十六年進士登科錄》，第 39 頁。
〔註 722〕《嘉靖三十二年進士登科錄》，第 29 頁。

14. 高淳縣韓叔陽家族〔註 723〕						
第一代	韓叔陽	應天府高淳縣	嘉靖二十六年	邦憲父	三代	3
第二代	韓邦憲	應天府高淳縣	嘉靖三十八年	叔陽子		
第三代	韓仲雍	應天府高淳縣	萬曆三十二年	邦憲孫		
15. 江寧縣餘光家族〔註 724〕						
第一代	餘光	應天府江寧縣	嘉靖十一年	孟麟父	三代	3
第二代	余孟麟	應天府江寧縣	萬曆二年	光子		
第三代	余大成	應天府江寧縣	萬曆三十五年	光曾孫，孟麟孫		
16. 南京留守左衛何汝健家族〔註 725〕						
第一代	何汝健	南京留守左衛	嘉靖三十二年	淳之、湛之父	三代	4
第二代	何淳之	南京留守左衛	萬曆十四年	汝健子		
第二代	何湛之	南京留守左衛	萬曆十七年	汝健子		
第三代	何棟如	南京留守左衛	萬曆二十六年	汝健孫，湛之子		
17. 南京金吾後衛張國輔家族〔註 726〕						
第一代	張國輔	南京金吾後衛	萬曆二年	起元父	二代	3
第二代	顧起元	南京金吾後衛	萬曆二十六年	國輔子		
第二代	顧起鳳	應天府江寧縣	萬曆三十八年	國輔子		
18. 句容縣孔貞運家族〔註 727〕						
第一代	孔貞時	應天府句容縣	萬曆四十一年	貞運弟	一代	2
第一代	孔貞運	應天府句容縣	萬曆四十七年	貞時兄		
總計：應天府共有 18 個進士家族，其中一代進士家族有 2 個，二代進士家族有 12 個，三代進士家族有 4 個						

〔註 723〕《嘉靖三十八年進士登科錄》，第 25 頁；《萬曆三十二年進士登科錄》，上海圖書館藏本。

〔註 724〕《萬曆二年進士登科錄》，第 8 頁；《萬曆三十五年進士登科錄》，《明代科舉錄彙編》第 9 冊，第 253 頁。

〔註 725〕《萬曆十四年進士同年總錄》，《明代登科錄彙編》第 20 冊，第 10998 頁；《萬曆十七年進士履歷便覽》，第 5 頁；《萬曆二十六年進士履歷便覽》，第 6 頁。

〔註 726〕《萬曆二十六年進士履歷便覽》，第 1 頁；《萬曆三十八年進士登科錄》，臺北「史語所」傅斯年圖書館藏本，第 49 頁。

〔註 727〕《類姓登科考》，第 591 頁。

蘇州府進士家族						
1. 崑山縣王遜家族〔註 728〕						
第一代	王遜	直隸蘇州府崑山縣	洪武十八年	復父	四代斷代	5
第二代	王復	直隸蘇州府崑山縣	宣德五年	遜子		
第五代	王同祖	直隸蘇州府崑山縣	正德十六年	復曾孫		
第七代	王炳衡	直隸蘇州府長洲縣	隆慶五年	同祖孫		
第七代	王炳璿	直隸蘇州府崑山縣	萬曆二年	同祖孫		
2. 常熟縣章表家族〔註 729〕						
第一代	章表	直隸蘇州府常熟縣	景泰二年	律兄	一代	2
第一代	章律	直隸蘇州府常熟縣	景泰五年	表弟		
3. 長洲縣孔友諒家族〔註 730〕						
第一代	孔友諒	直隸蘇州府長洲縣	永樂十六年	鏞父	二代	2
第二代	孔鏞	直隸蘇州府長洲縣	景泰五年	友諒子		
4. 嘉定縣徐瑄家族〔註 731〕						
第一代	徐瑄	直隸蘇州府嘉定縣	正統十年	尋父	二代	2
第二代	徐尋	直隸蘇州府嘉定縣	成化五年	瑄子		
5. 長洲縣顧𦅸家族〔註 732〕						
第一代	顧巽	直隸蘇州府長洲縣	永樂二十二年	確父	三代	3
第二代	顧確	直隸蘇州府長洲縣	正統元年	巽子		
第三代	顧餘慶	直隸蘇州府長洲縣	成化八年	巽孫，確子		
6. 崑山縣孫瓊家族〔註 733〕						
第一代	孫瓊	直隸蘇州府崑山縣	正統十三年	裕父	二代	2
第二代	孫裕	直隸蘇州府崑山縣	成化十一年	瓊子		

〔註 728〕《宣德五年進士登科錄》，第 16 頁；《正德十六年進士登科錄》，《明代登科錄彙編》第 6 冊，第 3048 頁；《隆慶五年進士登科錄》，第 57 頁；《萬曆二年進士登科錄》，第 32 頁。
〔註 729〕《景泰二年進士登科錄》，第 24 頁；《景泰五年進士登科錄》，第 54 頁。
〔註 730〕《景泰五年進士登科錄》，第 45 頁。
〔註 731〕《成化五年進士登科錄》，第 14 頁。
〔註 732〕《成化八年進士登科錄》，《明代登科錄彙編》第 3 冊，第 11478 頁。
〔註 733〕《成化十一年進士登科錄》，第 15 頁。

7. 崑山縣沈祥家族〔註 734〕						
第一代	沈祥	直隸蘇州府崑山縣	正統十三年	時父	三代	3
第二代	沈時	直隸蘇州府崑山縣	成化二十三年	祥子		
第三代	沈信	直隸蘇州府崑山縣	弘治九年	祥孫		
8. 長洲縣張翥家族〔註 735〕						
第一代	張翥	直隸蘇州府長洲縣	天順元年	約父	二代	2
第二代	張約	直隸蘇州府長洲縣	弘治三年	翥子		
9. 常熟縣周木家族〔註 736〕						
第一代	周木	直隸蘇州府常熟縣	成化十一年	烱父	二代	2
第二代	周烱	直隸蘇州府常熟縣	弘治三年	木子		
10. 崑山縣朱文家族〔註 737〕						
第一代	朱文	直隸蘇州府崑山縣	成化二十年	希周父	二代	2
第二代	朱希周	直隸蘇州府崑山縣	弘治九年	文子		
11. 常熟縣郁容家族〔註 738〕						
第一代	郁容	直隸蘇州府常熟縣	成化二十年	勳父	二代	2
第二代	郁勳	直隸蘇州府常熟縣	弘治九年	容子		
12. 吳縣賀元忠家族〔註 739〕						
第一代	賀元忠	直隸蘇州府吳縣	成化八年	泰父	二代	2
第二代	賀泰	直隸蘇州府吳縣	弘治十二年	元忠子		
13. 崑山縣吳瑞家族〔註 740〕						
第一代	吳瑞	直隸蘇州府崑山縣	成化十一年	蘭父	二代	2
第二代	吳蘭	直隸蘇州府崑山縣	弘治十二年	瑞子		
14. 吳江縣吳洪家族〔註 741〕						
第一代	吳洪	直隸蘇州府吳江縣	成化十一年	山父	六代	11
第二代	吳山	直隸蘇州府吳江縣	正德三年	洪子		
第二代	吳岩	直隸蘇州府吳江縣	正德三年	洪子		

〔註 734〕《成化二十三年進士登科錄》，第 81 頁；《弘治九年進士登科錄》，《明代登科錄彙編》第 4 冊，第 1941 頁。

〔註 735〕《弘治三年進士登科錄》，第 16 頁。

〔註 736〕《弘治三年進士登科錄》，第 24 頁。

〔註 737〕《弘治九年進士登科錄》，《明代登科錄彙編》第 4 冊，第 1869 頁。

〔註 738〕《弘治九年進士登科錄》，《明代登科錄彙編》第 4 冊，第 1998 頁。

〔註 739〕《弘治十二年進士登科錄》，上海圖書館藏本。

〔註 740〕《弘治十二年進士登科錄》，上海圖書館藏本。

〔註 741〕《類姓登科考》，第 390～392 頁。

第二代	吳昆	直隸蘇州府吳江縣	嘉靖十七年	洪子		
第三代	吳邦楨	直隸蘇州府吳江縣	嘉靖三十二年	山子		
第四代	吳承燾	直隸蘇州府吳江縣	嘉靖三十二年	山孫		
第五代	吳瑞徵	直隸蘇州府吳江縣	萬曆三十八年	山曾孫		
第四代	吳煥	直隸蘇州府吳江縣	萬曆四十四年	昆孫		
第五代	吳昌時	直隸蘇州府吳江縣	崇禎七年	昆曾孫		
第六代	吳晉錫	直隸蘇州府吳江縣	崇禎十三年	山玄孫		
第五代	吳易	直隸蘇州府吳江縣	崇禎十六年	山曾孫，邦楨孫		
15. 太倉州姜昂家族〔註 742〕						
第一代	姜昂	直隸蘇州府太倉州	成化八年	龍父	二代	2
第二代	姜龍	直隸蘇州府太倉州	正德三年	昂子		
16. 崑山縣方鵬家族〔註 743〕						
第一代	方鵬	直隸蘇州府崑山縣	正德三年	鳳兄	二代	3
第一代	方鳳	直隸蘇州府崑山縣	正德三年	鵬弟		
第二代	方范	直隸蘇州府崑山縣	萬曆二年	鳳子		
17. 崑山縣陸容家族〔註 744〕						
第一代	陸容	直隸蘇州府崑山縣	成化二年	伸父	二代	2
第二代	陸伸	直隸蘇州府太倉州	正德三年	容子		
18. 常熟縣湯琛家族〔註 745〕						
第一代	湯琛	直隸蘇州府常熟縣	天順元年	繼文祖	二代斷代	2
第三代	湯繼文	直隸蘇州府常熟縣	正德六年	琛孫		
19. 祝顥長洲縣家族〔註 746〕						
第一代	祝顥	直隸蘇州府長洲縣	正統四年	續曾祖	二代斷代	2
第四代	祝續	直隸蘇州府長洲縣	正德六年	顥曾孫		
20. 崑山縣周倫家族〔註 747〕						
第一代	周倫	直隸蘇州府崑山縣	弘治十二年	鳳父	二代	2
第二代	周鳳鳴	直隸蘇州府崑山縣	正德九年	倫子		

〔註 742〕《正德三年進士登科錄》,《明代科舉錄彙編》第 4 冊，第 268 頁。
〔註 743〕《正德三年進士登科錄》,《明代科舉錄彙編》第 4 冊，第 242 頁。
〔註 744〕《正德三年進士登科錄》,《明代科舉錄彙編》第 4 冊，第 259 頁。
〔註 745〕《正德六年進士登科錄》，第 14 頁。
〔註 746〕《正德六年進士登科錄》，第 26 頁。
〔註 747〕《類姓登科考》，第 566 頁。

21. 太倉州縣唐韶家族〔註 748〕						
第一代	唐韶	直隸蘇州府常熟縣	成化十一年	符父	二代	2
第二代	唐符	直隸蘇州府太倉州	正德九年	韶子		
22. 太倉州縣朱稷家族〔註 749〕						
第一代	朱稷	直隸蘇州府常熟縣	弘治三年	洸父	二代	2
第二代	朱洸	直隸蘇州府太倉州	正德十二年	稷子		
23. 崑山縣王僑家族〔註 750〕						
第一代	王僑	直隸蘇州府崑山縣	成化十一年	世芳祖	四代斷代	4
第三代	王世芳	直隸蘇州府太倉州	正德十六年	僑孫		
第四代	王一誠	直隸蘇州府崑山縣	隆慶二年	世芳子		
第五代	王周紹	直隸蘇州府太倉州	隆慶二年	世芳孫		
24. 崑山縣張安甫家族〔註 751〕						
第一代	張安甫	直隸蘇州府崑山縣	弘治三年	寰父	二代	2
第二代	張寰	直隸蘇州府崑山縣	正德十六年	安甫子		
25. 常熟縣馮玘家族〔註 752〕						
第一代	馮玘	中都懷遠衛	成化十七年	冠父	二代	2
第二代	馮冠	直隸蘇州府常熟縣	嘉靖二年	玘子		
26. 長洲縣劉炯家族〔註 753〕						
第一代	劉杲	直隸蘇州府長洲縣	成化十一年	炯父	四代	2
第二代	劉炯	直隸蘇州府長洲縣	嘉靖二年	杲子		
第三代	劉璧	直隸蘇州府長洲縣	嘉靖二十年	杲孫		
第四代	劉倬	直隸蘇州府長洲縣	隆慶二年	杲曾孫		
27. 崑山縣顧潛家族〔註 754〕						
第一代	顧潛	直隸蘇州府崑山縣	弘治九年	夢圭父	三代斷代	3
第二代	顧夢圭	直隸蘇州府崑山縣	嘉靖二年	潛子		
第四代	顧天埈	直隸蘇州府崑山縣	萬曆二十年	夢圭孫		

〔註 748〕《類姓登科考》，第 476 頁。

〔註 749〕《正德十二年進士登科錄》，第 54 頁。

〔註 750〕《隆慶二年進士登科錄》，《明代登科錄彙編》第 17 冊，第 8853、9041 頁。

〔註 751〕《正德十六年進士登科錄》，《明代登科錄彙編》第 6 冊，第 3221 頁。

〔註 752〕《嘉靖二年進士登科錄》，第 13 頁。

〔註 753〕《嘉靖二年進士登科錄》，第 18 頁；《嘉靖二十年進士登科錄》，第 80 頁；《隆慶二年進士登科錄》，《明代登科錄彙編》第 17 冊，第 1965 頁。

〔註 754〕《萬曆二十年進士履歷便覽》，《明代登科錄彙編》第 21 冊，第 11547 頁。

28. 常熟縣沈海家族〔註755〕						
第一代	沈海	直隸蘇州府常熟縣	成化二年	韓父	三代	3
第二代	沈韓	直隸蘇州府常熟縣	嘉靖二年	海子		
第三代	沈應魁	直隸蘇州府常熟縣	嘉靖二十九年	海孫		
29. 常熟縣楊集家族〔註756〕						
第一代	楊集	直隸蘇州府常熟縣	景泰五年	儀祖	二代斷代	2
第三代	楊儀	直隸蘇州府常熟縣	嘉靖五年	集孫		
30. 崑山縣柴奇家族〔註757〕						
第一代	柴奇	直隸蘇州府崑山縣	正德六年	堯年祖	二代斷代	2
第三代	柴堯年	直隸蘇州府崑山縣	萬曆十四年	奇孫		
31. 長洲縣吳一鵬家族〔註758〕						
第一代	吳一鵬	直隸蘇州府長洲縣	弘治六年	子孝父	三代	3
第二代	吳子孝	直隸蘇州府長洲縣	嘉靖八年	一鵬子		
第三代	吳安國	直隸蘇州府長洲縣	萬曆五年	一鵬曾孫，子孝孫		
32. 崑山縣朱栻家族〔註759〕						
第一代	朱栻	直隸蘇州府崑山縣	成化十七年	隆禧祖	三代斷代	3
第三代	朱隆禧	直隸蘇州府崑山縣	嘉靖八年	栻孫		
第四代	朱世節	直隸蘇州府崑山縣	萬曆十七年	栻曾孫		
33. 長洲縣皇甫錄家族〔註760〕						
第一代	皇甫錄	直隸蘇州府長洲縣	弘治九年	汸父	二代	2
第二代	皇甫汸	直隸蘇州府長洲縣	嘉靖八年	錄子		
第二代	皇甫涍	直隸蘇州府長洲縣	嘉靖十一年	錄子		
第二代	皇甫濂	直隸蘇州府長洲縣	嘉靖二十三年	錄子		

〔註755〕《嘉靖二年進士登科錄》，第25頁；《嘉靖二十九年進士登科錄》，第20頁。
〔註756〕萬曆《常熟縣私志》卷八《斜科》，萬曆刊本。
〔註757〕《萬曆十四年進士同年總錄》，《明代登科錄彙編》第20冊，第10962頁。
〔註758〕《萬曆五年進士登科錄》，第46頁。
〔註759〕《嘉靖八年進士登科錄》，第25頁；《萬曆十七年進士履歷便覽》，第5頁。
〔註760〕《嘉靖八年進士登科錄》，第45頁；《嘉靖十一年進士登科錄》，第22頁；《嘉靖二十三年進士登科錄》，第38頁。

34. 吳縣楊昇家族〔註 761〕						
第一代	楊昇	直隸蘇州府吳縣	弘治六年	伊志父	二代	2
第二代	楊伊志	直隸蘇州府吳縣	嘉靖十一年	昇子		
35. 長洲縣徐源家族〔註 762〕						
第一代	徐源	直隸蘇州府長洲縣	成化十一年	禎祖	二代斷代	2
第三代	徐禎	直隸蘇州府長洲縣	嘉靖十一年	源孫		
36. 太倉州周土家族〔註 763〕						
第一代	周在	直隸蘇州府太倉州	正德九年	土兄	一代	2
第一代	周土	直隸蘇州府太倉州	嘉靖二十年	在弟		
37. 太倉州周墨家族〔註 764〕						
第一代	周墨	直隸蘇州府太倉州	弘治十八年	坤弟	一代	2
第一代	周坤	直隸蘇州府太倉州	正德三年	墨兄		
38. 太倉州顧濟家族〔註 765〕						
第一代	顧濟	直隸蘇州府太倉州	正德十二年	章志父	三代	3
第二代	顧章志	直隸蘇州府太倉州	嘉靖三十二年	濟子		
第三代	顧紹芳	直隸蘇州府太倉州	萬曆五年	濟孫，章志子		
39. 吳江縣汝泰家族〔註 766〕						
第一代	汝泰	直隸蘇州府吳江縣	弘治九年	齊賢父	二代	2
第二代	汝齊賢	直隸蘇州府吳江縣	嘉靖十七年	泰子		
40. 太倉州王倬家族〔註 767〕						
第一代	王倬	直隸蘇州府太倉州	成化十四年	忬父	四代	5
第二代	王忬	直隸蘇州府太倉州	嘉靖二十年	倬子		
第三代	王世貞	直隸蘇州府太倉州	嘉靖二十六年	倬孫，忬子		

〔註 761〕《嘉靖十一年進士登科錄》，第 15 頁。

〔註 762〕《嘉靖十一年進士登科錄》，第 17 頁。

〔註 763〕《嘉靖二十年進士登科錄》，第 18 頁。

〔註 764〕《正德三年進士登科錄》，《明代科舉錄彙編》第 4 冊，第 221 頁。

〔註 765〕《萬曆五年進士登科錄》，第 29 頁。

〔註 766〕《嘉靖十七年進士登科錄》，第 72 頁。

〔註 767〕《嘉靖二十年進士登科錄》，第 27 頁；《嘉靖二十六年進士登科錄》，第 29 頁；《嘉靖三十八年進士登科錄》，第 67 頁；《萬曆十七年進士履歷便覽》，第 5 頁。

第三代	王世懋	直隸蘇州府太倉州	嘉靖三十八年	忬子		
第四代	王士騏	直隸蘇州府太倉州	萬曆十七年	世貞子		
41. 太倉州朱寅家族〔註768〕						
第一代	朱寅	直隸蘇州府常熟縣	正德六年	木父	二代	2
第二代	朱木	直隸蘇州府太倉州	嘉靖二十三年	寅子		
42. 崑山縣沈大楠家族〔註769〕						
第一代	沈大楠	直隸蘇州府崑山縣	嘉靖二年	紹慶父	三代	3
第二代	沈紹慶	直隸蘇州府崑山縣	嘉靖二十九年	大楠子		
第三代	沈應明	直隸蘇州府崑山縣	天啟二年	紹慶孫		
43. 吳江縣葉紳家族〔註770〕						
第一代	葉紳	直隸蘇州府吳江縣	成化二十三年	可成祖	四代斷代	5
第三代	葉可成	直隸蘇州府吳江縣	嘉靖三十二年	紳孫		
第四代	葉重第	直隸蘇州府吳江縣	萬曆十四年	紳曾孫		
第五代	葉紹顒	直隸蘇州府吳江縣	天啟五年	重第子		
第五代	葉紹袁	直隸蘇州府吳江縣	天啟五年	重第子		
44. 長洲縣袁袠家族〔註771〕						
第一代	袁袠	直隸蘇州府長洲縣	嘉靖五年	尊尼父	二代	2
第二代	袁尊尼	直隸蘇州府長洲縣	嘉靖四十四年	袠子		
45. 崑山縣王秩家族〔註772〕						
第一代	王秩	直隸蘇州府崑山縣	成化二十三年	執禮祖	二代斷代	2
第三代	王執禮	直隸蘇州府崑山縣	嘉靖四十四年	秩孫		
46. 吳江縣沈漢家族〔註773〕						
第一代	沈漢	直隸蘇州府吳江縣	正德十六年	位祖	三代斷代	7
第三代	沈位	直隸蘇州府吳江縣	隆慶二年	漢孫		

〔註768〕《嘉靖二十三年進士登科錄》，第31頁。

〔註769〕《類姓登科考錄》，第646頁。

〔註770〕《萬曆十四年進士同年總錄》，《明代登科錄彙編》第20冊，第10994頁；《類姓登科考》，第706～707頁。

〔註771〕《嘉靖四十四年進士登科錄》，第16頁。

〔註772〕《嘉靖四十四年進士登科錄》，第35頁。

〔註773〕《隆慶二年進士登科錄》，《明代登科錄彙編》第17冊，第8864頁；《萬曆二年進士登科錄》，第10頁；《萬曆十四年進士同年總錄》，《明代登科錄彙編》第20冊，第11004頁；《萬曆二十三年進士履歷便覽》，第3頁；《萬曆三十二年進士登科錄》，上海圖書館藏本。

第四代	沈璟	直隸蘇州府吳江縣	萬曆二年	漢曾孫		
第四代	沈瓚	直隸蘇州府吳江縣	萬曆十四年	漢曾孫		
第四代	沈琦	直隸蘇州府吳江縣	萬曆二十三年	漢曾孫		
第四代	沈琉	直隸蘇州府吳江縣	萬曆二十三年	漢曾孫		
第四代	沈珣	直隸蘇州府吳江縣	萬曆三十二年	漢曾孫		
47. 吳江縣毛衢家族〔註 774〕						
第一代	毛衢	直隸蘇州府吳江縣	嘉靖二年	圖南、壽南父	三代	4
第二代	毛圖南	直隸蘇州府吳江縣	隆慶二年	衢子		
第二代	毛壽南	直隸蘇州府吳江縣	萬曆十四年	衢子		
第三代	毛以燉	直隸蘇州府吳江縣	萬曆三十二年	壽南子		
48. 常熟縣趙承謙家族〔註 775〕						
第一代	趙承謙	直隸蘇州府常熟縣	嘉靖十七年	用賢父	三代	4
第二代	趙用賢	直隸蘇州府常熟縣	隆慶五年	承謙子		
第三代	趙士春	直隸蘇州府常熟縣	崇禎十年	用賢孫		
第三代	趙士錦	直隸蘇州府常熟縣	崇禎十年	用賢孫		
49. 吳縣馮符家族〔註 776〕						
第一代	馮符	直隸蘇州府吳縣	嘉靖三十五年	笏兄	二代斷代	3
第一代	馮笏	直隸蘇州府吳縣	隆慶五年	符弟		
第三代	馮士驊	直隸蘇州府吳縣	崇禎十三年	符孫		
50. 吳縣俞士悅家族〔註 777〕						
第一代	俞士悅	直隸蘇州府吳縣	永樂十三年	良史曾祖	二代斷代	2
第三代	俞良史	直隸蘇州府吳縣	萬曆二年	士悅曾孫		
51. 常熟縣陳逅家族〔註 778〕						
第一代	陳逅	直隸蘇州府常熟縣	正德十二年	國華祖	二代斷代	2
第三代	陳國華	直隸蘇州府常熟縣	萬曆二年	逅孫		

〔註 774〕《隆慶二年進士登科錄》，《明代登科錄彙編》第 17 冊，第 8836 頁；《萬曆十四年進士同年總錄》，《明代登科錄彙編》第 20 冊，第 10911 頁；《萬曆三十二年進士登科錄》，上海圖書館藏本。

〔註 775〕《崇禎十年進士履歷便覽》，第 5 頁。

〔註 776〕《嘉靖三十五年進士登科錄》，第 45 頁；《隆慶五年進士登科錄》，第 56 頁；《崇禎十三年進士履歷便覽》，第 5 頁。

〔註 777〕《萬曆二年進士登科錄》，第 48 頁。

〔註 778〕《萬曆二年進士登科錄》，第 15 頁。

52. 崑山縣張寬家族〔註 779〕						
第一代	張寬	直隸蘇州府太倉州	弘治十八年	棟曾祖	二代斷代	2
第四代	張棟	直隸蘇州府崑山縣	萬曆五年	寬曾孫		
53. 長洲縣徐履祥家族〔註 780〕						
第一代	徐履祥	直隸蘇州府長洲縣	嘉靖二十年	泰時父	二代	2
第二代	徐泰時	直隸蘇州府長洲縣	萬曆八年	履祥子		
54. 長洲縣伍余福家族〔註 781〕						
第一代	伍余福	直隸蘇州府吳縣	正德十二年	袁萃父	二代	2
第二代	伍袁萃	直隸蘇州府長洲縣	萬曆八年	余福子		
55. 吳縣徐時行家族〔註 782〕						
第一代	徐時行	直隸蘇州府吳縣	嘉靖四十一年	用懋父	三代	3
第二代	申用懋	直隸蘇州府吳縣	萬曆十一年	時行子		
第三代	申紹芳	直隸蘇州府吳縣	萬曆四十四年	時行孫		
56. 長洲縣周子文家族〔註 783〕						
第一代	周昶	直隸松江府華亭縣	弘治六年	子文祖	二代斷代	2
第三代	周子文	直隸蘇州府長洲縣	萬曆十一年	昶孫		
57. 吳縣錢允元家族〔註 784〕						
第一代	錢邦彥	直隸蘇州府吳縣	嘉靖十四年	允允父	二代	2
第二代	錢允元	直隸蘇州府吳縣	萬曆十四年	邦彥子		
58. 崑山縣諸邦憲家族〔註 785〕						
第一代	諸邦憲	直隸蘇州府崑山縣	嘉靖八年	壽賢祖	二代斷代	2
第三代	諸壽賢	直隸蘇州府崑山縣	萬曆十四年	邦憲孫		
59. 崑山縣周復俊家族〔註 786〕						
第一代	周復俊	直隸蘇州府崑山縣	嘉靖十一年	玄暐祖	二代斷代	2
第三代	周玄	直隸蘇州府崑山縣	萬曆十四年	復俊孫		

〔註 779〕《萬曆五年進士登科錄》，第 36 頁。
〔註 780〕《萬曆八年進士登科錄》，《明代登科錄彙編》第 19 冊，第 10336 頁。
〔註 781〕《萬曆八年進士登科錄》，《明代登科錄彙編》第 19 冊，第 10346 頁。
〔註 782〕《類姓登科考》，第 398 頁。
〔註 783〕《萬曆十一年進士登科錄》，第 35 頁。
〔註 784〕《萬曆十四年進士同年總錄》，《明代登科錄彙編》第 20 冊，第 10916 頁。
〔註 785〕《萬曆十四年進士同年總錄》，《明代登科錄彙編》第 20 冊，第 10913 頁。
〔註 786〕《萬曆十四年進士同年總錄》，《明代登科錄彙編》第 20 冊，第 11000 頁。

60. 長洲縣王鏊家族〔註787〕						
第一代	王鏊	直隸蘇州府吳縣	成化十一年	禹聲曾祖	二代斷代	2
第四代	王禹聲	直隸蘇州府長洲縣	萬曆十七年	鏊曾孫		
61. 吳縣章美中家族〔註788〕						
第一代	章美中	直隸蘇州府吳縣	嘉靖二十六年	士雅父	二代	2
第二代	章士雅	直隸蘇州府吳縣	萬曆十七年	美中子		
62. 崑山縣王三錫家族〔註789〕						
第一代	王三錫	直隸蘇州府太倉州	嘉靖八年	臨亨祖	三代斷代	3
第三代	王臨亨	直隸蘇州府崑山縣	萬曆十七年	三錫孫		
第四代	王志堅	直隸蘇州府崑山縣	萬曆三十八年	臨亨子		
63. 嘉定縣李汝節家族〔註790〕						
第一代	李汝節	直隸蘇州府嘉定縣	嘉靖四十四年	先芳父	二代	2
第二代	李先芳	直隸蘇州府嘉定縣	萬曆十七年	汝節子		
64. 長洲縣金應徵家族〔註791〕						
第一代	金應徵	直隸蘇州府長洲縣	嘉靖四十四年	士衡父	二代	2
第二代	金士衡	直隸蘇州府長洲縣	萬曆二十年	應徵子		
65. 嘉定縣張任家族〔註792〕						
第一代	張任	直隸蘇州府嘉定縣	嘉靖二十六年	其廉父	二代	2
第二代	張其廉	直隸蘇州府嘉定縣	萬曆二十三年	任子		
66. 崑山縣柴大履家族〔註793〕						
第一代	柴太	直隸蘇州府崑山縣	正德六年	大履曾祖	二代斷代	2
第四代	柴大履	直隸蘇州府崑山縣	萬曆二十三年	太曾孫		
67. 常熟縣翁憲祥家族〔註794〕						
第一代	翁憲祥	直隸蘇州府常熟縣	萬曆二十年	俞祥兄	一代	2
第一代	翁俞祥	直隸蘇州府常熟縣	萬曆二十六年	憲祥弟		

〔註787〕《萬曆十七年進士履歷便覽》，第5頁。
〔註788〕《萬曆十七年進士履歷便覽》，第5頁。
〔註789〕《萬曆三十八年進士登科錄》，臺北「史語所」傅斯年圖書館藏本，第22頁。
〔註790〕《萬曆十七年進士履歷便覽》，第5頁。
〔註791〕《萬曆二十年進士履歷便覽》，《明代登科錄彙編》第21冊，第11546頁。
〔註792〕《萬曆二十三年進士履歷便覽》，第4頁。
〔註793〕《萬曆二十三年進士履歷便覽》，第3頁。
〔註794〕《萬曆二十六年進士履歷便覽》，第4頁。

68. 太倉州王錫爵家族〔註 795〕						
第一代	王錫爵	直隸蘇州府太倉州	嘉靖四十一年	衡父	二代	2
第二代	王衡	直隸蘇州府太倉州	萬曆二十九年	錫爵子		
69. 崑山縣李同芳家族〔註 796〕						
第一代	李同芳	直隸蘇州府崑山縣	萬曆八年	胤昌父	二代	2
第二代	李胤昌	直隸蘇州府崑山縣	萬曆二十九年	同芳子		
70. 常熟縣瞿景淳家族〔註 797〕						
第一代	瞿景淳	直隸蘇州府常熟縣	嘉靖二十三年	汝說父	三代	3
第二代	瞿汝說	直隸蘇州府常熟縣	萬曆二十九年	景淳子		
第三代	瞿式耜	直隸蘇州府常熟縣	萬曆四十四年	景淳孫，汝說子		
71. 吳江縣周用家族〔註 798〕						
第一代	周用	直隸蘇州府吳江縣	弘治十五年	應偁曾祖	二代斷代	3
第四代	周應偁	直隸蘇州府吳江縣	萬曆二十九年	用曾孫		
第四代	周宗建	直隸蘇州府吳江縣	萬曆四十一年	用曾孫		
72. 長洲縣徐岱家族〔註 799〕						
第一代	徐岱	直隸蘇州府長洲縣	嘉靖二十年	鏌祖	二代斷代	2
第三代	徐鏌	直隸蘇州府長洲縣	萬曆二十九年	岱孫		
73. 常熟縣錢岱家族〔註 800〕						
第一代	錢岱	直隸蘇州府常熟縣	隆慶五年	時俊父	二代	2
第二代	錢時俊	直隸蘇州府常熟縣	萬曆三十二年	岱子		
74. 吳江縣朱鴻漸家族〔註 801〕						
第一代	朱鴻漸	直隸蘇州府吳縣	正德十六年	邦楨曾祖	二代斷代	2
第四代	朱邦楨	直隸蘇州府吳江縣	萬曆三十二年	洪漸曾孫		

〔註 795〕《萬曆二十九年進士履歷便覽》，第 3 頁。
〔註 796〕《萬曆二十九年進士履歷便覽》，第 4 頁。
〔註 797〕《類姓登科考》，第 367 頁。
〔註 798〕《萬曆二十九年進士履歷便覽》，第 3 頁；〔清〕錢謙益：《初學集》卷六二《文林郎福建道監察御史贈大中大夫資治少尹太僕寺卿周公神道碑銘》，第 325 頁。
〔註 799〕《萬曆二十九年進士履歷便覽》，第 3 頁。
〔註 800〕《萬曆三十二年進士登科錄》，上海圖書館藏本。
〔註 801〕《萬曆三十二年進士登科錄》，上海圖書館藏本。

75. 吳江縣沈啟家族〔註 802〕						
第一代	沈啟	直隸蘇州府吳江縣	嘉靖十七年	正宗曾祖	二代斷代	2
第四代	沈正宗	直隸蘇州府吳江縣	萬曆三十五年	啟曾孫		
76. 常熟縣顧雲程家族〔註 803〕						
第一代	顧雲程	直隸蘇州府常熟縣	萬曆五年	大章父	二代	2
第二代	顧大章	直隸蘇州府常熟縣	萬曆三十五年	雲程子		
77. 長洲縣李周策家族〔註 804〕						
第一代	李周策	直隸蘇州府長洲縣	萬曆十一年	逢節父	二代	2
第二代	李逢節	直隸蘇州府長洲縣	萬曆三十五年	周策子		
78. 長洲縣金和家族〔註 805〕						
第一代	金和	直隸蘇州府長洲縣	萬曆二年	汝嘉父	二代	2
第二代	金汝嘉	直隸蘇州府長洲縣	萬曆三十八年	和子		
79. 嘉定縣侯堯封家族〔註 806〕						
第一代	侯堯封	直隸蘇州府嘉定縣	隆慶五年	震暘父	三代	3
第二代	侯震暘	直隸蘇州府嘉定縣	萬曆三十八年	堯封子		
第三代	侯峒曾	直隸蘇州府嘉定縣	天啟五年	堯封孫， 震暘子		
80. 常熟縣王良臣家族〔註 807〕						
第一代	王嘉言	直隸常州府江陰縣	嘉靖四十一年	良臣祖	二代斷代	2
第三代	王良臣	直隸蘇州府常熟縣	萬曆三十八年	嘉言孫		
81. 崑山縣陳儒家族〔註 808〕						
第一代	陳儒	直隸蘇州府崑山縣	嘉靖八年	世埈祖	二代斷代	2
第三代	陳世埈	直隸蘇州府崑山縣	萬曆三十八年	儒孫		
82. 長洲縣俞道生家族〔註 809〕						
第一代	俞道生	直隸蘇州府長洲縣	萬曆二年	琬綸父	二代	2
第二代	俞琬綸	直隸蘇州府長洲縣	萬曆四十一年	道生子		

〔註 802〕《萬曆三十五年進士登科錄》,《中國科舉錄彙編》第 9 冊，第 229 頁。
〔註 803〕《萬曆三十五年進士登科錄》,《中國科舉錄彙編》第 9 冊，第 249 頁。
〔註 804〕《萬曆三十五年進士登科錄》,《中國科舉錄彙編》第 9 冊，第 287 頁。
〔註 805〕《萬曆三十八年進士登科錄》，臺北「史語所」傅斯年圖書館藏本，第 14 頁。
〔註 806〕《類姓登科考》，第 561 頁。
〔註 807〕《萬曆三十八年進士登科錄》，臺北「史語所」傅斯年圖書館藏本，第 31 頁。
〔註 808〕《萬曆三十八年進士登科錄》，臺北「史語所」傅斯年圖書館藏本，第 74 頁。
〔註 809〕《類姓登科考》，第 369 頁。

83. 吳縣趙士諤家族〔註 810〕						
第一代	趙士諤	直隸蘇州府吳縣	萬曆二十九年	士許祖	二代斷代	2
第三代	趙士許	直隸蘇州府吳縣	萬曆四十一年	士諤孫		
84. 崑山縣許承周家族〔註 811〕						
第一代	許承周	直隸蘇州府崑山縣	隆慶二年	觀吉父	二代	2
第二代	許觀吉	直隸蘇州府崑山縣	萬曆四十四年	承周子		
85. 崑山縣顧允元家族〔註 812〕						
第一代	顧允元	直隸蘇州府崑山縣	萬曆十四年	錫疇祖	二代斷代	2
第三代	顧錫疇	直隸蘇州府崑山縣	萬曆四十四年	允元孫		
86. 吳江縣龐遠家族〔註 813〕						
第一代	龐遠	直隸蘇州府吳江縣	嘉靖三十二年	承寵祖	三代斷代	3
第三代	龐承寵	直隸蘇州府吳江縣	天啟五年	遠孫		
第四代	龐霦	直隸蘇州府吳江縣	崇禎十六年	遠曾孫		
87. 崑山縣張憲臣家族〔註 814〕						
第一代	張憲臣	直隸蘇州府崑山縣	嘉靖三十八年	魯得祖	二代斷代	3
第三代	張魯得	直隸蘇州府崑山縣	天啟五年	憲臣孫		
第三代	張魯唯	直隸蘇州府崑山縣	萬曆四十一年	憲臣孫，魯得弟		
88. 太倉州李吳滋家族〔註 815〕						
第一代	李吳滋	直隸蘇州府太倉州	萬曆四十七年	模父	二代	2
第二代	李模	直隸蘇州府太倉州	天啟五年	吳滋子		
89. 吳縣凌雲翼家族〔註 816〕						
第一代	凌雲翼	直隸蘇州府太倉州	嘉靖二十六年	必正祖	二代斷代	2
第三代	凌必正	直隸蘇州府吳縣	崇禎四年	雲翼孫		
90. 長洲縣錢有威家族〔註 817〕						
第一代	錢有威	直隸蘇州府常熟縣	嘉靖二十九年	位坤曾祖	二代斷代	2
第三代	錢位坤	直隸蘇州府長洲縣	崇禎四年	有威曾孫		

〔註 810〕《類姓登科考》，第 631 頁。
〔註 811〕《類姓登科考》，第 616 頁。
〔註 812〕《類姓登科考》，第 659 頁。
〔註 813〕《類姓登科考》，第 357 頁。
〔註 814〕《類姓登科考》，第 521 頁。
〔註 815〕《類姓登科考》，第 610 頁。
〔註 816〕《崇禎四年進士履歷便覽》，第 4 頁。
〔註 817〕《崇禎四年進士履歷便覽》，第 5 頁。

91. 長洲縣管志道家族〔註818〕						
第一代	管志道	直隸蘇州府太倉州	隆慶五年	正傳曾祖	二代斷代	2
第四代	管正傳	直隸蘇州府長洲縣	崇禎四年	志道曾孫		
92. 常熟縣嚴訥家族〔註819〕						
第一代	嚴訥	直隸蘇州府常熟縣	嘉靖二十年	栻祖	二代斷代	2
第三代	嚴栻	直隸蘇州府常熟縣	崇禎四年	訥孫		
93. 吳縣盛應陽家族〔註820〕						
第一代	盛應陽	直隸蘇州府吳江縣	嘉靖二年	王贊曾祖	二代斷代	2
第四代	盛王贊	直隸蘇州府吳縣	崇禎十年	應陽曾孫		
94. 長洲縣吳之佳家族〔註821〕						
第一代	吳之佳	直隸蘇州府長洲縣	萬曆八年	適祖	二代斷代	2
第三代	吳適	直隸蘇州府長洲縣	崇禎十年	之佳孫		
95. 常熟縣王曰俞家族〔註822〕						
第一代	王曰俞	直隸蘇州府常熟縣	崇禎十六年	澧父	二代	2
第二代	王澧	直隸蘇州府常熟縣	崇禎十六年	曰俞子		
96. 太倉州許如綸家族〔註823〕						
第一代	許如綸	直隸太倉衛軍	嘉靖十一年	國榮曾祖	二代斷代	2
第四代	許國榮	直隸蘇州府太倉州	天啟五年	如綸曾孫		
97. 吳縣劉倬家族〔註824〕						
第一代	劉倬	直隸蘇州府吳縣	隆慶二年	曙曾祖	二代斷代	2
第四代	劉曙	直隸蘇州府吳縣	崇禎十六年	倬曾孫		
98. 崑山縣顧鼎臣家族〔註825〕						
第一代	顧鼎臣	直隸蘇州府崑山縣	弘治十八年	咸建曾祖	二代斷代	2
第四代	顧咸建	直隸蘇州府崑山縣	崇禎十六年	鼎臣曾孫		

〔註818〕《崇禎四年進士履歷便覽》，第5頁。
〔註819〕《類姓登科考》，第588頁。
〔註820〕《崇禎十年進士履歷便覽》，第4頁。
〔註821〕《崇禎十年進士履歷便覽》，第5頁。
〔註822〕《類姓登科考》，第502頁。
〔註823〕《類姓登科考》，第616頁。
〔註824〕《類姓登科考》，第559頁。
〔註825〕《類姓登科考》，第659頁。

99. 常熟縣錢順時家族〔註 826〕						
第一代	錢順時	直隸蘇州府常熟縣	嘉靖三十八年	謙益祖	二代斷代	2
第三代	錢謙益	直隸蘇州府常熟縣	萬曆三十八年	順時孫		
100. 長洲縣陳允堅家族〔註 827〕						
第一代	陳允堅	直隸蘇州府長洲縣	萬曆二十三年	仁錫父	二代	2
第二代	陳仁錫	直隸蘇州府長洲縣	天啟二年	允堅子		
101. 太倉州錢桓家族〔註 828〕						
第一代	錢桓	直隸蘇州府太倉州	萬曆十七年	增祖	二代斷代	2
第三代	錢增	直隸蘇州府太倉州	崇禎四年	桓孫		
總計：蘇州府共有 101 個進士家族，其中其中一代進士家族有 4 個，二代進士家族有 75 個，三代進士家族有 16 個，四代進士家族 5 個，六代進士家族有 1 個						
常州府進士家族						
1. 武進縣金愷家族〔註 829〕						
第一代	金愷	直隸常州府武進縣	正統十年	愉兄	三代	7
第一代	金愉	直隸常州府武進縣	天順四年	愷弟		
第二代	陸簡	直隸常州府武進縣	成化二年	愷子		
第一代	陸怡	直隸常州府武進縣	成化十一年	愷弟，愉兄		
第二代	陸節	直隸常州府武進縣	弘治十五年	愷子		
第三代	陸巽章	直隸常州府武進縣	正德三年	簡子		
第二代	陸范	直隸常州府武進縣	正德三年	愷子		
2. 武進縣王僎家族〔註 830〕						
第一代	王僎	直隸常州府武進縣	景泰二年	沂父	二代	2
第二代	王沂	直隸常州府武進縣	成化十一年	僎子		
3. 武進縣白昂家族〔註 831〕						
第一代	白昂	直隸常州府武進縣	天順元年	圻父	四代斷代	7
第二代	白圻	直隸常州府武進縣	成化二十年	昂子		

〔註 826〕《類姓登科考》，第 433 頁。

〔註 827〕《類姓登科考》，第 412 頁。

〔註 828〕《萬曆十七年進士履歷便覽》，第 6 頁。

〔註 829〕詳見正統十年，天順四年，成化二年、十一年，弘治十五年，正德三年《進士登科錄》。

〔註 830〕《成化十一年進士登科錄》，第 9 頁。

〔註 831〕《類姓登科考》，第 702 頁。

第三代	白悅	北京錦衣衛	嘉靖十一年	圻子		
第四代	白若圭	直隸常州府武進縣	嘉靖十七年	昂曾孫		
第四代	白啟常	北京錦衣衛	嘉靖二十九年	悅子		
第六代	白貽忠	直隸常州府武進縣	萬曆四十一年	啟常孫		
第六代	白貽清	直隸常州府武進縣	萬曆四十七年	啟常孫		
4. 武進縣白玢家族〔註 832〕						
第一代	白玢	直隸常州府武進縣	成化五年	金父	二代	2
第二代	白金	直隸常州府武進縣	弘治六年	玢子		
5. 無錫呂𠑽家族〔註 833〕						
第一代	呂𠑽	直隸常州府無錫縣	成化十七年	元夫父	二代	2
第二代	呂元夫	直隸常州府無錫縣	弘治九年	𠑽子		
6. 宜興縣張述古家族〔註 834〕						
第一代	張述古	直隸常州府宜興縣	景泰五年	邦瑞父	二代	2
第二代	張邦瑞	直隸常州府宜興縣	弘治九年	述古子		
7. 宜興縣儲秀家族〔註 835〕						
第一代	儲材	直隸常州府宜興縣	成化十七年	秀父	二代	2
第二代	儲秀	直隸常州府宜興縣	弘治九年	材子		
8. 宜興縣邵珪家族〔註 836〕						
第一代	邵珪	直隸常州府宜興縣	成化五年	天和父	二代	2
第二代	邵天和	直隸常州府宜興縣	弘治十八年	珪子		
9. 無錫縣成周家族〔註 837〕						
第一代	成始終	直隸常州府無錫縣	正統四年	周祖	二代斷代	2
第三代	成周	直隸常州府無錫縣	正德三年	始終孫		
10. 武進縣叚民家族〔註 838〕						
第一代	叚民	直隸常州府武進縣	永樂二年	金曾祖	二代斷代	2
第四代	叚金	直隸常州府武進縣	正德三年	民曾孫		

〔註 832〕《弘治六年進士登科錄》，第 15 頁。
〔註 833〕《弘治九年進士登科錄》，《明代登科錄彙編》第 4 冊，第 1900 頁。
〔註 834〕《弘治九年進士登科錄》，《明代登科錄彙編》第 4 冊，第 1902 頁。
〔註 835〕《弘治九年進士登科錄》，《明代登科錄彙編》第 4 冊，第 2009 頁。
〔註 836〕《弘治十八年進士登科錄》，《明代登科錄彙編》第 5 冊，第 2429 頁。
〔註 837〕《正德三年進士登科錄》，《明代科舉錄彙編》第 4 冊，第 227 頁。
〔註 838〕《正德三年進士登科錄》，《明代科舉錄彙編》第 4 冊，第 203 頁。

11. 宜興縣李震家族〔註 839〕						
第一代	李震	直隸常州府宜興縣	成化八年	杲父	三代斷代	3
第二代	李杲	直隸常州府宜興縣	正德六年	震子		
第五代	李守俊	直隸常州府宜興縣	萬曆二十九年	杲曾孫		
12. 武進縣蔣容家族〔註 840〕						
第一代	蔣容	直隸常州府武進縣	成化八年	益父	三代	4
第二代	蔣益	直隸常州府武進縣	正德六年	容子		
第三代	蔣同仁	直隸常州府武進縣	正德九年	容孫		
第三代	蔣致大	直隸常州府武進縣	嘉靖四十一年	容孫		
13. 宜興縣吳儼家族〔註 841〕						
第一代	吳儼	直隸常州府宜興縣	成化二十三年	仕兄	三代斷代	6
第一代	吳仕	直隸常州府宜興縣	正德九年	儼弟		
第三代	吳夢熊	直隸常州府宜興縣	萬曆五年	儼孫		
第三代	吳士貞	直隸常州府宜興縣	天啟五年	仕孫		
第四代	吳炳	直隸常州府宜興縣	萬曆四十七年	仕曾孫		
第四代	吳鳴虞	直隸常州府宜興縣	天啟二年	儼曾孫		
14. 武進縣吳山家族〔註 842〕						
第一代	吳山	直隸常州府武進縣	弘治十二年	仲父	二代	2
第二代	吳仲	直隸常州府武進縣	正德十二年	山子		
15. 江陰縣曹忠家族〔註 843〕						
第一代	曹忠	直隸常州府江陰縣	成化二十三年	弘父	二代	2
第二代	曹弘	直隸常州府江陰縣	正德十二年	忠子		
16. 武進縣胡濙家族〔註 844〕						
第一代	胡濙	直隸常州府武進縣	建文二年	統曾祖	二代	2
第二代	胡統	直隸常州府江陰縣	嘉靖二年	濙曾孫		

〔註 839〕《萬曆二十九年進士登科錄》，《明代科舉錄彙編》第 9 冊，第 145 頁。

〔註 840〕詳見正德六年，嘉靖四十四年《進士登科錄》；乾隆《武進縣志》卷一七《選舉》，乾隆刊本。

〔註 841〕《類姓登科考》，第 391 頁。

〔註 842〕《正德十二年進士登科錄》，第 56 頁。

〔註 843〕《正德十二年進士登科錄》，第 82 頁。

〔註 844〕《嘉靖二年進士登科錄》，第 77 頁。

17. 無錫縣談綱家族〔註 845〕						
第一代	談綱	直隸常州府無錫縣	成化五年	愷曾祖	二代	2
第三代	談愷	直隸常州府無錫縣	嘉靖五年	綱曾孫		
18. 武進縣唐貴家族〔註 846〕						
第一代	唐貴	直隸常州府武進縣	弘治三年	順之祖	四代斷代	4
第三代	唐順之	直隸常州府武進縣	嘉靖八年	貴孫		
第四代	唐鶴徵	直隸常州府武進縣	隆慶五年	順之子		
第五代	唐傚純	直隸常州府武進縣	萬曆十七年	鶴徵子		
19. 無錫縣浦瑾家族〔註 847〕						
第一代	浦瑾	直隸常州府無錫縣	正德十六年	應麒父	二代	2
第二代	浦應麒	直隸常州府無錫縣	嘉靖十一年	瑾子		
20. 無錫縣王表家族〔註 848〕						
第一代	王表	直隸常州府無錫縣	嘉靖十一年	立道父	三代斷代	3
第二代	王立道	直隸常州府無錫縣	嘉靖十四年	表子		
第五代	王永積	直隸常州府無錫縣	崇禎七年	立道曾孫		
21. 武進縣董紹家族〔註 849〕						
第一代	董紹	直隸常州府武進縣	嘉靖二年	士弘父	二代	2
第二代	董士弘	直隸常州府武進縣	嘉靖二十年	紹子		
22. 武進縣皇俊家族〔註 850〕						
第一代	黃俊	直隸常州府武進縣	弘治十二年	憲卿祖	二代斷代	2
第三代	黃憲卿	直隸常州府武進縣	嘉靖二十九年	俊孫		
23. 宜興縣吳性家族〔註 851〕						
第一代	吳性	直隸常州府宜興縣	嘉靖十四年	可行父	四代	11
第二代	吳可行	直隸常州府宜興縣	嘉靖三十二年	性子		
第二代	吳中行	直隸常州府武進縣	隆慶五年	性子		
第三代	吳玄	直隸常州府武進縣	萬曆二十六年	中行子		
第三代	吳亮	直隸常州府武進縣	萬曆二十九年	中行子		

〔註 845〕《類姓登科考》，第 585 頁。
〔註 846〕《嘉靖八年進士登科錄》，第 8 頁；《萬曆十七年進士履歷便覽》，第 7 頁。
〔註 847〕《嘉靖十一年進士登科錄》，第 27 頁。
〔註 848〕《嘉靖十四年進士登科錄》，第 18 頁；《崇禎七年進士履歷便覽》，第 5 頁。
〔註 849〕《嘉靖二十年進士登科錄》，第 30 頁。
〔註 850〕《嘉靖二十九年進士登科錄》，第 12 頁。
〔註 851〕《類姓登科考》，第 391～392 頁。

第三代	吳宗達	直隸常州府武進縣	萬曆三十二年	性孫		
第三代	吳奕	直隸常州府武進縣	萬曆三十八年	中行子		
第四代	吳柔思	直隸常州府武進縣	天啟二年	亮子		
第四代	吳簡思	直隸常州府武進縣	崇禎四年	亮子		
第四代	吳方思	直隸常州府武進縣	崇禎十三年	性曾孫		
第四代	吳剛思	直隸常州府武進縣	崇禎十六年	亮子		
24. 武進縣陳崇慶家族〔註 852〕						
第一代	陳崇慶	直隸常州府武進縣	嘉靖十四年	紹登父	二代	2
第二代	陳紹登	直隸常州府武進縣	嘉靖三十八年	崇慶子		
25. 無錫縣華舜欽家族〔註 853〕						
第一代	華舜欽	直隸常州府無錫縣	嘉靖二十年	啟直父	三代斷代	3
第二代	華啟直	直隸常州府無錫縣	嘉靖四十一年	舜欽子		
第四代	華允誠	直隸常州府無錫縣	天啟二年	啟直孫		
26. 無錫縣王問家族〔註 854〕						
第一代	王問	直隸常州府無錫縣	嘉靖十七年	鑒父	二代	2
第二代	王鑒	直隸常州府無錫縣	嘉靖四十四年	問子		
27. 無錫縣華察家族〔註 855〕						
第一代	華察	直隸常州府無錫縣	嘉靖五年	叔陽父	二代	2
第二代	華叔陽	直隸常州府無錫縣	隆慶二年	察子		
28. 無錫縣秦禾家族〔註 856〕						
第一代	秦禾	直隸常州府無錫縣	嘉靖三十二年	燿父	二代	2
第二代	秦燿	直隸常州府無錫縣	隆慶五年	禾子		
29. 宜興縣曹三暘家族〔註 857〕						
第一代	曹三暘	直隸常州府宜興縣	嘉靖二十三年	司勳父	三代	3
第二代	曹司勳	直隸常州府宜興縣	隆慶五年	三暘子		
第三代	曹應秋	直隸常州府宜興縣	天啟五年	司勳子		

〔註 852〕《嘉靖三十八年進士登科錄》，第 31 頁。
〔註 853〕《類姓登科考》，第 672 頁。
〔註 854〕《嘉靖四十四年進士登科錄》，第 13 頁。
〔註 855〕《隆慶二年進士登科錄》，《明代登科錄彙編》第 17 冊，第 8856 頁。
〔註 856〕《隆慶五年進士登科錄》，第 57 頁。
〔註 857〕《類姓登科考》，第 448 頁。

30. 宜興縣俞霑家族〔註858〕						
第一代	俞霑	直隸常州府宜興縣	萬曆五年	士章父	二代	2
第二代	俞士章	直隸常州府宜興縣	萬曆十一年	霑子		
31. 武進縣龔大有家族〔註859〕						
第一代	龔大有	直隸常州府武進縣	正德六年	道立曾祖	二代斷代	2
第四代	龔道立	直隸常州府武進縣	萬曆十四年	大有曾孫		
32. 無錫縣顧憲成家族〔註860〕						
第一代	顧憲成	直隸常州府無錫縣	萬曆八年	允成兄	二代斷代	3
第一代	顧允成	直隸常州府無錫縣	萬曆十四年	憲成弟		
第三代	顧棻	直隸常州府無錫縣	崇禎十年	憲成孫		
33. 宜興縣吳達可家族〔註861〕						
第一代	吳達可	直隸常州府宜興縣	萬曆五年	正志父	三代	3
第二代	吳正志	直隸常州府宜興縣	萬曆十七年	達可子		
第三代	吳洪昌	直隸常州府宜興縣	崇禎七年	正志子		
34. 武進縣薛應旂家族〔註862〕						
第一代	薛應旂	直隸常州府武進縣	嘉靖十四年	近兗父	四代斷代	5
第二代	薛近兗	直隸常州府武進縣	萬曆二十三年	應旂子		
第三代	薛敷教	直隸常州府武進縣	萬曆十七年	應旂孫		
第三代	薛敷政	直隸常州府武進縣	萬曆三十五年	應旂孫		
第五代	薛寀	直隸常州府武進縣	崇禎四年	敷教孫		
35. 無錫縣華津家族〔註863〕						
第一代	華津	直隸常州府無錫縣	成化二十三年	士標曾祖	二代斷代	2
第四代	華士標	直隸常州府無錫縣	萬曆十七年	津曾孫		

〔註858〕《萬曆十一年進士登科錄》，第42頁。

〔註859〕《萬曆十四年進士同年總錄》，《明代登科錄彙編》第20冊，第10942頁。

〔註860〕《萬曆十四年進士同年總錄》，《明代登科錄彙編》第20冊，第11021頁；《崇禎十年進士履歷便覽》，第7頁。

〔註861〕《萬曆十七年間履歷便覽》，第8頁；《崇禎七年進士履歷便覽》，第6頁。

〔註862〕《萬曆十七年進士履歷便覽》，第7頁；《萬曆二十三年進士履歷便覽》，第6頁；《萬曆三十五年進士登科錄》，《明代科舉錄彙編》第9冊，第237頁；《崇禎四年進士履歷便覽》，第7頁。

〔註863〕《萬曆十七年進士履歷便覽》，第7頁。

36. 武進縣孫鑾家族〔註 864〕						
第一代	孫鑾	直隸常州府武進縣	正德十六年	慎行曾祖	二代斷代	2
第四代	孫慎行	直隸常州府武進縣	萬曆二十三年	鑾曾孫		
37. 無錫縣吳情家族〔註 865〕						
第一代	吳情	直隸常州府無錫縣	嘉靖二十三年	澄時祖	二代斷代	2
第三代	吳澄時	直隸常州府無錫縣	萬曆二十九年	情孫		
38. 武進縣錢一本家族〔註 866〕						
第一代	錢一本	直隸常州府武進縣	萬曆十一年	春父	二代	2
第二代	錢春	直隸常州府武進縣	萬曆三十二年	一本子		
39. 無錫縣周子義家族〔註 867〕						
第一代	周子義	直隸常州府無錫縣	嘉靖四十四年	炳謨父	二代	2
第二代	周炳謨	直隸常州府無錫縣	萬曆三十二年	子義子		
40. 武進縣惲紹芳家族〔註 868〕						
第一代	惲紹芳	直隸常州府武進縣	嘉靖二十六年	厥初祖	二代斷代	2
第三代	惲厥初	直隸常州府武進縣	萬曆三十二年	紹芳孫		
41. 無錫縣秦金家族〔註 869〕						
第一代	秦金	直隸常州府無錫縣	弘治六年	延蒸曾祖	二代斷代	2
第四代	秦延蒸	直隸常州府無錫縣	萬曆四十一年	金曾孫		
42. 宜興縣蔣應震家族〔註 870〕						
第一代	蔣應震	直隸常州府宜興縣	萬曆十一年	如奇父	二代	2
第二代	蔣如奇	直隸常州府宜興縣	萬曆四十四年	應震子		
43. 武進縣莊廷臣家族〔註 871〕						
第一代	莊廷臣	直隸常州府武進縣	萬曆三十八年	起元弟	二代	5
第一代	莊起元	直隸常州府武進縣	萬曆三十八年	應德父		
第二代	莊應德	直隸常州府武進縣	萬曆四十四年	起元子		
第二代	莊應會	直隸常州府武進縣	崇禎元年	起元子		

〔註 864〕《萬曆二十三年進士履歷便覽》，第 4 頁。
〔註 865〕《萬曆二十九年進士登科錄》，《明代科舉錄彙編》第 9 冊，第 204 頁。
〔註 866〕《萬曆三十二年進士登科錄》，上海圖書館藏本。
〔註 867〕《萬曆三十二年進士登科錄》，上海圖書館藏本。
〔註 868〕《萬曆三十二年進士登科錄》，上海圖書館藏本。
〔註 869〕《類姓登科考》，第 415 頁。
〔註 870〕《類姓登科考》，第 640 頁。
〔註 871〕《類姓登科考》，第 473 頁。

第二代	莊恒	直隸常州府武進縣	崇禎十六年	起元子		
44. 宜興縣儲昌祚家族〔註 872〕						
第一代	儲昌祚	直隸常州府宜興縣	萬曆十七年	顯祚兄	一代	2
第一代	儲顯祚	直隸常州府宜興縣	萬曆四十四年	昌祚弟		
45. 江陰縣貢安甫家族〔註 873〕						
第一代	貢安甫	直隸常州府江陰縣	弘治九年	修齡曾祖	二代斷代	2
第四代	貢修齡	直隸常州府江陰縣	萬曆四十七年	安甫曾孫		
46. 無錫縣施策家族〔註 874〕						
第一代	施策	直隸常州府無錫縣	隆慶五年	元徵、召徵祖	二代斷代	3
第三代	施元徵	直隸常州府無錫縣	萬曆四十七年	策孫		
第三代	施召徵	直隸常州府無錫縣	崇禎十六年	策孫		
47. 武進縣鄭振光家族〔註 875〕						
第一代	鄭振光	直隸常州府武進縣	萬曆三十八年	振先弟	二代	3
第一代	鄭振先	直隸常州府武進縣	萬曆二十三年	郊父		
第二代	鄭郊	直隸常州府武進縣	天啟二年	振先子		
48. 江陰縣張履正家族〔註 876〕						
第一代	張履正	直隸常州府江陰縣	萬曆二十六年	有譽父	二代	2
第一代	張有譽	直隸常州府江陰縣	天啟二年	履正子		
49. 無錫縣賈應璧家族〔註 877〕						
第一代	賈應璧	直隸常州府無錫縣	隆慶二年	明佺祖	二代斷代	2
第三代	賈明佺	直隸常州府無錫縣	天啟二年	應璧孫		
50. 宜興縣城陳一教家族〔註 878〕						
第一代	陳一教	直隸常州府宜興縣	萬曆二十九年	於鼎、於泰父	二代	2
第二代	陳于鼎	直隸常州府宜興縣	崇禎元年	一教子		
第二代	陳於泰	直隸常州府宜興縣	崇禎四年	一教子		

〔註 872〕《類姓登科考》，第 366 頁。
〔註 873〕《類姓登科考》，第 649 頁。
〔註 874〕《類姓登科考》，第 358 頁。
〔註 875〕《類姓登科考》，第 524 頁。
〔註 876〕康熙《常州府志》卷一九《選舉》，康熙刊本。
〔註 877〕《類姓登科考》，第 637 頁。
〔註 878〕康熙《常州府志》卷一九《選舉》，康熙刊本。

51. 宜興縣路雲龍家族〔註 879〕						
第一代	路雲龍	直隸常州府宜興縣	萬曆八年	文范父	三代	4
第二代	路文范	直隸常州府宜興縣	崇禎元年	雲龍子		
第三代	路進	直隸常州府宜興縣	崇禎元年	文范子		
第三代	路朝易	直隸常州府宜興縣	崇禎十三年	雲龍孫		
52. 無錫縣馬濂家族〔註 880〕						
第一代	馬濂	直隸常州府無錫縣	嘉靖二十九年	世奇祖	三代斷代	3
第三代	馬世奇	直隸常州府無錫縣	崇禎四年	濂孫		
第四代	馬瑞	直隸常州府無錫縣	崇禎十六年	濂曾孫		
53. 無錫縣吳汝倫家族〔註 881〕						
第一代	吳汝倫	直隸常州府無錫縣	隆慶五年	其馴祖	二代斷代	2
第三代	吳其馴	直隸常州府無錫縣	崇禎四年	汝倫孫		
54. 武進縣劉純仁家族〔註 882〕						
第一代	劉純仁	直隸常州府武進縣	萬曆二十年	綿祚父	二代	2
第二代	劉綿祚	直隸常州府武進縣	崇禎四年	純仁子		
55. 武進縣陶人群家族〔註 883〕						
第一代	陶人群	直隸常州府武進縣	萬曆三十二年	元祐父	二代	3
第二代	陶嘉祉	直隸常州府武進縣	崇禎七年	人群子		
第二代	陶元祐	直隸常州府武進縣	崇禎十六年	人群子		
56. 無錫縣侯先春家族〔註 884〕						
第一代	侯先春	直隸常州府無錫縣	萬曆八年	鼎鉉祖	二代斷代	2
第三代	侯鼎鉉	直隸常州府無錫縣	崇禎十年	先春孫		
57. 無錫縣秦梁家族〔註 885〕						
第一代	秦梁	直隸常州府無錫縣	嘉靖二十六年	鏞曾祖	二代斷代	2
第四代	秦鏞	直隸常州府無錫縣	崇禎十年	梁曾孫		

〔註 879〕《類姓登科考》，第 657 頁。
〔註 880〕《類姓登科考》，第 636 頁。
〔註 881〕《崇禎四年進士履歷便覽》，第 7 頁。
〔註 882〕《崇禎四年進士履歷便覽》，第 6 頁。
〔註 883〕《類姓登科考》，第 446 頁。
〔註 884〕《崇禎十年進士履歷便覽》，第 7 頁。
〔註 885〕《崇禎十年進士履歷便覽》，第 8 頁。

58. 無錫縣鄒龍光家族〔註 886〕						
第一代	鄒龍光	直隸常州府無錫縣	萬曆八年	式金祖	二代斷代	2
第三代	鄒式金	直隸常州府無錫縣	崇禎十三年	龍光孫		
59. 宜興縣史孟麟家族〔註 887〕						
第一代	史孟麟	直隸常州府宜興縣	萬曆十一年	夏隆父	二代	2
第二代	史夏隆	直隸常州府宜興縣	崇禎十六年	孟麟子		
60. 宜興縣徐申懋家族〔註 888〕						
第一代	徐申懋	直隸常州府宜興縣	天啟二年	徵麟祖	二代斷代	2
第三代	徐徵麟	直隸常州府宜興縣	崇禎十六年	申懋孫		
61. 宜興縣盧象升家族〔註 889〕						
第一代	盧象升	直隸常州府宜興縣	天啟二年	象觀兄	一代	2
第一代	盧象觀	直隸常州府宜興縣	崇禎十六年	象升第		
62. 武進縣卜象乾家族〔註 890〕						
第一代	卜象乾	直隸常州府武進縣	崇禎四年	雲吉父	二代	2
第二代	卜雲吉	直隸常州府武進縣	崇禎十六年	象乾子		
63. 武進縣吳暘家族〔註 891〕						
第一代	吳暘	直隸常州府武進縣	萬曆三十五年	伯尚父	二代	2
第二代	吳伯尚	直隸常州府武進縣	崇禎十六年	暘子		
總計：常州府共有 63 個進士家族，其中一代進士家族有 2 個，二代進士家族有 47 個，三代進士家族有 10 個，四代進士家族有 4 個						
徽州府進士家族						
1. 歙縣楊寧家族〔註 892〕						
第一代	楊寧	直隸徽州府歙縣	宣德五年	宜兄	一代	2
第一代	楊宜	直隸徽州府歙縣	正統十三年	寧弟		

〔註 886〕《崇禎十三年進士履歷便覽》，第 7 頁。
〔註 887〕《類姓登科考》，第 594 頁。
〔註 888〕《類姓登科考》，第 365 頁。
〔註 889〕《類姓登科考》，第 377 頁。
〔註 890〕《類姓登科考》，第 689 頁。
〔註 891〕《類姓登科考》，第 392 頁。
〔註 892〕〔明〕薛瑄：《敬軒文集》卷一六《送楊恒健先生歸徽州序》，《景印文淵閣四庫全書》第 1243 冊，第 292～293 頁。

2. 歙縣方勉家族〔註 893〕						
第一代	方勉	直隸徽州府歙縣	永樂十三年	暕父	三代斷代	3
第二代	方暕	直隸徽州府歙縣	景泰五年	勉子		
第四代	方紀達	直隸徽州府歙縣	正德十二年	勉曾孫		
3. 祁門縣汪回顯家族〔註 894〕						
第一代	汪回顯	直隸徽州府祁門縣	正統十三年	直父	二代	2
第二代	汪直	直隸徽州府祁門縣	成化二年	回顯子		
4. 歙縣吳寧家族〔註 895〕						
第一代	吳寧	直隸徽州府歙縣	宣德五年	瀚祖	二代斷代	2
第三代	吳瀚	直隸徽州府歙縣	成化二十年	寧孫		
5. 祁門縣程泰家族〔註 896〕						
第一代	程泰	直隸徽州府祁門縣	景泰五年	杲父	二代	3
第二代	程杲	直隸徽州府祁門縣	弘治六年	泰子		
第二代	程昌	直隸徽州府祁門縣	正德三年	泰子		
6. 歙縣曹祥家族〔註 897〕						
第一代	曹祥	直隸徽州府歙縣	成化二十年	深父	二代	2
第二代	曹深	直隸徽州府歙縣	正德三年	祥子		
7. 婺源縣葉天爵家族〔註 898〕						
第一代	葉天爵	直隸徽州府婺源縣	弘治九年	天球兄	二代	2
第一代	葉天球	直隸徽州府婺源縣	正德九年	天爵弟		
第二代	葉份	直隸徽州府婺源縣	嘉靖二年	天球子		
8. 祁門縣汪標家族〔註 899〕						
第一代	汪標	直隸徽州府祁門縣	弘治十二年	溱父	二代	2
第二代	汪溱	直隸徽州府祁門縣	正德十二年	標子		

〔註 893〕《景泰五年進士登科錄》，第 78 頁；《正德十二年進士登科錄》，第 76 頁。

〔註 894〕《成化二年進士登科錄》，第 84 頁。

〔註 895〕《類姓登科考》，第 386 頁。

〔註 896〕《弘治六年進士登科錄》，第 82 頁；《正德三年進士登科錄》，《明代科舉錄彙編》第 4 冊，第 143 頁。

〔註 897〕《正德三年進士登科錄》，《明代科舉錄彙編》第 4 冊，第 182 頁。

〔註 898〕《類姓登科考》，第 705 頁。

〔註 899〕《正德十二年進士登科錄》，第 45 頁。

9. 婺源縣潘玨家族〔註 900〕						
第一代	潘玨	直隸徽州府婺源縣	成化二十年	潢祖	二代斷代	2
第三代	潘潢	直隸徽州府婺源縣	正德十六年	玨孫		
10. 婺源縣戴祥家族〔註 901〕						
第一代	戴祥	直隸徽州府婺源縣	正德六年	嘉猷父	二代	2
第二代	戴嘉猷	直隸徽州府婺源縣	嘉靖五年	祥子		
11. 歙縣王寵家族〔註 902〕						
第一代	王寵	直隸徽州府歙縣	正德三年	獻芝父	二代	2
第二代	王獻芝	直隸徽州府歙縣	嘉靖十一年	寵子		
12. 歙縣洪翼聖家族〔註 903〕						
第一代	洪翼聖	直隸徽州府歙縣	萬曆二十六年	佐聖弟、	二代	2
第一代	洪佐聖	直隸徽州府歙縣	萬曆二十九年	翼聖兄		
第一代	洪輔聖	直隸徽州府歙縣	萬曆三十五年	翼聖、佐聖兄		
第二代	洪天擢	直隸徽州府歙縣	崇禎十年	輔聖子		
13. 休寧縣汪垍家族〔註 904〕						
第一代	汪垍	直隸徽州府休寧縣	嘉靖二十三年	泗倫祖	二代斷代	2
第三代	汪泗論	直隸徽州府休寧縣	萬曆三十八年	垍孫		
14. 歙縣方萬山家族〔註 905〕						
第一代	方萬山	直隸徽州府歙縣	萬曆五年	一藻父	二代	2
第二代	方一藻	直隸徽州府歙縣	天啟二年	萬山子		
15. 歙縣羅應鶴家族〔註 906〕						
第一代	羅應鶴	直隸徽州府歙縣	隆慶五年	人望父	二代	2
第二代	羅人望	直隸徽州府歙縣	天啟五年	應鶴子		
16. 歙縣程子鈛家族〔註 907〕						
第一代	程子	直隸徽州府歙縣	萬曆十四年	子鍪、子鐸兄	一代	3

〔註 900〕《正德十六年進士登科錄》,《明代登科錄彙編》第 6 冊,第 3037 頁。
〔註 901〕《類姓登科考》,第 665 頁。
〔註 902〕《嘉靖十一年進士登科錄》,第 66 頁。
〔註 903〕《類姓登科考》,第 627 頁。
〔註 904〕《萬曆三十八年進士登科錄》,臺北「史語所」傅斯年圖書館藏本,第 52 頁。
〔註 905〕《類姓登科考》,第 472 頁。
〔註 906〕《類姓登科考》,第 451 頁。
〔註 907〕《類姓登科考》,第 536 頁。

第一代	程子鏊	直隸徽州府歙縣	萬曆二十九年	子鈜弟		
第一代	程子鐸	直隸徽州府歙縣	崇禎元年	子鈜、子鏊弟		
17. 歙縣方弘靜家族〔註 908〕						
第一代	方弘靜	直隸徽州府歙縣	嘉靖二十九年	士亮祖	二代	2
第三代	方士亮	直隸徽州府歙縣	崇禎四年	弘靜孫		
18. 祁門縣汪溱家族〔註 909〕						
第一代	汪溱	直隸徽州府祁門縣	正德十二年	惟效、應蛟曾祖	三代斷代	4
第四代	汪惟效	直隸徽州府祁門縣	崇禎四年	溱曾孫		
第四代	汪應蛟	直隸徽州府婺源縣	萬曆二年	溱曾孫		
第五代	汪元兆	直隸徽州府婺源縣	崇禎七年	應蛟子		
總計：徽州府共有 18 個進士家族，其中一代進士家族有 2 個，二代進士家族有 14 個，三代進士家族有 2 個						
廣德州進士家族						
1. 廣德州李天植家族〔註 910〕						
第一代	李天植	直隸廣德州	隆慶五年	徵儀祖	二代斷代	2
第三代	李徵儀	直隸廣德州	萬曆二十九年	天植孫		
2. 廣德州夏良心家族〔註 911〕						
第一代	夏良心	直隸廣德州	隆慶五年	儀祖	二代斷代	2
第三代	夏儀	直隸廣德州	崇禎四年	良心孫		
總計：廣德州共有 2 個進士家族，皆為二代進士家族						
池州府進士家族						
1. 青陽縣施堯臣家族〔註 912〕						
第一代	施堯臣	直隸池州府青陽縣	嘉靖二十九年	篤臣兄	一代	2
第一代	施篤臣	直隸池州府青陽縣	嘉靖三十五年	堯臣弟		

〔註 908〕《崇禎四年進士履歷便覽》，第 3 頁。

〔註 909〕《萬曆二年進士登科錄》，第 18 頁；《崇禎四年進士履歷便覽》，第 3 頁；《崇禎七年進士履歷便覽》，第 3 頁。

〔註 910〕《萬曆二十九年進士登科錄》，《明代登科錄彙編》第 9 冊，第 224 頁。

〔註 911〕《崇禎四年進士履歷便覽》，第 4 頁。

〔註 912〕《嘉靖二十九年進士登科錄》，第 62 頁；《嘉靖三十五年進士登科錄》，第 28 頁。

2. 銅陵縣佘敬中家族〔註 913〕						
第一代	佘敬中	直隸池州府銅陵縣	嘉靖三十八年	毅中兄	一代	2
第一代	佘毅中	直隸池州府銅陵縣	萬曆二年	敬中弟		
總計：池州府共有 2 個進士家族，皆為一代進士家族						
滁州府進士家族						
1. 滁州衛石澄家族〔註 914〕						
第一代	石澄	直隸滁州衛	天順元年	祿父	二代	2
第二代	石祿	直隸滁州衛	弘治三年	澄子		
2. 來安縣張綱家族〔註 915〕						
第一代	張綱	直隸滁州府來安縣	成化十四年	楠父	二代	2
第二代	張楠	直隸滁州府來安縣	正德三年	綱子		
3. 全椒縣吳國龍家族〔註 916〕						
第一代	吳國龍	直隸滁州全椒縣	崇禎十六年	國鼎兄	一代	2
第一代	吳國鼎	直隸滁州全椒縣	崇禎十六年	國龍弟		
總計：滁州府共有 3 個進士家族，其中一代進士家族有 1 個，二代進士家族有 2 個						
廬州府進士家族						
1. 舒城縣秦鳳家族〔註 917〕						
第一代	秦風	直隸廬州府舒城縣	建文二年	民悅祖	二代斷代	2
第三代	秦民悅	直隸廬州府舒城縣	天順元年	風孫		
2. 六安州潘稹家族〔註 918〕						
第一代	潘稹	直隸廬州府六安州	天順四年	鏜父	二代	2
第二代	潘鏜	直隸廬州府六安州	弘治九年	稹子		
3. 六安州潘銳家族〔註 919〕						
第一代	潘銳	直隸廬州府六安州	正德十二年	子正父	二代	2
第二代	潘子正	直隸廬州府六安州	嘉靖十一年	銳子		

〔註 913〕《嘉靖三十八年進士登科錄》，第 38 頁；《萬曆二年進士登科錄》，第 13 頁。
〔註 914〕《弘治三年進士登科錄》，第 31 頁。
〔註 915〕《正德三年進士登科錄》，《明代科舉錄彙編》第 4 冊，第 115 頁。
〔註 916〕《類姓登科考》，第 392 頁。
〔註 917〕《天順元年進士登科錄》，《明代登科錄彙編》第 2 冊，第 542 頁。
〔註 918〕《類姓登科考》，第 427 頁。
〔註 919〕《類姓登科考》，第 427～428 頁。

4. 無為州吳廷翰家族〔註 920〕						
第一代	吳廷翰	直隸廬州府無為州	正德十六年	國寶父	二代	2
第二代	吳國寶	直隸廬州府無為州	嘉靖二十九年	廷翰子		
5. 巢縣曹琥家族〔註 921〕						
第一代	曹琥	直隸廬州府巢縣	弘治十八年	本父	二代	2
第二代	曹本	直隸廬州府巢縣	嘉靖二十九年	琥子		
6. 合肥縣黃道年家族〔註 922〕						
第一代	黃道年	直隸廬州府合肥縣	隆慶五年	道月兄	一代	2
第一代	黃道月	直隸廬州府合肥縣	萬曆十四年	道年弟		
總計：廬州府共有 6 個進士家族，其中一代進士家族有 1 個，二代進士家族有 5 個						

為更方便直觀呈現明代南直隸進士家族的規模，茲謹以上表所示數據，製表如下：

明代南直隸各府、州各代進士家族數及其構成進士數統計表

府、州名稱	一代	構成進士家族的進士數	二代	構成進士家族的進士數	三代	構成進士家族的進士數	四代	構成進士家族的進士數	六代	構成進士家族的進士數
鳳陽府	1	2	5	10	1	3	0	0	0	0
寧國府	1	3	9	19	0	0	0	0	0	0
安慶府	1	2	9	19	2	8	1	4	0	0
揚州府	1	3	11	22	1	5	0	0	0	0
松江府	6	12	33	69	2	9	0	0	0	0
鎮江府	1	2	8	16	3	11	0	0	0	0
淮安府	0	0	6	12	1	3	0	0	0	0
太平府	1	2	3	6	1	3	0	0	0	0
應天府	2	4	12	26	4	13	0	0	0	0
蘇州府	4	8	75	156	16	54	5	21	1	11
常州府	2	4	47	101	10	33	4	27	0	0
徽州府	2	5	14	29	2	7	0	0	0	0

〔註 920〕《嘉靖二十九年進士登科錄》，第 36 頁。

〔註 921〕《嘉靖二十九年進士登科錄》，第 60 頁。

〔註 922〕《隆慶五年進士登科錄》，第 80 頁；《萬曆十四年進士同年總錄》，《明代登科錄彙編》第 20 冊，第 10987 頁。

廣德州	0	0	2	4	0	0	0	0	0	0
池州府	2	4	0	0	0	0	0	0	0	0
滁州	1	2	2	4	0	0	0	0	0	0
廬州府	1	2	5	10	0	0	0	0	0	0
小計	26	55	241	503	43	149	10	52	1	11
總計	南直隸共有 321 個進士家族，構成進士家族的進士共有 770 名									

由上表所示統計數據可知，明代南直隸共有 321 個進士家族，構成進士家族的進士共有 770 名。其中一代進士家族共有 26 個，構成進士家族的進士數共有 55 名；二代進士家族共有 241 個，構成進士家族的進士數共有 503 名；三代進士家族共有 43 個，構成進士家族的進士數共有 149 名；四代進士家族共有 10 個，構成進士家族的進士數共有 52 名；六代進士家族僅有 1 個，構成進士家族的進士數共有 11 名。

（二）明代南直隸進士家族的地域分布

明代南直隸的 321 個進士家族分布於除徐、和州 2 州外的 14 府 2 直隸州，各府、州、縣擁有的進士家族數如下表所示：

明代南直隸各府、州、縣進士家族地域分布表〔註 923〕

蘇州府	崑山	長洲	常熟	太倉州	吳縣	吳江	嘉定	總計
	26	22	17	12	11	9	4	101
常州府	武進	無錫	宜興	江陰	-	-	-	63
	23	21	16	3	-	-	-	
松江府	華亭	上海	青浦	-	-	-	-	41
	30	10	1	-	-	-	-	
徽州府	歙縣	祁門	婺源	休寧	-	-	-	18
	10	4	3	1	-	-	-	
應天府	上元	江寧	溧陽	句容	高淳	-	-	18
	11	2	2	2	1	-	-	
安慶府	桐城	懷寧	-	-	-	-	-	13
	11	2	-	-	-	-	-	
揚州府	江都	泰州	通州	興化	泰興	寶應	-	13
	4	3	2	2	1	1	-	

〔註 923〕明代南直隸境內衛、所進士家族，計入該衛所所在駐地的府、州、縣。

鎮江府	金壇	丹陽	丹徒	-	-	-	-	12
	7	3	2	-	-	-	-	
寧國府	宣城	涇縣	寧國	-	-	-	-	10
	6	3	1	-	-	-	-	
鳳陽府	定遠	潁川衛	臨淮	盱眙	泗州	-	-	7
	2	2	1	1	1	-	-	
淮安府	山陽	沭陽	鹽城	-	-	-	-	7
	4	2	1	-	-	-	-	
廬州府	六安州	舒城	巢縣	無為州	合肥	-	-	6
	2	1	1	1	1	-	-	
太平府	當塗	蕪湖	-	-	-	-	-	5
	4	1	-	-	-	-	-	
滁　州	滁州	全椒	來安	-	-	-	-	3
	1	1	1	-	-	-	-	
廣德州	廣德州	-	-	-	-	-	-	2
	2	-	-	-	-	-	-	
池州府	青陽	銅陵	-	-	-	-	-	2
	1	1	-	-	-	-	-	
總　計								321

如上表所示統計數據可知，明代南直隸各府、州、縣各自擁有進士家族數及由多到少的排序為：蘇州府最多，擁有 101 個進士家族，崑山 26 個，長洲 22 個，常熟 17 個，太倉州 12 個，吳縣 11 個，吳江 9 個。其次是常州府，擁有 63 個進士家族，其中武進 23 個，無錫 21 個，宜興 16 個，江陰 3 個。松江府排第三，擁有 41 個進士家族，華亭 30 個，上海 10 個，青浦 1 個。徽州、應天 2 府並排第四，各擁有 18 個進士家族。徽州府所屬：歙縣 10 個，祁門 4 個，婺源 3 個，休寧 1 個；應天府所屬：上元 11 個，江寧、溧陽、句容各 2 個，高淳 1 個。安慶、揚州 2 府並排第五，各自擁有 13 個進士家族。安慶府所屬：桐城 11 個，懷寧 2 個；揚州府所屬：江都 4 個，泰州 3 個，通州、興化各 2 個，泰興、寶應各 1 個。鎮江府排第六，擁有 12 個進士家族，金壇 7 個，丹陽 3 個，丹徒 2 個。寧國府排第七，宣城 6 個，涇縣 3 個，寧國 1 個。鳳陽、淮安 2 府並排第八，各擁有 7 個進士家族。鳳陽府所屬：定遠、潁州各 2 個，臨淮、盱眙、泗州各 1 個；淮安府所屬：山陽 4 個，沭陽 2 個，鹽城 1 個。廬州府排第九，擁有 6 個進士家族，六安州 2 個，舒城、巢縣、無為州、

合肥各 1 個。太平府排第十，擁有 5 個進士家族，當塗 4 個，蕪湖 1 個。滁州排第十一，州治、來安、全椒各 1 個。廣德州、池州府排第十二，各擁有 2 個進士家族。廣德州 2 個進士家族全部在州治；池州府所屬青陽、銅陵各 1 個。

二、明代南直隸進士家族地域分布的特點與成因

由上文《明代南直隸各府、州、縣進士家族地域分布表》可知，明代南直隸進士家族地域分布呈現以下特點：

首先，南直隸進士家族分布廣泛，表現在不僅南直隸 14 府 4 直隸州中 14 府 2 直隸州皆有進士家族分布，而且東起上海、西至無為州，南起歙縣、北至沭陽，東南起華亭、青浦，西北至潁州，東北起山陽，西南至懷寧的廣大地區〔註 924〕；這反映出明代南直隸不僅文化教育相當普及，而且應舉之風廣泛盛行。

其次，進士家族地域分布很不平衡，總體上東多西少。十四府以進士家族多少排序，分別是蘇州府 101 個，常州府 63 個，松江府 41 個，徽州府和應天府各 18 個，安慶府和揚州府各 13 個，鎮江府 12 個，寧國府 10 個，鳳陽府和淮安府各 7 個，廬州府 6 個，太平府 5 個，滁州 3 個，廣德州和池州府各 2 個。其中，地處東部的蘇州、常州、應天、松江、揚州、鎮江六府總共擁有進士家族 248 個，占統計進士家族 321 個的 77.26%；而蘇州、常州、松江三府共有進士家族 205 個，占統計進士家族總數的 63.86%。與此形成鮮明對比的是，則是地處西部的鳳陽、廬州二府擁有進士家族總計為 13 個，僅占統計總數的 4.05%；南直隸擁有 10 個進士家族的州縣有 13 個，雖分別僅占南直隸州縣數和擁有進士家族州縣數的 11.50%和 22.41%，卻擁有進士家族 220 個，占統計進士家族總數的 68.54%；崑山、長洲、常熟、武進、無錫、宜興、華亭 7 縣雖分別僅占南直隸州縣數和擁有進士家族州縣數的 6.19%和 12.07%，但其擁有進士家族數卻占統計進士家族總數的 48.29%；在進士家族分布最為稀少的太平、池州、滁州、廣德州 2 府 2 直隸州，作為太平府府治的當塗縣和滁州、廣德州州治卻考出了 7 個進士家族，占到了 2 府 2 直隸州進士家族總數的一半以上。

〔註 924〕萬曆《明會典》卷一五《戶部二・州縣一》載，南直隸 14 府 4 直隸州共有 113 個州縣（中華書局 1989 年版，第 92～93 頁）。

造成上述地域分布特點的主要原因有哪些呢？就進士家族地域分布的廣泛性來說，明朝在南直隸各地普遍設立的府、州、縣儒學並持久提供種種優惠的官學教育〔註 925〕，以及各地民眾對科舉考試普遍的熱衷和追求，應是造成進士家族分布廣泛的最重要原因。

就進士家族地域分布的不平衡性來說，成因相對複雜，最直接的原因應是各府、州、縣科舉實力不均衡。據統計，明代南直隸擁有進士家族最多的 5 個縣～華亭、崑山、武進、長洲、無錫——同時也是擁有進士最多或較多的縣〔註 926〕。這說明各府、州、縣的科舉實力乃是其擁有進士家族最為直接的支撐力，也即科舉實力愈強，其進士家族愈多；反之亦然。

其二是政治因素。在官本位社會，區域政治優勢及其帶來的官方教育和文化資源無疑會對各府、州、縣進士家族的多少產生重要的影響。如南直隸考出進士家族的 14 個府 2 直隸州，除蘇州、安慶、鎮江、鳳陽、廬州、池州六府治外，其餘八府府治和二直隸州州治擁有的進士家族數都是該府、州進士家族數最多的，且華亭、武進二縣分別考出進士家族 30、23 個，分別居南直隸各州縣擁有進士家族數的第一、三名。這一科舉盛況的產生，就應與各府治所作為一府政治中心，其聚集的官學和文化資源最為集中直接相關。

其三是家族傳承本經因素。據統計，鳳陽府 7 個進士家族中，6 個進士家族所考本經一致，占該府進士家族總數的 85.71%；寧國府 10 個進士家族，7 個進士家族所考本經一致，占該府進士家族總數的 70%；寧國府 13 個進士家族，10 個進士家族所考本經一致，占該府進士家族總數的 76.92%；揚州府 13 個進士家族，11 個進士家族所考本經一致，占該府進士家族總數的 84.62%；松江府 41 個進士家族，32 個進士家族所考本經一致，占該府進士家族總數的 78.05%；鎮江府 12 個進士家族，9 個進士家族所考本經一致，占該府進士家族總數的 75%；淮安府 7 個進士家族，4 個進士家族所考本經一致，占該府進士家族總數的 57.14%；太平府 5 個進士家族，所考本經全部一致；應天府 18 個進士家族，13 個進士家族所考本經一致，占該府進士家族總數的 72.22%；

〔註 925〕明代生員不僅享有免費固定的學習場所和「除本身外，戶內優免二丁差役」的優待，廩生還可享受免費的伙食待遇（萬曆《明會典》卷七八《學校・儒學・風憲官提督》，第 454 頁）。

〔註 926〕筆者統計明代南直隸華亭、武進、無錫、長洲、崑山 5 縣擁有進士數分別是 264 名、221 名、187 名、168 名、157 名，依進士數多少依次名列前五名，詳見本文第二章第二節《明代南直隸進士地域分布表》。

蘇州府 101 個進士家族，82 個進士家族所考本經一致，占該府進士家族總數的 81.19%；常州府 63 個進士家族，54 個進士家族所考本經一致，占該府進士家族總數的 85.71%；徽州府 18 個進士家族，15 個進士家族所考本經一致，占該府進士家族總數的 83.33%；滁州 3 個進士家族，2 個進士家族所考本經一致，占該府進士家族總數的 66.67%；池州府 2 個進士家族，所考本經全部一致；廬州府 6 個進士家族，4 個進士家族所考本經一致，占該府進士家族總數的 66.67%〔註 927〕。綜上，明代南直隸 321 個進士家族中，共有 256 個進士家族所考本經一致，占南直隸進士家族總數的 79.75%。以上充分說明，家族間的傳承本經對各地進士家族的分布起著十分重要影響。

三、明代南直隸進士家族發揮政治與社會影響的時間

明代南直隸進士家族發揮政治與社會影響的時間大致應在三十年至一百七十年之間。其中，延續時間最短的為同榜的一代兄弟進士家族。另據筆者統計，明代進士平均中式年齡為 34.58 歲，若以時人平均壽命 65 歲算，則該類進士家族發揮政治與社會影響的時間大致在三十年。又據上文《明代南直隸各府、州各代進士家族數及其構成進士數統計表》可知，明代南直隸進士家族延續時間最長的為六代進士家族，即蘇州府吳江縣吳洪家族。據相關科舉文獻記載，自吳洪中成化十一年（1475）乙未科進士始，下傳五代皆有考中進士者，即洪子山、岩、昆先後中正德三年戊辰科（山、岩同登該科進士）、嘉靖十七年戊戌科進士，洪孫邦禎、曾孫承燾、煥先後中嘉靖三十二年癸丑科（邦禎、承燾同登該科進士）、萬曆四十四年丙辰科進士，洪玄孫瑞徵、昌時、易先後中萬曆三十八年庚戌科、崇禎七年甲戌科、十六年進士癸未科，山玄孫晉錫中崇禎十三年庚辰科進士。即從成化十一年至崇禎十六年，吳洪家族先後六代考中了 11 名進士，其發揮政治和社會影響時間大致在一百七十年左右。

以上討論是只是明代南直隸進士家族發揮政治和社會影響最短和最長的時間，而作為南直隸進士家族主體的二代進士家族發揮政治和社會影響的時間才更具普遍意義。明代南直隸共有 241 個二代進士家族，其首名進士和最後一名進士中式相隔年數最短者為同榜，即常熟人王曰俞與其子澧同登崇禎十

〔註 927〕以上數據係根據現存明代《鄉試錄》《會試錄》《登科錄》《南國賢書》等科舉文獻所載考證確認。

六年癸未科進士〔註 928〕；最長者為 159 年，即吳縣人俞士悅考中永樂十三年進士，其曾孫良史考中萬曆二年甲戌科進士〔註 929〕；另據筆者統計，南直隸 241 個二代進士家族首名進士和最後一名進士中式相隔年數，110 個在 3～40 年之間，84 個在 41～70 年之間，35 個在 71～100 年之間，9 個在 101～130 年之間，2 個在 131～160 年之間；南直隸二代進士家族首末名進士中式相隔年數平均為 48.11 年，再加上每個進士家族最後一名進士考中後的生存年代，則南直隸二代進士家族發揮政治和社會影響的平均時間大致應在八十年左右。

〔註 928〕《類姓登科考》，第 502 頁。
〔註 929〕《萬曆二年進士登科錄》，第 48 頁。